한국의
슈퍼리치

한국의 슈퍼리치

초판 1쇄 발행 2012년 4월 20일
초판 22쇄 발행 2019년 8월 6일

지은이 신동일

발행인 이재진 **단행본사업본부장** 김정현 **편집주간** 신동해 **편집장** 이남경
마케팅 이현은 권오권 **홍보** 박현아 최새롬 **제작** 정석훈

발행처 ㈜웅진씽크빅 **출판신고** 1980년 3월 29일 제406-2007-000046호
브랜드 리더스북 **주소** 경기도 파주시 회동길 20
주문전화 02-3670-1595 **팩스** 031-949-0817
문의전화 031-956-7362(편집) 031-956-7068(영업)

홈페이지 www.wjbooks.co.kr
페이스북 www.facebook.com/wjbook
포스트 post.naver.com/wj_booking

ⓒ 2012 신동일, 저작권자와 맺은 특약에 따라 검인을 생략합니다.
ISBN 978-89-01-14491-7 03320

리더스북은 ㈜웅진씽크빅 단행본사업본부의 브랜드입니다.
이 책 내용의 전부 또는 일부를 이용하려면 반드시 저작권자와 ㈜웅진씽크빅의 서면동의를 받아야 합니다.
이 도서의 국립중앙도서관 출판시도서목록(CIP)은 e-CIP 홈페이지(http://www.nl.go.kr/cip)에서
이용하실 수 있습니다. (CIP제어번호: CIP2011001752)

※ 책값은 뒤표지에 있습니다.
※ 잘못된 책은 구입하신 곳에서 바꾸어드립니다.

한국의 슈퍼리치

맨손에서 100억대 부자로, 신흥부자들의 1% 성공전략

신동일 지음

리더스북

저자의 글

다시 꿈꿔라,
누구나 슈퍼리치가 될 수 있다

"축하합니다. 귀하는 PB 공모에 합격했습니다."

휴대폰 문자메시지를 확인하는 순간, 가슴이 쿵쾅거리고 호흡이 빨라졌다.

"아, 드디어 꿈에 그리던 PB가 되는구나!"

그렇게 압구정 PB(고액자산관리 전문가)로서 슈퍼리치들의 자산관리를 담당한 지도 6년이 되었다. 평범한 은행원에서 PB가 되기로 마음먹은 이유는 무엇보다 나 자신이 부자가 되고 싶어서다. 또한 대한민국 0.001퍼센트에 속하는 자산가는 어떤 사람들인지 알고 싶은 마음도 있었다. 초 VVIP 고객을 만나는 가장 빠른 길은 강남에서도 전통적인 부촌인 압구정의 PB가 되는 것이었다.

실제로 압구정 PB가 되어 수백 명의 슈퍼리치를 상담하고 관리하다 보니, 그동안 매스컴, 재테크 책에서 봤던 부자의 모습과 실제 부자의 모습에는 엄청난 차이가 있음을 발견했다. 한국의 100억대 슈퍼리치들의 자산관리를 하는 PB로서 그들이 슈퍼리치가 될 수밖에 없었던 이유를 관찰하고 분석하는 과정에서 내가 가졌던 부자에 대한 편견과 선입견은 산산이 깨졌다. 그리고 그들이 부자가 될 수 있었던 원인이 일반인과의 아주 사소한 차이에 있음을 알고 크게 놀랐다.

나는 시중에 넘쳐나는 "아끼고 분산투자하고 복리의 힘을 활용하면 부자가 될 수 있다."는 식의 진부한 재테크 책을 쓰고자 하는 것이 아니다. 스스로에 대한 반성에서 이 책을 쓰게 되었다. 44세인 나는 앞으로 내 또래의 40대와 함께 한 가정을, 더 나아가서는 대한민국의 10년을 이끌어야 할 막중한 책임을 지고 있다. 그런데 내 인생이 아무런 꿈도 없이 흘러간다고 생각하니 몹시 억울했다.

그렇게 해서 나 자신에게 의미 있는 일을 찾아보자는 고민에서 이 글은 시작됐다. 그런데 본업이 PB다 보니 성공한 사람들의 자산관리를 하면서 자연스럽게 그들의 성공을 가장 가까이서 지켜볼 수 있었다. 그들을 접하면서 깨닫게 된 슈퍼리치가 되는 방법들, 슈퍼리치의 핵심 성공 요소들을 정리했는데 내 또래의 대한민국 40대 가장과 꿈을 찾아 제대로 된 인생을 살고 싶은 모든 이들에게 이러한 성공 노하우를 전달하는 것은 매우 의미 있는 일이라는 생각이

들었다.

　이 책은 또한 이제 막 사회생활을 시작한 고달픈 88만 원 세대를 위한 책이기도 하다. 여기에는 실제로 단돈 300만 원으로 창업해 300억대 슈퍼리치가 된 가슴 뜨거운 성공 스토리가 담겨 있다. 빈익빈부익부가 심화되는 암울한 현실에서 도전도 해보지 않고 포기하기보다는 자신의 꿈을 위해 지금부터 노력한다면 누구나 슈퍼리치가 될 수 있음을 알려주고 싶다.

　맨손으로 시작해 100억대 자산을 모은 생생한 슈퍼리치의 사례를 통해 여러분은 그들의 진솔한 모습을 보게 될 것이고, 잊고 살았던 꿈을 다시 불태우게 될 것이다. 또한 어떻게 하면 부자의 길에 들어설 수 있는지를 알 수 있을 것이고, 빠르게 변하는 금융환경에서 안전하게 자산을 지키고 불려나가는 슈퍼리치의 최신 금융투자 트렌드를 파악할 수 있을 것이다.

　우리는 사소한 것에 목숨을 걸고, 손해 보는 것을 싫어한다. 그런데 왜 열심히 일한 스스로가 주인공이 아닌 초라한 삶을 살아야 한단 말인가? 혹시 자신의 소중한 꿈을 이루는 데 필요한, 부자가 될 수 있는 기회들을 외면함으로써 엄청난 손실을 보고 있는 것은 아닌가?

　이 책은 맨손으로 세상에 도전장을 내밀어 당당하게 슈퍼리치의 반열에 오른 18명의 생생한 사례를 통해 당신도 그들처럼 될 수 있음을 보여줄 것이다.

한 번이라도 돈 때문에 원하는 것을 갖지 못하고 포기했던 경험이 있다면 이 책 속의, 짧게는 10년 전, 길게는 20년 전에 꼭 당신과 같은 위치에 서 있었던, 그러나 지금은 꿈을 실현해 멋지게 살고 있는 슈퍼리치의 모습에서 영감을 받아 스스로도 그런 사람으로 거듭나길 바란다.

PB로서 슈퍼리치의 자산관리를 하면서 최단 기간에 100퍼센트 수익을 냈을 때도 기뻤지만 가장 가슴 뿌듯했던 순간은 부자가 되는 방법을 깨닫고 자신감을 갖게 됐을 때다.

이 책은 총 4개 장으로 구성돼 있다. 첫 장에서는 맨손으로 시작해 거부가 된 한국의 슈퍼리치 사례를 소개하고, 2장에서는 슈퍼리치들의 예를 바탕으로 추출한 성공 키워드 10가지를 정리한다. 이어 3장에서는 슈퍼리치가 되기 위한 종잣돈 마련, 슈퍼리치가 주로 활용하는 금융상품과 그들만의 특별한 자산관리법, 더불어 향후 10년간의 부의 흐름과 그에 따른 금융 트렌드를 살펴본다. 마지막 4장에서는 누구나 쉽게 첫걸음을 내딛을 수 있도록 공 과장의 일화를 통해 슈퍼리치로 가는 꿈의 로드맵을 제시한다.

여러분은 반드시 슈퍼리치가 되어야 한다. 지금까지 손해 본 것이 억울해서라도 꼭 그렇게 되어야 한다. 현재 여러분이 슈퍼리치가 아닌 이유는 제대로 된 방법을 알지 못했기 때문이다. 누구든 슈퍼리치의 마인드와 그들이 부자가 되기 위해 사용한 방법을 한 가지씩 실천해간다면 머지않아 꿈을 이룰 수 있을 것이다. 이 책을 통해 여러분의 소중한 삶이 즐겁고 짜릿한, 가슴 뛰는 것이 되길 진심으로 기원한다.

일단 실행에 옮긴다면 무슨 생각을 하든 어떤 두려움을 갖든 중요하지 않다.
실행이야말로 중요하고도 유일한 것이다.
나는 최소한 생의 마지막 순간에 삶을 되돌아보며 이렇게 후회하지는 않을 것이다.
"좀더 많은 것들을 실행에 옮겼더라면 좋았을 것을."
- 다이애나 폰 벨라네츠 벤트위스

차례

저자의 글 - 다시 꿈꿔라, 누구나 슈퍼리치가 될 수 있다 5
프롤로그 - 슈퍼리치는 어떤 사람인가 12

 1장 | 내가 만난 한국의 슈퍼리치들

위기의 샐러리맨, 명품 수입업체 사장으로 거듭나다 23
라이터 팔던 장돌뱅이, 수천 억 슈퍼리치가 되기까지 48
하루 수백 명, 강남 떡볶이가게의 신화 60
종업원 20명에게 집 사준 연탄집 사장님 70
하루 매출 70만 원, 대박 커피점으로 다시 일어서다 83
35세 조 사장, 보따리 장사로 100억 부자가 된 사연 94
부동산 경매 박사가 된 미장원 아줌마 106
무일푼·무직의 대학 중퇴생, 단돈 200만 원으로 꿈을 이뤄내다 117
남은 음식을 싸가는 1,000억대 자산가 124
승진에서 탈락한 검사, 100억대 빌딩 주인이 되다 132
회장님의 손때 묻은 목도장 145
장애를 딛고 부동산 신화를 다시 쓰다 154
한 가지 재능을 살려 최고의 입시학원을 만들다 159
IMF 실직 이후 맞은 인생 역전의 기회 168
카센터 정비공, 100억대 슈퍼리치로 175
자신만의 아이템을 개발해 성공한 벤처사업가 183
샐러리맨으로 시작해 한국의 주식부자 6위에 오르기까지 188
청년의 도전정신으로 성공한 CEO 199

2장 | 슈퍼리치의 10가지 성공 비결

1. 자신이 원하는 일을 할 때 최고의 성과를 낼 수 있다 **209**
2. 45세 이전에 창업의 길을 열어라 **213**
3. 어떤 경우에도 수입보다 지출이 적어야 한다 **217**
4. 수입처를 다변화하라 **220**
5. 쪼개는 순간 푼돈이 된다, 종잣돈을 만들어라 **224**
6. 돈 되는 지식을 쌓고, 돈이 따르는 정보를 파악하라 **228**
7. 성공하고 싶다면 '행동'에 나서야 한다 **231**
8. 기회는 타이밍이다, 반드시 움켜잡아라 **234**
9. 자기 자신을 믿을 때 성공의 길이 열린다 **239**
10. 가족의 행복을 최우선으로 생각하라 **242**

 3장 | 슈퍼리치의 아주 특별한 자산관리법

슈퍼리치의 자산관리 비법과 투자습관 **249**
슈퍼리치 되기 (1)_ 종잣돈 만들기 **261**
슈퍼리치 되기 (2)_ 종잣돈 불리기 **267**
슈퍼리치 되기 (3)_ 종잣돈 지키기 **282**
슈퍼리치가 주목하는 최신 금융상품 트렌드 **286**

4장 | 슈퍼리치로 성장하는 어느 만년 과장의 이야기

#1 쓰라린 패배 **301**
#2 부부싸움 **303**
#3 돌파구를 찾다 **305**
#4 2년마다 찾아오는 고비 **308**
#5 거듭되는 불운 **310**
#6 멘토 수첩과 꿈 노트 **311**
#7 꿈 노트를 펼치다 **313**
#8 꿈의 로드맵을 그리다 **316**
#9 레디 그리고 액션! **317**
#10 종잣돈을 모으다 **319**
#11 추가 수입을 창출하다 **321**
#12 아내의 변신 **322**
#13 부동산 경매에 도전하다 **324**
#14 좋은 자산관리 습관을 키우다 **326**
#15 마지막 교훈 **329**
#16 재회 **331**
#17 행복한 슈퍼리치 **333**

에필로그 - 이제 다시 시작이다 335

프롤로그
슈퍼리치는 어떤 사람인가

'슈퍼리치' 하면 무엇이 떠오르는가? 영화 속의 슈퍼맨처럼 일반인과는 무언가 다른 사람, 남에게 인색하고 욕심이 많은 부정적인 이미지, 그렇지만 내심 부러운 대상 등 슈퍼리치를 바라보는 시각은 매우 다양하다. 이렇게 다양한 논란의 대상이 되고 있는 한국의 슈퍼리치들은 과연 어떤 사람이고, 그들의 자산은 평균 얼마이며, 어떤 일들을 하고 있을까?

슈퍼리치의 자산은 어느 정도인가

부자라고 할 때 떠오르는 말 '백만장자 millionaire'는 개인의 자산이

100만 달러라는 뜻이다. 우리나라 돈으로 환산하면 10억 원 정도에 해당한다. 그러나 그 10억 원이 부동산을 포함한 것인지 혹은 순수하게 금융자산만을 의미하는 것인지, 아니면 연소득을 가리키는 것인지 불분명하다. 일반인에게 10억 원은 매우 큰 금액으로 느껴질 것이고, 소위 부자들에겐 일반인이 생각하는 1,000만 원처럼 느껴질 수도 있다.

이처럼 슈퍼리치들은 그를 바라보는 사람들의 입장에 따라 달라질 수밖에 없다. 이 장에서는 일반인의 관점에서 슈퍼리치를 정의해보고, 압구정에서 PB센터를 거래하는 실제 슈퍼리치들의 성공 사례를 소개하기로 하겠다.

'아시아 태평양 부자 보고서'에 따르면 2009년 기준으로 '1차 주거용 부동산 이외에 모든 자산의 순가치가 미화 100만 달러 이상인 개인'을 부자라 정의할 수 있고 그 숫자는 전세계적으로 1,000만 명에 이르는 것으로 추정되며, 그중 한국인은 12만 7,000명이라고 한다(KB연구보고서 '한국부자연구' 재인용).

KB연구보고서에 따르면 2010년 말 기준 한국의 부자(금융자산이 10억 원 이상인 개인)는 약 13만 명으로 추정된다고 한다. 이는 2009년 추정값인 10만 8,000명 대비 20퍼센트 이상 증가한 수치라고 한다. 이들이 보유한 금융자산은 약 288조 원으로 1인당 평균 22억 원 정도 되고, 이들은 전체 국민의 상위 0.26퍼센트에 속하며, 이들의 금융자산은 총 개인 금융자산의 13퍼센트에 해당한다.

한국의 부자 수　　　　　　　　　　　　　　　　　　　(단위: 천 명)

연도	2006년	2007년	2008년	2009년	2010년
명수	68	85	84	108	130

▲ 자료: KB연구보고서, '한국부자연구'

　　KB연구보고서에 의하면 한국의 슈퍼리치(10억 원 이상의 금융자산 보유자)는 평균 34억 원의 총자산을 보유하고 있고, 전체 자산 중 부동산 자산(주택, 건물, 상가, 토지 등)이 58퍼센트인 20억 원, 금융자산이 37퍼센트인 12억 7,000만 원, 기타 자산(예술품, 회원권 등)이 5퍼센트인 1억 7,000만 원인 것으로 나타났다.

　　주목할 점은 총자산의 규모가 커질수록 부동산 비중이 커지며 금융자산은 감소하는 형태를 보인다는 것이다. 총자산 30억 원 이하의 부자가 평균 22억 원의 자산 중 12억 원가량을 금융자산으로 보유하고 있는 반면, 총자산 50억 원 이상의 부자는 평균 78억 원의 자산 중 16억 원 정도를 금융자산으로 보유하고 있다고 한다.

　　이러한 슈퍼리치의 자산 규모를 살펴보는 것만으로도 독자는 한숨이 나올지도 모른다. 하지만 우리가 되고자 하는 슈퍼리치를 제대로 알아야 그들에게 더욱 가까이 다가갈 수 있다.

　　이러한 내용을 바탕으로 부동산과 현금을 합쳐서 100억대 자산가를 슈퍼리치로 정의할 수 있을 것 같다. 예를 들어 압구정에 50평대 아파트를 보유하고, 수익형 상가를 한 채 이상 갖고 있으며, 금융기관에 10억 원 정도의 자산을 굴리는 사람들이 100억 원 안팎의 자산을 보유한 전형적인 슈퍼리치가 될 것이다.

압구정 PB센터에서 거래하는 고객들은 대부분 부동산을 포함해 최소 30억 원 이상의 자산가라고 보면 무리가 없을 듯하다. 보통 금융기관에 예치한 금액의 10배가 자산의 추정치라고 가정하면, 은행에 10억 원을 예치할 정도의 자산가는 10억의 10배, 즉 100억대 슈퍼리치라고 할 수 있다.

슈퍼리치의 직업은 무엇인가

진정한 슈퍼리치는 스스로가 주인인 회사의 CEO다. 이들은 100억 원에서 1,000억 원 이상의 엄청난 부를 소유하고 있다. 100억 이하의 부자들은 주로 전문직 CEO이거나 전문직 종사자(의사, 변호사 등)이고 상속을 받은 부자들도 많다.

결국 진정한 부자의 길, 슈퍼리치가 되는 길은 자신의 사업, 즉 회사를 창업하는 것이다. 1대 슈퍼리치는 대부분 회사를 창업해서 거대한 부를 일궈 이루어지고, 그들의 부는 자녀와 손자, 즉 2대, 3대로 대물림된다.

슈퍼리치가 되는 가장 실질적인 방법은 라면가게를 하더라도 사장이 되는 것이다. 지금은 샐러리맨이라 해도 사장의 꿈을 꿔야 하는 것은 이 때문이다. 자신의 사업을 하는 것이 슈퍼리치가 되는 가장 확실한 방법이다. 슈퍼리치가 되는 두번째 방법으로는 부동산 투자를 꼽을 수 있다. 이제는 전처럼 높은 시세차익을 노리기는 어렵지만 한국의 슈퍼리치 중 상당수는 자산에서 부동산이 차지하는 비중이 높다. 10년 전에서 20년 전, 현재의 슈퍼리치가 사업을 창업할 때 구입한 공장이나 물류창고가 들어선 토지의 지가 상승률이 상당해서 사업이 번창해 큰 수익을 거둠과 동시에 엄청난 부동산 매매 차익을 얻었다.

세번째, 샐러리맨으로서 자신의 자리에서 성공한 슈퍼리치도 있다. 우리는 이 책에서 박현주 미래에셋 회장, 박근희 삼성생명 사장의 일화를 통해 그 생생한 과정을 살펴볼 것이다.

여기서 잠시 압구정 조 사모님의 예를 살펴보도록 하자. 전형적인 대한민국의 슈퍼리치를 이해하는 데 도움이 될 것이다. 남편은 국내 굴지의 회사(매출 3,000억 원 이상) 사장으로 선친의 사업을 물려받은 2세대 경영인이다. 조 사모님은 작년에 소유하고 있던 부동산이 정부에 수용되면서 보상금으로 50억 원을 받았다. 남편의 자금과 자신의 금융자산을 합해 30억 원 정도를 굴리는 고객이다. 압구정의 60평짜리 아파트에 살며, 유일한 걱정거리는 아들의 대학 진학이다. 몇백 만 원짜리 과외선생님을 구했지만 서울에 있는 대학에 가긴 어려울 것 같다.

어울리는 친구들은 모두 회사 사장의 부인들이다. 끼리끼리 모이는 것이 마음도 편하고 대화도 잘 통한다. 식사를 하고 친구들과 차를 마시는 시간에는 서로 돈 되는 정보를 교환한다.

"브라질 국채를 활용한 상품이 인기라던데, 그거 들어봤니?"

"지금 금 ETF에 들어가면 너무 늦지 않을까?"

"얘, 네가 지난번에 영어 잘 가르친다고 했던 과외선생님 어때? 괜찮아?"

이런 식의 대화가 주를 이룬다.

조 사모님이 얼마 전에 가입한 특정금전신탁 상품(CP)은 1년 금리가 6퍼센트다(정기예금 4.1퍼센트). 투자한 10억에 대한 1년치 이자만 6,000만 원, 웬만한 직장인 1년 연봉이 이자 수익으로 나온다. 물론 5~10억을 예치한 고객이 더 많지만 조 사모님처럼 금융자산이 30억 이상인 고객의 숫자도 증가하고 있다.

주식시장만큼이나 변동성과 레버리지 효과가 큰 것이 최근의 부의 트렌드라 할 수 있다. '돈이 있어야 더 큰돈을 버는 것'이다.

그렇다고 이들과 자신의 처지를 비교해서 비관할 필요는 없다. 잘 알다시피 돈이 인생의 전부는 아니고, 조 사모님에게도 골칫덩어리 아들이 있으며, 돈이 많다고 꼭 행복한 것은 아니니까 말이다. 1,000억대 자산을 가진 고객이 돈 문제 때문에 형제 간 혹은 친척 간의 우애가 남보다 못한 경우도 많다.

슈퍼리치를 향한 첫걸음

우리가 추구해야 할 슈퍼리치는 자아실현을 통해, 즉 스스로가 진정으로 하고 싶은 일을 함으로써 부를 얻는 것이다. 이 책이 소개하는 사람들도 거의가 그런 사람들이다. 일확천금이 아닌, 맨몸으로 시작해서 슈퍼리치의 반열에 오른 평범한 사람들, 우리 이웃집 아저씨 같은 사람들의 성공담을 들려주고자 한다. 그를 통해서 누구나 노력하면 바람직한, 존경받는 슈퍼리치가 될 수 있음을 보여주고 싶다.

그리고 무엇보다도 당신이 오랫동안 잊고 지낸 꿈을 끄집어내어 현실 속에서 이룰 수 있었으면 한다. 왜 누구는 슈퍼리치가 되어 스포트라이트를 받는데, 나는 무대 뒤편에서 초라하게 40대, 50대를 맞아야 한단 말인가?

문제는 첫걸음이다. 어제와 다른 내가 되겠다는 굳은 각오를 하라. 당신은 실제로 그들보다 훨씬 더 잘할 수 있다. 빤한 봉급을 아끼고 저축한 돈을 불려 10억을 모으는 그런 재테크와는 이별을 고해야 한다.

이제 더욱 중요한 본질, 즉 진실에 다가가야 한다. 이를 위해서는 자신을 진지하게 바라보는 일부터 시작하자. 백지를 한 장 꺼내 자신의 이름을 적어라. 그리고 잠시 동안 내가 누구인지를 생각해보자. 내 존재는 광활한 우주에서 아주 작은 부분만을 차지하지만 무엇인가 의미를 갖고 있다. 내 마음이 가는 곳, 진정으로 바라는 꿈을 10가지만 적어보자. 가슴이 조금씩 뜨거워지지 않는가? 맥박이 조금씩 빨라지지 않는가?

그렇다. 문제는 나 자신이다. 오직 나 자신만이 지금의 상황을 개선할 수 있는 유일한 사람이다. 과거와 다르게 내 꿈을 위해 살겠다고 결심하는 순간, 나는 스스로가 꿈꾸는 존재가 될 수 있다.

여러분의 꿈이 이루어지면 자연스럽게 슈퍼리치의 길로 들어설 수 있다. 이 책이 소개하는 맨손에서 100억 슈퍼리치가 된 이들의 좋은 성공습관, 자산관리 시스템을 따라 한 가지씩 실천해 나가다 보면 여러분도 어느 순간 꿈을 이룬 슈퍼리치가 되어 있을 것이다. 슈퍼리치도 보통사람과 같이 아침, 점심, 저녁 세 끼를 먹을 뿐이다.

인생은 머뭇거리고 방황만 하기에는 너무 짧다. 지금까지의 방황과 시간 낭비만으로도 충분하다. 꿈을 이루겠다고 결심하고, 나 자신을 믿어야 한다. 슈퍼리치가 되는 것은 결코 어려운 일이 아니다. 자, 지금부터 생생한 그들의 이야기 속으로 들어가보자.

* 각 사례는 실제 슈퍼리치의 인터뷰 내용을 바탕으로 사실을 재구성하고 가명을 사용하였으며 인터뷰이의 허락을 받은 경우 실명을 기재하였습니다.

SR
Super Rich

1장

내가 만난 한국의 슈퍼리치들

위기의 샐러리맨, 명품 수입업체 사장으로 거듭나다

"현재 자신이 하고 있는 일에서 먼저 재능을 발견하고 최선을 다하세요. 그리고 창업을 하고자 한다면 현직에 있을 때 틈틈이 준비를 해야 합니다."

위기가 기회가 되다

이탈리아 명품 브랜드 에트로ETRO를 수입하는 듀오의 대표 이충희 사장과의 첫 만남은 청담동에 위치한 그의 사옥에서 이루어졌다. 약간 곱슬머리에 ROTC 반지를 끼고, 선한 인상에 단단해 보이는 체구가 인상적이었다. 그의 회사는 지금은 국내 최고의 인지도와 인기를 자랑하는 명품 브랜드의 수입업체지만 의외로 시작은 너무나 작고 평범해서 나는 깜짝 놀랐다.

듀오를 설립한 지 20년, 이 사장이 말하는 그의 시작은 다른 샐러리맨과 마찬가지로 평범했다. 경기대를 나와 굴지의 대기업에 들어갔고, 거기서 7년간 근면성실하게 일하다 면세점장이라는 자리에까지 이르렀다. 그런데 어느 날 이 사장에게 위기가 찾아왔다고 한다.

"5년 정도 면세점장을 했는데 갑자기 외식사업부로 발령이 났어요. 그래서 몇 개월을 외식사업부에서 일했는데 살만 찌고 일에 재미를 못 붙이겠더군요."

꼼꼼하고 성실한 성격의 이 사장은 면세점장 시절 아침 7시면 어김없이 출근해 매일 매장을 점검하는 등 성실하게 일했다. 해외에서 명품 브랜드를 들여와 면세점에서 파는 일을 익혔고 그 일은 이 사장의 적성에 잘 맞았다고 한다. 거기다 면세점장이 되기 전에는 재무 담당 파트에서 경력을 쌓아 그쪽 방면으로도 다양한 지식과 경험을 갖고 있었다. 이 사장은 사실 영업관리에서 구매업무 경력을 쌓고 싶었기 때문에 외식사업부 일에는 흥미를 느낄 수 없었다고 한다.

위기 끝에 기회가 온다고, 그러던 중 이 사장은 뜻밖의 제안을 받는다. 평상시 이 사장의 성실함과 빈틈없음을 눈여겨본 거래처 사장이 스카우트 제의를 해온 것이다.

"거래처 사장님이었는데 해외 명품 브랜드 판권을 여러 개 가지고 국내에서 꽤 큰 사업을 했어요. 국내 백화점 면세점을 상대로 영업을 하는 영업이사 자리를 제안하셨지요."

창업을 심각하게 고민하던 이 사장에게 백화점 담당 영업이사 업무는 꼭 해보고 싶은 일이었다. 이 사장은 당시를 회상하듯 약간 상기된 얼굴로 말을 이어갔다.

"사실 30대 청춘을 보낸 회사를 하루아침에 그만둔다는 것은, 말이 그렇지 쉽지 않았어요. 잘 마시지도 못하는 술을 마시며 며칠을 고민했죠. 적성에 맞지 않는 외식부 일을 하는 것도 문제지만 앞으로 계속 샐러리맨으로 남으면 내 적성이나 의지와 상관없이 발령이 나는 대로 끌려다니며 일할 수밖에 없겠더라고요. 두려움도 컸지만 내가 잘할 수 있고 하고 싶은 일을 하기로 결심하고 나니 다른 문제들은 아주 작아 보였습니다. 그래서 내 사업을 창업하기 전에 영업이사로서 마지막 경력을 쌓기 시작했죠."

당시 상황이 떠오르는 듯 이 사장의 눈빛에서 결연한 의지가 느껴졌다.

"영업이사라고 해도 월급이 12년 경력의 잘나가는 대기업 면세점장 월급과 비교가 되지 않았죠. 한참 애들 뒷바라지할 때라 아내도 마음고생이 컸을 겁니다."

그렇게 해서 이 사장은 잘나가는 호텔 면세점장에서 수입업체 영업이사로 자리를 옮겼고, 거기서 2년 더 경력을 쌓았다.

일생일대의 도전

그러나 또 다른 문제가 생겼다. 백화점 관리에서 더 배울 것이 없자 이 사장은 한 번 더 고민에 빠진다.

"어차피 샐러리맨은 하지 않기로 결심했고, 따라서 언제 창업하느냐가 문제였죠. 어느 날 불 꺼진 사무실에 혼자 앉아 제 자신에게 물었어요. 정말 창업할 준비가 되었는지……."

이미 대기업에서 재무 경력을 쌓았고, 면세점장으로 영업을 해보았으며, 백화점을 상대로 영업이사 경력까지 쌓은 상태였다.

그러나 샐러리맨의 타성에 젖어서일까? 오랫동안 준비를 해왔지만 막상 자신의 회사를 설립하는 것은 쉽지 않은 일이었다. 당장 5,000만 원이라는 회사 설립 자본금도 문제였다.

"며칠을 고민하며 끙끙대고 있는데 아내가 봉투 하나를 내밀더군요. 그것이 자신이 해줄 수 있는 전부이니 마음대로 해보라면서요."

아내가 마련해준 800만 원. 이 사장은 눈물이 날 정도로 고마웠다고 한다. 지인이 300만 원짜리 중고차를 사주었고, 신혼살림으로 아내가 장만해온 가구를 사무실 집기로 사용했다. 결혼 초부터 처가살이를 했는데 이 과정에서 장모님과 장인어른의 도움도 컸다고 한다.

"그렇게 여러 사람의 도움으로 간신히 책상 하나 놓을 사무실을 얻었죠."

모자라는 보증금은 어렵게 대출을 받았는데, 대출 보증은 회사에 근무할 때 모시던 상사가 나서서 해주었다고 한다. 그때를 생각하며 이 사장은 이렇게 말했다.

"평상시 직장 다닐 때 같은 사내 직원뿐만 아니라 거래처 사람 등 누구 하나 소홀히 대해선 안 됩니다. 원만한 대인관계가 성공의 발판인 것이지요."

내가 기부를 하는 이유

이 사장이 지금도 창업하겠다고 사표를 쓰는 직원에게 얼마라도 기꺼이 돈을 내놓은 이유는 자신이 어려울 때 받은 큰 도움의 빚을 조금이라도 갚고 싶기 때문이라고 했다.

"사업을 해서 규모가 커지면 모두들 자신이 잘해서 돈도 벌고 회사도 성공한 거라고 착각들을 합니다. 하지만 저는 그렇게 생각하지 않습니다. 사업이란 여러 사람의 도움과 스스로의 노력으로 번 돈을 잠시 관리하는 일일 뿐이지요. 돈은 그것을 필요로 하는 좋은 곳에 쓰여야 합니다."

이런 생각 때문일까. 이 사장은 적지 않은 돈을 장학사업, 신진 미술작가 전시 지원, 고아원 기부 등 좋은 일에 쓰고 있다. 1억 이상 기부자 클럽에 들어 매스컴의 주목을 받기도 한 이 사장. 그러나 이 사장의 첫 기부금은 5,000원이었다고 한다.

"기부라는 것이 형편 좋을 때 하는 것이 아니고, 일단 작은 금액부터 시작하는 것이 중요합니다. 아내가 암사동에 살 때 집 근처 요양원에 3만 원씩 기부했는데 지금은 월 기부액이 300만 원으로 늘어났지요."

장학재단에 기부한 돈까지 합하면 지금까지 기부한 돈이 족히 40억 원이 넘는다고 한다. 연 매출액 1,000억 원 안팎의 중소회사가 웬만한 대기업과 비교해도 뒤처지지 않는 돈을 기부하고 있기에 이 사장이 더 대단해 보였다.

"돈은 원래 없던 것이 나의 노력으로 잠깐 내 손에 들어온 것이라 생각합니다. 돈을 더 모으는 것은 욕심이지요. 돈을 더 벌자는 욕심이 앞설 때마다 차라리 좋은 일에 돈을 나누자고 스스로에게 타이릅니다. 그래서 더 많은 사람들이 성공할 수 있다면 그게 더 보람 있는 일이니까요."

이 사장이 담담하게 말했다. 최선을 다해 기부도 하지만 전시 공간을 찾기 어려운 신진작가를 위해 비좁은 회사 건물 한 층 전부를 갤러리로 오픈한 이 사장. 당시의 어려운 결정을 회상하듯 잠시 침묵이 흘렀다.

회사를 창업하고 나서 짬짬이 취미로 인사동에 그림을 관람하러 다니면서 그는 신진 작가들의 어려운 사정을 알게 되었다고 한다. 그때 언젠가 능력이 되면 실력은 있지만 형편이 어려운 신진작가들을 꼭 도와주어야겠다고 결심했다고 한다.

"지금도 밥을 굶는 훌륭한 무명작가가 너무 많아요. 그분들에게 조금이라도 도움이 되었으면 하는 바람에서 작품을 무료로 전시할 수 있도록 하고 있습니다."

박봉으로 남을 돕는 일에 적극적이셨던 전직 교사 출신 아버님의 영향도 컸다고 한다. 그래서 건물 이름, 갤러리 이름, 장학재단 이름도 존경하는 아버지의 호를 따 '백운白雲'이라 지었고, 그렇게 신진작가를 돕기로 결심한 지 10년 만에 드디어 갤러리를 오픈한 것이다.

작은 인연이 가져온 큰 행운

비가 갠 늦은 오후, 신진작가의 그림으로 가득 찬 사장실에 따사로운 햇살이 들어왔다. 사업 얘기가 이어졌다.

"결국 사업은 인맥이고 좋은 인맥을 얻는 것은 본인의 노력 여하에 달려 있습니다. 작은 인연도 소홀히 해서는 안 됩니다. 직장을 다닐 때나 창업 후에나 한결같이 노력해야 합니다."

이 사장은 실제로 지금의 명품 브랜드에 대한 동남아 판권을 획득할 때 작은 인연으로부터 큰 도움을 받았다고 한다. 당시 수입 명품 브랜드 판매권을 따내기 위한 경쟁은 무척 치열했다.

"저같이 돈도 없고 회사도 없는 상태에서 판권을 따낸다는 것은 무척 힘든 일이었지요. 그래도 제가 면세점장으로 있을 때 알고 지내던 분과의 인연으로 따낼 수 있었습니다. 연세가 많은 분이셨는데 사업을 떠나 아버님 모시듯 계절마다 안부 인사를 드렸었거든요."

비즈니스 관계가 끝나 이해타산이 사라졌고 창업이란 것은 꿈도 꾸지 않던 샐러리맨 시절이었음에도 이 사장의 행동은 한결같았고, 이를 눈여겨본 회장님은 훗날 이 사장에게 큰 도움을 준 것이다.

"회사도 없는 저에게 오히려 회사를 만들어오라고 하셨습니다. 재정보증인을 세우고 일본인의 추천서 2통을 받아오라고 조언해주셨어요."

"사업과 직접적인 관계가 없을 때 가끔씩 안부전화를 드렸을 뿐인데 결국 그 사소한 행동이 큰 행운을 가져다주었습니다."

이 사장은 그때의 고마움을 잊지 않고, 아직도 1년에 한 번은 일본 회장님을 국내에 초대해 직접 여행도 모시고 다니고 맛있는 식사도 대접한다고 했다.

부자가 되려면 어떻게 해야 할까

"사장님, 그런데 부자가 되려면 어떻게 해야 하나요?"

조급한 마음에 나도 모르게 이런 질문을 하고 말았다. 이 사장은 웃으며 대답했다.

"부자가 되고 싶으면 부자와 어울리고 부자 인맥을 만들어야 합니다. 또 사장이 되어야 합니다. 라면 장사를 한번 보세요. 수입만 놓고 보자면 샐러리맨보다 훨씬 나을 수도 있습니다."

이 사장은 실제로 직원들에게 회사 정문에서 라면 장사하는 노점상을 유심히 살펴보라고 말했다고 한다.

"출근할 때 보면 벌써 나와 손님 맞을 준비를 하고 있고, 저녁 늦게까지 정말 열심히 일합니다. 월 수입이 300~400만 원은 될 겁니다."

이 사장이 껄껄 웃으며 말을 이었다.

"라면을 제일 잘 끓이는 방법이 뭔지 아세요?"

이 사장의 갑작스런 질문에 나는 당황했다. '라면 잘 끓이는 비법이 따로 있나? 물 끓이고 라면 넣으면 되는 것 아닌가?'

이런 생각을 하며 머뭇거리고 있는데 이 사장은 이렇게 말했다.

"라면을 잘 끓이는 방법은 라면봉지에 적힌 그대로 끓이는 것입니다. 그렇게 하면 가장 맛있는 라면이 되지요. 돈 버는 일도 마찬가지입니다. 대부분의 사람들이 기본을 무시하고 무조건 많이 벌려고만 하는데 그래서는 절대로 돈을 벌 수 없습니다."

돈을 벌고 사업을 하는 데 있어서도 결국 기본에 충실하라는 얘기였다. 진짜 방법을 알고 있으면서 자꾸만 새로운 방법을 찾으며 편하게 돈 벌 생각을 하는 것이 문제라고 했다.

비단 돈을 버는 데 있어서만이 아니라 대부분의 사람들은 쉬운 방법과 요행을 바란다. 나 역시 부자가 되는 방법을 찾는 데 있어서 정작 중요한 기본을 놓치고 있는 것은 아닌가 하는 생각이 들어 부끄러웠다. 이 사장의 얘기는 한마디로 돈을 좇지 말고 기본에 충실하라는 것이다. 자신이 하고 싶은 일을 용기를 내 최선을 다해 하다 보면 성공하게 되고, 그러면 돈은 자연스럽게 뒤따라온다는 것이다.

지금 있는 자리에서 미래를 준비하라

샐러리맨에서 300억대 슈퍼리치가 된 이 사장. 그는 또 다른 자신만의 성공 비결을 살짝 공개했다.

"또 하나 드리고 싶은 말씀은 지금 현직에서 성실히 미래를 준비하라는 것입니다. 만약 제가 평상시에 준비를 열심히 하지 않았다면 창업은 꿈도 꾸지 못했을 겁니다. 직장 다닐 때가 창업을 준비하기 가장 좋은 때라고 생각합니다."

회사에 다니면서 창업을 준비한다? 그게 쉬운 일일까? 딴짓한다고 해고당하거나 하지는 않을까? 여러 가지 의문이 들었다. 이 사장은 이런 나의 마음을 아는 듯 빙그레 웃으며 말을 이었다.

"나는 직원들이 열심히 일하면서 틈틈이 미래를 준비하는 것은 회사를 위해서도 좋은 일이라고 생각합니다. 꿈이 있는 직원이 회사 일도 더 열심히 하는 법이니까요. 명심할 것은 어떤 회사도 직원의 정년을 보장해주지 못한다는 사실입니다."

듣고 보니 과연 옳은 말이었다. 10년 전만 해도 웬만한 회사는 본인이 원하지 않아도 정년을 보장해줬다. 당장 40대 후반의 선배만 보더라도 입사 초년병의 관점에서 본다면 순탄한 직장생활을 한 경우가 많다. 지금은 명예퇴직이다 뭐다 해서 50대 중반을 넘긴 상사를 찾아보기 힘들어졌다. 대부분 50대 초반에 실직하는 것이 냉혹한 현실이다.

갑자기 마음이 다급해졌다. 자세를 바로 하고 이 사장의 다음 말을 기다렸다.

"10년간 회사를 다니며 면세점 일을 하다 보니 자연스럽게 나도 이렇게 하면 잘할 수 있다는 요령과 자신감이 생겼지요."

현재 자신이 하고 있는 일에서 먼저 재능을 발견하고 노력해보라는 충고가 이어졌다. 이 사장이 10년간의 샐러리맨 생활에 종지부를 찍고 창업할 수 있었던 것은 미리부터 준비를 해왔고, 샐러리맨 시절 담당했던 일에서 성공 가능성을 보았기 때문이다.

5,000만 원의 자본금과 사무실을 구하는 것이 어려웠을 뿐 사업 마인드와 창업 이후의 로드맵은 이미 머리에 완벽하게 그려져 있었다는 얘기다.

"창업 준비는 직장을 다닐 때 하는 것이 가장 좋아요. 비교적 안정적인 수입을 얻을 수 있는 그때가 편하게 준비할 수 있는 시기입니다. 그렇다고 일을 소홀히 하라는 얘기는 아니에요. 어느 회사나 자신이 받는 월급에 최소 3~5배는 수익을 내야 하지요. 그래야 능력을 인정받으며 남보다 오래 다닐 수 있지요."

문제는 대부분의 샐러리맨이 퇴근과 동시에 일에 대한 생각을 그만두는 것에 있다고 한다.

"사장과 직원의 차이가 뭔지 아십니까? 사장은 24시간 회사 일을 고민하지만 샐러리맨은 퇴근과 동시에 회사 일을 잊어버리지요. 샐러리맨으로 성공하려면 사장처럼 일하며 고민하고 행동해야 합니다. 그래야만 창업을 하든 샐러리맨으로 남든 성공할 수 있어요. 노점의 라면 장사라고 무시할지 모르지만 성공하면 몇천만 원의 수입을 올릴 수 있는 거지요. 하지만 샐러리맨은 아무리 노력하고 좋은 성과를 내도 월급이 정해져 있습니다. 한계가 있는 것이지요."

이 사장은 힘주어 말했다.

IMF와 함께 찾아온 두번째 위기

이 사장의 두번째 위기는 IMF 때 찾아왔다.

"회사가 거의 부도날 지경이었지요. 에트로 본사에서 어려운 사정을 알고 물건 가격을 20퍼센트 할인해주었지요. 어려움을 극복할 수 있었던 것은 본사의 지원 때문이기도 하지만, 평소 30퍼센트 정도의 비상금을 준비해두고 대출을 거의 하지 않았기 때문입니다.

또 옛날에 모시던 분의 도움이 결정적인 역할을 했습니다."

이 사장은 조금 속도를 늦추더라도 감당할 수 있을 정도만 리스크를 지며 계단을 오르듯 차근차근 사업을 키워가는 것이 자신의 스타일이라고 했다. 큰 욕심을 버리고 항상 어려울 때를 대비해 최소한의 비상금으로 현금을 비축하고 무리하게 대출을 쓰지 않은 것이 위기를 극복하는 데 큰 힘이 됐다고 한다.

"당시에 우리보다 큰 회사, 이른바 잘나가는 회사들도 여럿 문을 닫았습니다. 다른 것도 마찬가지지만 리스크 관리를 잘해야 살아남을 수 있는 것이지요."

이 사장의 말이 가슴을 파고들었다. 에트로는 그렇게 IMF를 잘 극복하고 2002년부터 다양한 색상의 신제품이 나오면서 지지부진하던 매출이 급상승하기 시작했다고 한다.

"창업하고 10년 만에 첫 휴가를 갔지요."

이 사장은 그때까지 휴일도 거의 없이 일만 했다고 한다. 아내와 함께하는 10년만의 첫 휴가. 이 사장은 잠시 생각에 잠겼다. 먹을 것을 잔뜩 준비해 아내와 차로 서해안 일주를 했다고 한다. 지금도 이 사장은 아무리 바빠도 1년에 한 번은 아내와 여행을 한다.

"우리나라도 찾아보면 구석구석 참 좋은 곳이 많아요."

이 사장이 미소를 지으며 말했다. 물론 예나 지금이나 차에 음식을 잔뜩 싣고 떠난다고 했다.

위기를 극복하는 두 가지 방법

이 사장이 힘든 시기에도 사업 비상금을 마련하고 돈을 모을 수 있었던 것은 이런 작은 부분에서부터 지출을 줄이는 습관이 몸에 배어 있기 때문이었다. 이 사장뿐 아니라 내가 자산관리를 하고 있는, 몇백 억에서 몇천 억 자산을 가진 슈퍼리치 대부분이 단 돈 1원도 허투루 쓰지 않는다. 이 사장이 계속해서 말했다.

"처음 회사를 차리고 10년 정도는 해외 출장을 갈 때도 코펠과 라면을 들고 가 가장 싼 역전 호텔에서 직접 밥을 해먹었어요."

그러면서 한 푼 더 버는 것보다 중요한 것은 쉽게 새나가는 1원을 절약하는 것이라고 강조했다. 해외 출장을 가서도 직접 라면을 끓여먹었다니! 얼핏 이해가 되지 않는 부분이었다. 보통 해외 출장을 가면 고급 호텔에서 바이어를 만나고 근사한 식사를 하고 관광도 하지 않는가. 이런 느슨한 생각을 하고 있는데 이어지는 이 사장의 말은 정신을 번쩍 나게 했다.

"부자가 되는 기본 원칙은 버는 것보다 적게 쓰는 것입니다. 가난한 사람들은 대개 자신의 수입보다 매월 지출이 더 많기 때문에 부자가 되는 데 필요한 종잣돈을 모으지 못하는 것입니다. 나는 지금도 후배들에게 강의를 할 때 기본적으로 딱 두 가지를 언급합니다."

이 사장이 강조하는 두 가지는 첫째가 수입보다 적게 쓰고, 단돈 1원도 절대 허투루 쓰지 말라는 것이다. 둘째가 100만 원이라도 종잣돈을 마련하는 것인데 종잣돈을 마련하지 못하면 돈을 모을 수 없다고 했다.

"눈을 굴린다고 생각하면 됩니다. 탁구공만 한 크기로 눈을 굴리는 사람과 축구공만 한 크기로 눈을 굴리는 사람을 생각해보세요."

어떻게든 종잣돈을 마련해서 작은 돈이라도 굴릴 수 있어야만 슈퍼리치를 향해 한걸음 다가갈 수 있다는 얘기다. CEO와 샐러리맨의 차이를 물으니 이렇게 대답했다.

"가장 큰 차이는 리스크를 감당하는 정도입니다. 사장은 회사에 대한 모든 리스크를 혼자 떠안지요. 극단적으로 말하면, 사업이 한순간에 망할 수도 있습니다. 이것이 조금도 방심해서는 안 되는 이유이며 CEO가 항상 긴장할 수밖에 없는 이유이기도 합니다. CEO는 모든 리스크를 지는 만큼 이익도 많이 가져갑니다. 반면에 샐러리맨은 월급 받는 만큼만 리스크를 감당합니다."

"자기 사업을 시작하면 마인드 자체가 달라집니다. 계속 강조하지만 사업가는 사업이 자신의 전부입니다. 실패하면 모든 것을 잃는다는 각오로 목숨을 걸고 하는 것이죠."

이 사장은 사업을 시작한 지 20년이 지난 지금도 회사에 누구보다 빨리 출근해서 한 시간 먼저 업무를 준비한다고 한다. 아들이 35세쯤 되면 회사를 물려줄 생각이어서 매월 서너 차례 회사 조찬모임에 같이 참석한다고 했다.

"생각해보세요. 직원보다 한 시간 먼저 나와 업무를 챙기다 보면 회사 돌아가는 것이 한눈에 파악되지 않겠습니까? 웬만한 보고서의 오류도 금방 잡아낼 수 있고, 새로운 사업 구상도 할 수 있어요."

얼마 전 경리 여직원으로부터 들은 얘기가 떠올랐다.

"사장님은 숫자감각이 탁월하세요. 데이터가 틀리면 금방 지적하는 게 정말 신기할 정도예요."

회사를 최대한 활용하라

남보다 일찍 출근해서 업무를 챙기는 것이 또 하나의 성공 비법이었던 것이다. 이어서 돈을 아끼는 방법을 묻자 이 사장은 간단한 예를 하나 들려주었다.

"회사 직원들이 나가서 비싼 커피를 사 마시는 것을 보면 이해가 되지 않습니다. 최대한 회사의 물품을 이용해야 하는데 그렇게 하지 않아요. 커피 한 잔 사 마시는 돈도 절약하라는 얘깁니다."

한번에 4,000~5,000원 하는 커피값만 아껴도 어느 정도 종잣돈을 마련할 수 있다는 얘기였다.

"나는 회사 사장이지만 직원들에게 항상 강조합니다. 회사를 최대한 이용하라고요. 커피 한 잔을 우습게 보지 말고 제발 회사 커피를 마시라고요."

듣고 보니 직장인이 두세 잔 습관적으로 마시는 커피 비용 중 한 잔 값만 줄여도 한 달에 10만 원 안팎의 적지 않은 돈을 절약할 수 있다.

슈퍼리치들의 공통점은 사업을 시작해서 성공하기까지 평균적으로 최소 10~15년의 시간이 걸린다는 것이다. 첫 5년을 잘 버티고 10년을 생존할 수 있으면 성공할 확률이 그만큼 높아지는 것이다. 이와 관련해 이 사장은 창업을 한다면 가급적 빨리 하는 편이 성공할 확률을 높일 수 있는 방법이라고 강조했다.

이 사장은 해마다 연말이면 탁월한 성과를 낸 직원을 뽑아서 포상한다고 했다.

"회사도 변해야 합니다. 회사에 크게 기여한 직원에게는 기반을 잡을 수 있을 정도의 보상을 해주는 것이 옳다고 생각합니다."

샐러리맨으로서 회사에서 기여한 만큼 보상을 받지 못하더라도 실망하지 말고 한결같이 열심히 일해야 한다는 당부도 잊지 않았다.

"사필귀정이란 말이 있지요. 나의 행동 하나하나를 누군가가 지켜보고 있다는 생각으로 사소한 일에도 순간순간 최선을 다해야 합니다. 그런 사람은 어딜 가도 반드시 성공합니다."

이 사장은 다시 한 번 힘주어 말했다.

"나는 적당한 시기가 되면 자식에게 어느 정도 최소한의 재산만 물려주고 나머지는 사회에 기부할 생각입니다. 사람은 누구나 아침, 점심, 저녁 세 끼 이상 먹지 못하고, 돈은 필요한 사람에게 값어치 있게 사용해야 한다고 생각해요. 누구도 절대로 혼자 성공할 수 없습니다. 사업을 하든 직장에 다니든 사람은 누군가의 도움을 받게 마련입니다. 내가 능력이 있어 누군가에게 도움을 줄 수 있다면 보람된 일이고 항상 받은 것 이상으로 돌려주고자 노력하면 오히려 모든 일이 잘 풀리지요."

이 사장은 먼저 가까운 곳부터 살피고 챙기라고 조언했다. 전역한 지 20년이 훨씬 지났지만 함께 복무했던 사람들과 아직도 2~3개월에 한 번 모임을 갖고, 얼마 전에는 아내가 큰 병에 걸려 어려움을 겪고 있는 군인을 도왔다며 흐뭇한 미소를 지었다.

정 부사장의 아주 특별한 조언

이 사장의 설명을 듣고 샐러리맨과 사장의 차이를 어렴풋이 알게 되었는데 얼마 뒤 이 사장 회사에 창업할 때부터 다니고 있는 정선미 부사장과의 대화를 통해 그 차이를 실감했다.

이 사장은 20년 전 직원 한 명과 회사를 창업했는데 그 사람이 바로 정선미 부사장이다. 그녀는 미국에서 대학을 나온 엘리트였다. 대학을 졸업하고 귀국해 미국계 명품업체에 근무하다가 거래 관계로 이 사장을 처음 알게 되었다고 한다.

평소 정 부사장의 꼼꼼한 일 처리를 눈여겨본 이 사장이 창업하면서 함께 일해보자고 제안했다고 한다. 정 부사장은 이 사장의 스카우트 제의를 받고 많이 망설였다고 한다.

"마음만 먹으면 얼마든지 기반이 잡힌 큰 회사에 갈 수 있었어요. 그런데 웬일인지 조그만 회사를 키우는 일에 마음이 기울었고, 거기서 보람을 느끼고 싶었어요."

이 사장은 정 부사장을 영입하기 위해 최선을 다했고 정 부사장은 이 사장의 열정에 감동해 제의를 받아들였다. 그리고 어느덧 20년의 세월이 흘러 지금과 같이 탄탄한 회사를 만든 것이다.

"정말 신기했죠. 처음 10년 동안은 고전했지만 위기를 극복하고 어느 정도 기반을 잡자 사업이 매년 2배로 성장했습니다."

정 부사장도 많이 놀랐다고 한다.

"벌써 20년이 흘렀네요. 세월 참 빠르죠."

정 부사장은 해외 바이어를 만나고 상품을 수입, 판매하는 역할을 담당했고, 이 사장은 자금 관리와 마케팅을 맡았다고 한다. 나는 정 부사장이 바라보는 이 사장의 모습이 궁금해졌다.

"사장님은 다른 것은 몰라도 직원들 월급은 한 번도 밀린 적이 없어요. 회사가 한참 어려울 때 자신은 상당 기간 월급을 받지 못했지만 직원들 월급은 대출을 받아서라도 주었어요. 또 원래 부지런해서 창업할 때나 지금이나 출근시간이 똑같아요."

정 부사장이 웃으면서 말을 이었다. 정 부사장도 어느 정도 자산을 모았지만 이 사장과 비교할 때 자산의 규모, 리스크의 감당 정도에는 분명 차이가 있었다.

"사장님과 종업원의 책임감, 리스크 감당 정도는 하늘과 땅 차이에요. 제일 머리 아픈 사람이 사장님이죠. 사장님이 회사를 생각하는 것과 종업원이 생각하는 것은 근본적으로 다르죠."

정 부사장의 알 듯 모를 듯한 말이 계속 이어졌다.

"어떻게 보면 회사 사장에게는 회사가 전부죠. 그만큼 리스크도 크지만 돌아오는 몫도 큽니다. 반면 종업원은 딱 자신이 받는 월급만큼만 리스크를 지는 거지요. 회사 주인과 종업원은 출발부터가 다른 거예요."

그래서일까? 이 사장과 마찬가지로 자신도 기회가 있을 때마다 회사직원에게 창업하라는 말을 한다고 했다.

자신의 위치에서 부자가 된 사람들

내가 잠시 생각에 잠겨 있는 사이 정 부사장이 말을 이었다.

"요즘 직원들을 보면 안타까운 생각이 들 때가 있어요. 주말에 TV나 보면서 시간을 보내죠. 물론 휴식도 필요하지만 시간이 날 때마다 조금이라도 의미 있는 일을 했으면 좋겠어요."

정 부사장이 한 지인의 얘기를 들려주었다.

"그 사람은 주말마다 부동산 중개업소를 찾아다니며 좋은 물건을 추천해달라고 부탁했어요. 음료수를 사가지고 수차례 방문하면서 정성을 들였으니 좋은 물건이 나오면 중개업소 사장이 누구에게 먼저 추천하겠어요?"

결국 그 사람은 1년도 안 되어 급매물로 나온 좋은 위치의 아파트를 저렴하게 장만했고 최근에는 시세차익까지 보며 처분해 좀더 큰 평수로 이사했다고 한다.

"부자가 된 사람들은 다 이유가 있다고 생각합니다. 실천력이 놀랄 만큼 뛰어나죠."

"나는 개인적으로 안 좋은 집주인을 만나면 돈을 더 빨리 모은다고 생각해요. 생각해보세요. 마음 좋은 집주인을 만나 매년 똑같은 전세금으로 사는 것이 마냥 좋은 것만은 아니에요. 까다로운 집주인을 만나 매년 전세금을 1,000~2,000만 원씩 올려주는 편이 더 나을 수도 있어요."

내가 갸우뚱하자 놀라운 말이 이어졌다.

"그렇게 되면 두 가지 중 한 가지를 선택해야겠지요. 더 싼 집으로 이사 가거나 오기가 나서 허리띠를 더 졸라매거나."

정 부사장은 당연히 허리띠를 졸라매는 사람이 돈을 더 모을 수밖에 없다고 했다. 그 말을 듣고 보니 대기업에 다니는 친구 생각이 났다. 그 친구는 아직 집을 장만하지 못했는데 놀라운 것은 맞벌이를 한다는 것이다. 왜 그들 부부는 아직까지 집을 장만하지 못했을까? 정 부사장의 얘기를 들으니 의문이 풀렸다.

절박함의 차이. 그렇다. 사람은 절박하지 않으면 행동으로 옮기기 어렵고 돈도 독하게 모으지 못한다. 회사에서 지원해준 돈으로 집을 얻은 친구에게는 절박함이 없었다. 부부 둘이 합쳐 월 700만 원의 수입을 육아비, 외식비 등으로 펑펑 쓰다 보니 아직까지도 집을 장만하지 못한 것이다.

정 부사장이 다시 한 번 정곡을 찌르는 말을 했다.

"조그만 주택가에 외제차가 서 있는 경우를 종종 봅니다. 작은 집에 살면서 몇천만 원이 넘는 외제차를 구입한 거지요."

'없으면 안 쓴다'는 부자들의 생활철학과는 달리 대부분의 사람들은 당장의 만족을 위해 카드 서비스, 마이너스 통장의 유혹에 넘어 간다고 했다. 정 부사장의 따뜻한 조언이 이어졌다.

"사장으로 성공하면 가장 좋겠지만 샐러리맨으로도 성공하려면 월급보다 3~4배는 더 일하겠다는 각오가 없으면 곤란합니다. 또 샐러리맨으로 생존하기 위해서는 무엇보다도 다른 사람이 대신할 수 없는 특별한 사람이 되어야 해요. 그 다음 자만심을 버리고 일의 우선순위를 정하되 사장이나 상사가 시키는 일을 먼저 하는 게 좋습니다."

정 부사장은 창업에 대해서 이렇게 말했다.

"창업하고자 한다면 하루라도 빨리 할 것을 권합니다. 40대 후반이나 50대에도 창업할 수는 있겠지만 보통 주변에 성공한 사장님의 경우 최소 10년, 평균 15년의 시간이 걸렸거든요."

이 사장과 정 부사장. 이분들의 이야기는 모두 귀담아들을 가치가 있다. 이 사장과 정 부사장 두 분 다 한 회사에서 20년이라는 세월을 보냈고 그 안에서 사장으로서 성공하는 법, 샐러리맨으로서 성공하는 법을 터득했기 때문이다.

300억대 슈퍼리치의 성공 조언

그날 저녁 나는 집으로 돌아오는 길에 라면을 샀다. 모처럼 일찍 귀가해서인지 아내가 놀라는 눈치였다.

"나 어떻게 하면 라면을 잘 끓일 수 있는지 알아."

내 말에 아내가 영문을 모르겠다는 듯 나를 쳐다보았다.

"여기 적혀 있는 대로야. '끓는 물에 스프와 함께 라면을 넣는다. 4분 30초를 더 끓인다'라고 되어 있잖아. 기본에 충실한 게 성공 비법이지."

아내는 여전히 내가 무슨 말을 하는지 모르겠다는 표정이었다.

"이번 주말에 내가 설거지하고 라면 끓일게."

이제 라면 하나는 잘 끓일 수 있을 것 같은 자신감이 생겼다.

"라면을 가장 잘 끓이는 방법은 라면봉지에 적혀 있는 대로 하는 것이다……."

이 사장의 말이 가슴을 울렸다. 기본을 충실히 지켜라, 지금 자신이 서 있는 자리에서 미래를 준비하라, 라면 장사를 하더라도 사장을 꿈꿔라, 들어오는 1원보다 나가는 1원을 경계하라……. 이 사장의 성공 조언은 가장 기본적이면서도 놓치기 쉬운, 금쪽 같은 충고들이다. 일개 샐러리맨에서 시작해 300억대 슈퍼리치가 된 이 사장의 성공 사례는 내게 큰 깨달음을 주었다.

슈퍼리치 따라잡기

● **라면가게를 하더라도 사장을 꿈꿔라**
사장과 직원은 하늘과 땅 차이. 사장의 월급은 무한대지만 직원의 월급은 정해져 있다. 라면가게를 하더라도 사장을 꿈꿔라. 10년, 20년 후의 미래를 생각한다면 어떤 일이든, 어떤 분야에서든 스스로 사장을 꿈꿔라.

● **샐러리맨 때 창업을 준비하라**
당장 사표를 던지기보다 지금 있는 곳에서 창업을 준비하라. 창업을 준비하는 가장 좋은 시점은 직장에 다닐 때이다. 현직에 있을 때 다른 직원이나 거래처와 돈독한 인간관계를 맺어라. 사업의 밑천은 신용과 신뢰, 그리고 돈독한 인간관계이다. 사업에서 성공하는 데는 평균 10년 이상이 걸린다는 사실을 명심하고 인내심을 갖고 차분히 창업을 준비하라.

● **허튼 돈은 1원도 쓰지 않는다**
돈은 버는 것보다 더 중요한 것은 안 쓰는 것이다. 경비를 줄여라. 진짜 부자들은 커피 한 잔 사는 돈도 아낀다. 하루 커피 한 잔 값을 1년 동안 모으면 어느 정도의 종잣돈이 모일지 생각해보라.

라이터 팔던 장돌뱅이, 수천 억 슈퍼리치가 되기까지

"잘나가던 사업가도 실패하면 한 순간에 손가락질을 받게 됩니다. 사업을 하려면 목숨을 걸고 다부지게 해야 합니다."

사소한 습관이 큰 기회를 가져오다

시골에서 고등학교를 졸업한 것이 전부인 학력으로 류진만 사장은 남대문 장돌뱅이로 시작해 매출 2,000억을 바라보는 굴지의 명품 브랜드 수입업체의 주인이 되었다. 류진만 사장을 처음 만났을 때 인상은 작은 키에 다부진 모습이며 검소하고, 작은 은행 사은품도 고맙게 생각하는 분이다. 시골집 작은 형님 같은 분위기는 어느 모로 보나 해외의 유명 패션 상품을 수입해서 판매하는 회사의 사장과는 어울리지 않는 듯했다.

류 사장은 원래 남대문시장을 돌며 라이터 등 잡화를 파는 장돌뱅이였다고 한다. 잡다한 심부름을 하고 무거운 잡화 짐을 지고 남대문 시장을 골목골목 누볐다. 이때 류 사장의 꿈은 시장 한편에 단 1평이라도 자신의 가게를 갖는 것이었다.

류 사장의 타고난 부지런함, 상인 한 사람, 한 사람의 이름과 사소한 특징까지 기억하려 노력하는 태도를 지켜본 시장 상인들은 그를 신임하게 됐다.

남보다 기억력이 좋긴 했지만 류 사장이 수백 명의 시장상인들이 시키는 잔심부름을 빈틈없이 해낼 수 있었던 이유는 바로 사소한 것도 꼼꼼히 메모하는 습관이 있었기 때문이었다고 한다.

"머리를 식히는 가장 좋은 법이 뭔지 아나?"

내가 대답하지 못하자 류 사장이 미소를 지으며 말했다.

"머리를 비우는 방법은 사소한 것도 메모해두는 것이지. 내가 지금도 거래처 경조사를 꼼꼼히 챙길 수 있는 것은 거래하는 한 사람, 한 사람의 특징과 그들과 나눈 대화를 기록해두기 때문이네."

류 사장이 양복주머니에서 손때 묻은 수첩을 꺼내 보였다. 그야말로 날자 별로 빼곡하게 메모가 되어 있고 빨강, 파랑, 형광펜으로 이런저런 표시를 해두었다. 얼마 전 류 사장의 친구이자 해외 명품 브랜드 수입상을 하는 한 사장으로부터 들은 얘기가 떠올랐다.

"류 사장님은 정말 대단한 분이야. 아침 일찍 전화를 했기에 무슨 일이냐고 물었더니 오늘 누구누구의 결혼식이니 함께 가자고 하는 게 아니겠나. 아차 싶어 달력을 보니 오래전 거래한 사장 아들의 결혼식 날이더군."

이렇듯 경조사며 사소한 것까지 잊지 않고 잘 챙기는 류 사장의 메모습관은 사업을 하면서 빛을 발하게 된다. 시장 잔심부름으로 시작했지만 신용이 쌓이자 류 사장을 통해 자연스럽게 여러 사업장들 간의 정보 교류가 이뤄졌고 급기야는 시장에서 각종 모임과 협의를 진행하는 총무를 맡게 되었다.

시장 총무라는 자리는 류 사장에게 더 큰 돈을 모을 기회를 가져다주었다. 평소 류 사장을 눈여겨본 시장 모임의 회장을 맡고 있던 박 회장이 자신이 갖고 있는 시장 매장 중에서 매출이 부진한 작은 가게를 류 사장에게 맡긴 것이다.

"내 가게는 아니었지만 드디어 행상이 아닌 가게에서 장사를 할 수 있게 된 게 너무 기뻤어. 세상을 다 얻은 기분이었지."

류 사장은 당시를 회상하듯 눈을 감았다.

이마의 주름살 사이로 세월의 풍상이 느껴졌다.

"무엇이든 돈이 될 만한 것들은 다 팔았어. 라이터, 양말, 속옷 등등."

남들보다 먼저 시장에 나가 1원이라도 더 싼 가격에 물건을 사기 위해 최선을 다했다고 한다. 그래서 류 사장의 잡화점은 점차 다른 곳보다 단 돈 10원이라도 저렴하면서 없는 게 없는 가게로 입소문이 나기 시작했다고 한다.

잡화점을 시작한 지 1년 만에 꽤 많은 돈을 모은 류 사장은 박 회장으로부터 가게를 매입했다고 한다.

"참 좋은 분이셨어. 다른 사람들은 보통 임대를 준 매장이 장사가 잘 되면 권리금에, 비싼 값을 받고 팔려고 하는데 박 회장님은 1년 전 가격으로 가게를 넘겨주셨지."

류 사장은 아직도 박 회장을 고맙게 생각한다고 말했다.

사업을 무한히 확장해가다

인수한 가게를 열심히 운영해 류 사장은 시장에서 가장 큰 매장을 두 개나 소유하게 되었다. 그리고 1987년 6월 류 사장은 드디어 잡화점을 기반으로 회사를 창업한다.

4년 동안 대형 매장을 5개로 늘렸고, 류 사장의 매장은 다른 곳보다 저렴하면서 없는 게 없는 곳이란 입소문이 나 매출도 급성장하게 된다. 취급하는 품목도 국내 잡화뿐 아니라 해외 수입 잡화까지 범위가 넓어졌다. 가격대가 어느 정도 형성되어 있는 국내와 달리 해외 브랜드는 새로운 것들이 많았고 1988년 올림픽 개최와 함께 해외 명품 브랜드에 대한 소비자들의 관심이 커졌다.

"생활수준이 조금씩 높아지면서 해외 명품 시장도 조금씩 성장하기 시작했어. 물건을 사러 해외에 처음 나갔을 때는 두려움도 있었지."

류 사장이 물을 한 모금 마시며 말을 이었다.

"그런데 그렇게 조금씩 수입하기 시작한 패션잡화가 오히려 마진도 좋고 시장의 반응도 더 좋았어."

류 사장은 본격적으로 해외시장에 눈을 돌렸다. 차곡차곡 모은 돈으로 매장을 늘려갔고, 가격이 저렴하면서도 국내시장에서 반응이 좋은 수입의류, 패션잡화를 판매했다. 사업은 점점 커졌고 해외 명품을 직수입해 국내에서 파는 쪽이 마진이 더 좋았다. 장사가 잘 되는 대형 매장을 갖고 있는 류 사장은 외국 유명 브랜드의 국내 판매권을 경쟁업체보다 더 좋은 조건으로 얻게 된다.

"서로 윈윈할 수 있는 계약이었어. 해외 명품회사는 이제 막 성장하는 국내에 안정적인 판매처를 확보할 필요가 있었고, 우리 회사도 남성과 여성, 각각의 패션 리더에게 공급할 다양한 유명 브랜드가 필요했으니까."

류 사장이 미소를 지었다.

"사업이란 이렇듯 작게 시작해서 무한대로 확장되는 거군요."

내 말에 류 사장이 천천히 고개를 끄덕였다.

한번에 큰돈을 벌 수는 없다

그러나 그에게도 위기가 찾아왔다. 회사 재정을 담당하던 직원의 조언을 받아 주식에 돈을 투자했는데 수억 원을 손해 본 것이다. 그 일이 있은 후 그 직원은 잠적해버렸다고 한다.

"돈도 돈이지만 직원이 더 걱정됐어. 자칫 극단적인 선택을 할까 봐. 그래서 그 직원을 찾아 설득했지. 나는 괜찮으니 주식투자는 그만두고 회사에 나와 열심히 일하라고."

그 직원은 마음을 다잡고 지금은 누구보다 열심히 일하는 충직한 직원이 되었다고 한다.

"도박이나 주식투자로 한번에 큰돈을 벌려고 하면 패가망신한다는 것을 그때 뼈저리게 느꼈지. 난 지금도 직원이나 아끼는 후배에게 입버릇처럼 너무 쉽게 돈을 벌려 해서는 안 된다고 충고한다네."

류 사장이 커피를 한 모금 마시며 말했다.

"주식도 정 하고 싶으면 자신이 가진 돈의 10분의 1만 투자해야 해. 개인적으로 샐러리맨은 주식투자를 안 했으면 해."

류 사장의 말인즉 회사에 다니며 주식투자를 하면 근무시간에도 정신이 그곳에 팔리기 마련이라는 것이었다.

주식시장에서는 고수라는 사람도 쉽게 돈을 잃는데 그런 곳에서 직장업무까지 해야 하는 샐러리맨이 남보다 한 발 앞서 정보를 얻고 주식을 관리할 수 있느냐는 것이었다.

생각해보니 류 사장의 말이 옳았다. 주변에 샐러리맨이 주식을 해서 큰돈을 벌었다는 얘기는 들어보지 못했다. 오히려 전세금을 날려 먹었다는 얘기를 많이 들은 것 같다.

위기를 넘기자 류 사장의 사업은 일취월장하기 시작했다.

명품가방 구입 바람이 불면서 해외 유명 브랜드를 수입해 국내에서 파는 전략이 맞아 떨어졌다. 다양한 브랜드의 판매권을 확보하기 위해 노력한 것이 결실을 맺어 류 사장은 현재 5개 수입 브랜드의 국내 판매권을 확보한 상태다.

류 사장의 사업은 시작한 지 13년 되던 해인 2000년부터 매출이 급성장했다. 유명 백화점에 수입 브랜드 매장을 신규 오픈하고 수도권에 물류창고로 사용할 부지를 구입하면서 사업이 탄력을 받은 것이다.

나중에 물류창고로 사용하기 위해 구입한 토지가 일부 수용되면서 시세차익을 얻게 되었고, 수용에 따라 다시 구입한 땅의 시세가 상승하면서 자산 평가액이 크게 늘어났다.

"좋은 창고 부지를 구하기 위해 열심히 발품을 판 결과 상대적으로 저가에 좋은 땅을 구입하게 됐지."

류 사장이 차분하게 말했다.

종잣돈을 악착같이 모아야 하는 이유

한국의 슈퍼리치가 보여주는 기본적인 자산 형성 패턴을 류 사장도 그대로 보여준다. 먼저 종잣돈을 마련하기까지는 많은 어려움을 겪지만 사업이 일정 궤도에 오르면 안정적인 수입이 창출되면서 종잣돈의 규모가 커진다. 이 종잣돈의 일부를 창고 등 사업용 부동산을 구입하는 데 사용해 땅값 상승에 따른 이익을 보게 되고, 나머지는 사업자금으로 재투자해 매출 신장을 달성하는 것이다. 초기에 종잣돈을 마련하고 자신의 명의로 된 사업장을 열기까지는 약 5년이 걸리고, 사업이 본 궤도에 오르는 것은 빨라야 10년이 넘는 시점, 즉 10년에서 15년이 되어야 승승장구하는 패턴을 보여준다.

여기서 종잣돈의 중요성을 알 수 있는데 사업을 하든, 집을 사든 모두 일정 금액의 종잣돈이 필요하다. 샐러리맨에게 종잣돈은 첫번째 내 집 장만을 위한, 혹은 작은 상가를 구입하기 위한 것이고, 사업가에게는 사업 밑천인 것이다.

어떻게든 악착같이 종잣돈을 모아야 하는 이유가 여기 있다. 종잣돈을 모으지 못하면 빚을 얻을 수밖에 없는데 이때 가장 큰 문제는 꼬박꼬박 이자를 내야 한다는 점이다. 대출이자는 지출이다. 수입 대비 지출이 많아지면 아무리 돈을 많이 벌어도 결국 파산할 수밖에 없다. 경기가 활황이라 매출이 좋을 때는 문제가 없지만 지금처럼 경기가 불황일 경우에는 대출이 과도하면 대기업도 망하거나 M&A로 흡수될 수 있음을 우리는 잘 알고 있다.

류 사장은 아직도 직접 운전을 한다. 주변에서 그만하면 기사를 쓸 때도 되었다고 말하지만 류 사장은 고개를 젓는다.

"물론 나도 기사를 쓰면 편하지만 아직은 아니야."

운전하는 것을 좋아하는 것도 한 가지 이유지만 장돌뱅이 시절부터 근검절약하는 습관이 몸에 뱄기 때문이다.

한번은 류 사장의 사무실에 갔다가 깜짝 놀랐다. 한쪽 벽면에 "대출은 청산가리다."라는 문구가 붙어 있었기 때문이다. '아무리 그래도 대출이 청산가리라니……' 그러면서 아직도 마이너스 잔액과 카드 서비스 생활에서 벗어나지 못하고 있는 지인이 떠올랐다. 그만큼 대출을 경계하는 말이리라. 류 사장 회사의 엘리베이터에도 좋은 명언이 붙어 있고 엘리베이터의 닫힘 버튼에는 '경비 절감'이라는 말이 적혀 있다.

이런 사소한 것들에서까지 근검절약하는 정신이 직원들에게는 때로 답답하게 느껴질 수도 있겠지만 결과적으로는 절약을 습관화하게 되지 않을까 생각한다.

류 사장은 샐러리맨에게도 애정 어린 충고를 잊지 않는다.

"샐러리맨의 가장 큰 단점은 월급이 고정적이라는 점이지. 하지만 고정적으로 월급을 받는다고 해서 생각과 행동마저 고정돼 있어서는 곤란해. 일단 자신의 회사에 대해 주인의식을 가져야 하지. 주인정신이 있는 직원과 없는 직원은 사소한 업무 처리에서도 차이가 나기 마련이야."

류 사장의 압구정동 사무실 창문으로 정오의 밝은 햇살이 들어왔다.

"나도 처음부터 지금 같은 사업을 구상한 것은 아니야. 장돌뱅이로 시작했지만 하루하루를 마지막 날처럼 최선을 다해 일했고 그게 조금씩 사업을 확장시키는 밑거름이 되었지."

미리미리 준비해 기회를 잡아라

류 사장은 확신에 찬 표정으로 말을 이었다.

"인생을 살다 보면 누구에게나 기회가 세 번은 온다고 하잖아. 대부분의 사람들이 그 기회를 인식조차 하지 못하지. 아마 준비가 되어 있지 않아서일 거야. 항상 촉각을 세우고 자신이 관심을 갖고 있는 분야에 집중하다 보면 반드시 기회가 오지. 그때 용기 있게 기회를 잡아야 해."

비록 고등학교 졸업이 학력의 전부지만 류 사장에게는 기회를 잡을 수 있는 결단력이 있었다. 당시만 해도 수입 브랜드가 별로 주목을 받지 못했지만 경제가 성장하면 사람들의 명품 소비 욕구가 커진다는 것을 류 사장은 일찍이 깨달은 것이다.

류 사장은 요즘도 내가 전화를 하면 가끔씩 졸린 목소리로 전화를 받는다. 해외 출장을 가서 밤에 전화를 받기 때문이다. 이제는 사업이 탄탄해져 조금 쉴 법도 하지만 류 사장은 손사래를 친다.

"사업하는 친구 중에 사업이 좀 잘 되면 상장을 하거나 무리하게 사업을 확장하는 경우가 종종 있는데 대부분 결과가 좋지 않더군. 사장은 항상 긴장하고 자신의 일에 최선을 다해야 하지. 차곡차곡

수익을 쌓아가야지 쉽게 돈을 벌려고 했다간 100억을 잃는 것도 순식간이지."

　류진만 사장 역시 모든 종잣돈을 한 곳에 올인하지 말라는 것과 어떤 일을 하든 열심히 하라는 것, 그리고 기회가 오면 과감히 잡아야 한다고 역설했다.

슈퍼리치 따라잡기

● **메모하는 습관을 들여라**
메모를 하면 사업과 관련이 있는 사람들의 경조사며 특징, 거래 내역, 대화 내용 등 사소한 것까지 잊지 않고 챙길 수 있고 그를 통해 신뢰를 쌓고 좋은 평판을 얻을 수 있다.

● **도박이나 주식투자로 한번에 큰돈을 벌려 하지 마라**
주식이 하고 싶으면 자신이 가진 돈의 10분의 1만 투자하고 샐러리맨은 직장 업무에 해가 되므로 가급적 하지 않는 것이 좋다. 주식시장에서는 고수라는 사람도 쉽게 돈을 잃는데 그런 곳에서 직장업무까지 해야 하는 샐러리맨이 남보다 한 발 앞서 정보를 얻고 주식을 관리하기는 어렵기 때문이다.

# 하루 수백 명, 강남 떡볶이가게의 신화

"흔한 떡볶이 장사지만 23년을 한결같이 하다 보니 길이 보였어요. 아내와 함께 울고 웃으며 걸어온 23년. 후회는 없답니다."

10년 뒤 내 모습은 어떨까

누구나 즐겨 먹는 국민 간식인 떡볶이를 팔아 슈퍼리치의 대열에 합류한 사람이 있다. 평범한 백화점 세일즈맨에서 하루에 수백 명이 찾는 유명한 떡볶이 집 사장이 된 백진혁 사장, 그는 어떻게 지금의 위치에 서게 된 것일까?

시간은 23년 전으로 거슬러 올라간다. 백화점에서 의류 판매를 하던 백 사장은 동료직원에 비해 판매량이 2배나 많았다. 그런데 직장이란 것이 원래 남보다 잘하면 칭찬을 받고 급여도 올라가야 하는데 아무리 열심히 일해도 인센티브가 없고, 직장에서 인정받기는 커녕 동료직원의 경계 대상이 되자 백 사장의 고민은 하루하루 깊어갔다.

백 사장은 봄에 결혼해서 아내가 임신 3개월째였다. 조그만 회사에서 경리로 일하던 아내는 임신과 함께 육아 휴직을 한 상태였다. 마음 착한 백 사장의 얼굴에는 수심이 가득했고 계절은 파릇파릇 새싹이 돋아나는 4월이었지만 그의 마음속에서는 황량한 바람이 불었다.

'어떻게 해야 할까?'

백 사장의 나이 29세, 그는 10년 뒤의 자신의 모습을 생각해봤다. 잘해야 점장 정도 될 텐데 그렇다고 해서 월급이 엄청 많아지는 것도 아니었다. 남보다 몇 배 더 노력해도 돌아오는 것이 너무 적다는 것이 가장 큰 문제였다. 어느 날 그는 마음이 통하는 유일한 직장 동기 김 대리와 포장마차에서 소주를 마시며 이런저런 이야기를 했다.

"요즘 왜 그래? 실적도 예전 같지 않고 얼굴이 어두워. 집에 무슨 일 있어?"

김 대리가 근심 어린 표정으로 물었다.

"요즘 직장생활에 회의가 드네. 부모님은 매달 꼬박꼬박 월급 나오는 게 어디냐고 하시는데 이 일은 10년을 해도 달라지는 것이 별로 없잖아?"

침묵이 흘렀다.

백 대리는 3년 전 회사에 입사했을 때 그 누구보다 자신감과 패기가 충만했다. 고등학교를 졸업하고 군대를 갔다 온 백 대리는 어려운 가정형편 때문에 대학 입학은 막내에게 양보하고 곧바로 생활전선에 뛰어들어야 했다.

이 일 저 일 전전한 지 5년 만에 우연히 백화점 의류 판매직원으로 일하게 됐다. 처음에는 동료들에 비해 좋은 실적을 거둬 신나게 일했지만 3년째에 접어들고 보니 이런저런 생각이 들었다.

"우리 일이 열심히 한다고 월급을 더 받는 것도 아니고, 그렇다고 미래가 화려한 것도 아니잖아. 난 그게 견딜 수 없어."

술을 잘 못하는 백 대리였지만 이날만큼은 왠지 흠뻑 취하고 싶은 마음이었다.

"우리 일이 원래 그렇지 뭐. 백 대리, 너무 심각하게 생각하지 마. 아내가 임신까지 했고 행복한 신혼이잖아?"

김 대리가 위로하며 소주잔을 기울였다. 둘은 제법 취했다.

"젊은이들, 오늘 뭐 속상한 일 있수? 이거 서비스니까 들어요."

포장마차 주인 아주머니가 떡볶이를 건네주며 말했다. 마침 저녁을 먹지 않았던 터라 백 대리와 김 대리는 허겁지겁 먹었다. 평상시 간식이나 군것질을 일절 하지 않던 백 대리는 이날 떡볶이가 그렇게 맛있을 수가 없었다. 기분이 좋아진 백 대리는 아내에게 줄 떡볶이를 사서 집으로 갔다.

"자기야, 나 왔어."

단칸방에 세 들어 사는 백 대리는 늘 아내에게 미안한 마음이었다. 남들은 둘이 맞벌이를 한다고 부러워했지만 사실 백 대리 부부가 이제껏 모은 돈은 얼마 되지 않았다. 장인어른은 연세가 많았고 장모님도 몸이 아픈 지 오래되어 생활비를 보태드리고 있었다.

"자기, 오늘 술 많이 마셨네. 사무실에 무슨 일 있어?"

아내가 떡볶이를 먹으며 근심 어린 표정으로 물었다.

"요즘 직장생활에 회의가 들어. 뾰족한 수가 있는 것도 아니고, 그래서 좀 답답해."

백 대리는 갈증을 느껴 물을 한 잔 마셨다.

"자기가 누구보다 열심히 일하는 것 알아. 힘들어도 태어날 아기를 생각해서 조금만 참아요."

아내의 눈가에 이슬이 맺혔다.

"자기야, 어제 그 떡볶이 오늘 퇴근할 때 또 사다 주면 안 될까? 맛있어서 또 먹고 싶네."

다음날 아침 출근하는 백 대리에게 아내가 웃으며 말했다.

"응, 알았어. 요즘 자기 먹고 싶은 것 많지? 퇴근하면서 사올게."

백 대리는 그날 서둘러 퇴근해 어제 갔던 회사 근처의 포장마차로 갔다. 어제 본 인심 좋은 60대 아주머니가 오늘도 열심히 떡볶이를 만들고 있었다.

"오늘은 일찍 오셨네."

아주머니가 웃으면서 말했다.

"네, 아내가 임신했는데 어제 사간 떡볶이를 너무 맛있게 먹는 거예요. 그래서 오늘도 사가려고요."

백 대리는 포장마차에 손님이 제법 많은 것을 보고 관심이 생겨 아주머니에게 이것저것 물어봤다. 아주머니는 남편이 하던 사업이 부도가 나서 3년 전에 포장마차를 시작했는데 이제는 단골손님이 많이 생겨 수입이 쏠쏠하다고 말했다.

집으로 돌아오면서 백 대리는 괜히 기분이 들뜨는 것을 느꼈다. 포장마차를 해도 그렇듯 즐겁게 잘할 수 있구나 하는 생각이 들었기 때문이다.

아내는 떡볶이를 맛있게 먹었다. 백 대리는 그런 아내를 보며 생각에 잠겼다. 사실 백 대리는 평소 음식에 관심이 많았다. 군대에서는 우연찮게 취사병 생활을 했는데 재미를 느낀 적이 많았다.

그는 '아내가 떡볶이를 잘 먹으니 내가 한번 만들어줄까?' 하고 생각했다.

백 대리는 다음날 시장에서 재료를 사서 떡볶이를 만들었고 아내는 정말 맛있다고 했다. 가능성을 발견한 백 대리는 그 다음 날부터 퇴근할 때 일부러 떡볶이 포장마차에 들렀다. 떡볶이뿐 아니라 만두, 순대, 라면 등 포장마차 메뉴를 시켜 먹으며 아주머니에게 이것저것 물었다. 그때마다 아주머니는 친절하게 대답해주고 요리법도 알려주었다.

꿈을 향해 첫걸음을 내딛다

어느덧 겨울이 되어 첫딸이 태어났다. 백 대리 부부는 몹시 기뻤지만, 회사의 사정은 더 악화되고 있었다. 전보다 더 열심히 일했지만 여전히 동료직원과는 관계가 좋지 못했고, 빠듯한 급여로는 분유 값을 대기도 힘들었다.

해는 바뀌어 1월이 되었다. 백 대리는 퇴근길에 포장마차 앞을 지나다 일찍 문을 닫고 있는 포장마차 주인아주머니를 보게 됐다.

"아주머니, 무슨 일 있으세요?"

백 대리가 걱정스럽게 물었다.

"며칠 뒤에 시골로 내려간다우. 우리집 영감이 몸도 아프고 해서 시골에 가서 살려고."

"그럼 포장마차는 이제 안 하시고요?"

"응, 누구 할 사람 있으면 넘기려고 그래."

그날 저녁, 백 대리는 아내에게 조심스럽게 말을 꺼냈다.

"자기야, 나 포장마차 한번 해볼까?"

잠시 침묵이 흘렀다. 마침내 아내가 말문을 열었다.

"응, 자기가 하면 잘할 것 같아. 사실 자기가 해준 떡볶이 너무 맛있었어. 자기는 포장마차 사장, 그럼 나는 사모님이네."

백 대리는 순간 눈물이 핑 돌았다. 아내의 그 말에 천군만마를 얻은 것만 같았다. 백 대리는 다음날 미련 없이 사표를 냈다. 4년차에 접어든 직장생활에 약간의 미련과 회한이 없었던 것은 아니지만 지금 안 내면 영원히 원치 않는 모습으로 살아야 할 것 같았다.

다음날부터 백 사장 부부는 인심 좋은 아주머니가 운영하던 포장마차를 맡아 하게 되었다. 근데 직접 해보니 결코 쉬운 일이 아니었다. 매일 장을 봐야 하고, 맛있는 떡볶이 소스를 만드는 방법을 연구해야 했다. 하지만 실패하면 끝이라는 생각으로 정성을 다했다.

백 대리는 열심히 하는 것과 인심 좋은 것 두 가지를 장사의 모토로 삼았는데 그것이 효과가 있었다. 물론 우선은 맛있는 떡볶이를 만드는 것이 제일 중요했다. 여러 가지 소스를 개발하고 다양한 시도를 계속했다. 점차 단골고객이 늘어났고 2005년부터는 입소문을 듣고 찾아오는 손님이 부쩍 늘었다.

평소에 믿음과 신뢰를 쌓아라

큰딸의 나이가 이제 23살, 백 사장이 떡볶이 집을 창업한 지도 23년이 되었다. 지금은 유명한 떡볶이 집으로 크게 성공했지만 백 사장에게도 위기는 있었다. 떡볶이 집을 창업한 지 10년쯤 되었을 때 알뜰하게 돈을 모아 아파트 단지 내 가게를 사서 떡볶이 집을 열려고 하니 아파트 입주자회의가 반대하고 나섰다. 아파트 상가에 분식집이 많이 들어오면 시끄럽고 주변 환경도 해친다는 것이었다. 모든 계획이 수포로 돌아가려는 찰나 입주자회의의 김 회장이 나서서 문제를 해결해줬다. 백 사장 포장마차의 단골로 열심히 일하는 두 부부를 눈여겨봤던 김 회장은 성실하고 정직한 백 사장 부부가 만든 분식이라면 어른들은 물론 아이들 간식거리로도 안심할 수 있다고 말하면서 사람들을 설득했다.

백 사장은 그때의 고마움을 아직도 잊지 못한다고 한다.

"열심히 하다 보면 굳이 홍보하지 않아도 입소문이 나고, 장사를 그만둬야 하는 위기에 처했을 때 김 회장님이 나서서 도와준 걸 보면 평소에 믿음과 신뢰를 쌓는 것이 정말 중요하단 생각이 들어요."

백 사장이 진지하게 말했다.

유명한 떡볶이 집이라 주말에 애들을 데리고 한번 찾아가 보았다. 직원이 10명 정도 되었는데 모두 백 사장의 가까운 친척들이다. 2년 터울의 세 딸들도 열심히 일을 도왔는데 맏이는 주방, 둘째는 홀 서빙, 셋째는 잔심부름을 했다. 데이트도 하고 한참 놀 나이인데 신기한 생각이 들어 다른 친구들처럼 나가 놀고 싶지 않느냐고 물었다.

"아빠, 엄마를 도와서 일한 지 15년이 넘었어요. 이제는 습관이 되어 아무렇지도 않아요."

큰딸이 웃으며 말했다. 아내랑 두 딸아이와 떡볶이를 먹으며 나는 많은 생각을 했다. 23년 전 백 사장 부부는 추운 겨울에 어린 딸을 업고 포장마차로 시작했다. 앞날에 대한 두려움도 컸고, 미래에 대한 확신도 없었다. 앞날이 빤한 길을 택하지 않고 오직 하고 싶은 일을 해보기 위해 힘든 포장마차 일을 선택했다. 그리고 23년이 흐른 오늘, 입소문을 듣고 온 고객들로 떡볶이 집은 발 디딜 틈이 없게 됐다. 그때는 이런 모습을 상상이나 했을까? 백진혁 사장 부부의 용기 있는 첫걸음이 오늘날의 성공으로 이어진 것이다.

슈퍼리치 따라잡기

● **10년 후 내 모습은 내가 원하는 모습인가**
비전이 없이는 성공이 불가능하다. 지금처럼 살면 10년 후 나는 꿈을 이룰 수 있을 것인지 스스로에게 물어보고 만약 이룰 수 없다면 새로운 길을 찾아라.

● **평소에 믿음과 신뢰를 쌓아라**
하루하루 최선을 다하고 고객에게 정성을 기울이면 굳이 홍보하지 않아도 입소문을 듣고 손님들이 찾아오기 마련이다.

종업원 20명에게 집 사준 연탄집 사장님

"직원을 가족처럼 대하세요.
직원이야말로 사업 성공의 가장 큰 밑천입니다."

한 번뿐인 인생을 위한 선택

30대 중반의 배승철 사장은 당시 누가 봐도 근사한 화이트칼라였다. 번듯한 금융회사에 다니며 주위의 부러움을 한몸에 샀지만 정작 본인은 남의 지시를 받으며 일하는 것이 도무지 적성에 맞지 않았다. 결국 배 사장은 직장생활을 시작한 지 8년 만에 결국 사표를 내던졌다.

속은 시원했지만 세상은 결코 녹록하지 않았다고 한다. 아내는 임신 7개월이었고, 결혼한 지 1년이 채 안 된 신혼부부는 당장 다음

날 끼니 걱정을 해야 하는 절박한 상황이었다. 현실은 배 사장의 선택을 실험하기라도 하듯 너무도 냉혹했다. 그렇지만 이미 던진 사표를 되돌릴 수는 없는 노릇이었다.

'까짓 거, 인생은 한 번뿐인데 멋지게 살아보자!'라는 생각으로 이것저것 10가지 넘게 해봤지만 실패의 연속이었다. 그러나 배 사장은 이에 굴하지 않고 지인에게 어렵게 돈을 빌려 소금 임대업이라는 새로운 사업을 다시 시작했다. 당시 소금 임대업이 큰 인기를 끌었지만 그 역시 쉬운 일은 아니었다. 큰돈을 투자해 대형 창고를 가지고 소금 임대업을 하는 경쟁업체에 비하면 배 사장의 사업은 구멍가게 수준이었다.

어떻게 해야 할지 도무지 답이 나오지 않았다. 빌린 사업 자금도 바닥이 나고 월세도 밀려 있었다. 한마디로 곧 길거리에 나앉을 처지였다.

귀가 떨어져 나갈 것처럼 추운 쪽방에서 추위에 떨며 고민하던 배 사장은 방을 따뜻하게 데워줄 연탄 한 장만 있었으면 하는 생각을 하다 순간 무엇인가가 머리에 번쩍하는 것을 느꼈다.

'맞아, 연탄장사! 추운 겨울 집집마다 꼭 필요한 연탄사업을 하면 성공할 수 있을 거야.'

당시만 해도 가정에서는 난방용으로 손으로 만든 연탄을 사용했다. 다음 날 새벽, 배 사장은 어둠이 걷히기도 전에 길을 나섰다. 연탄에 대해 전혀 아는 바가 없었기 때문에 오며가며 본 적 있는 연탄

배달업소 사장을 무작정 찾아갔다. 절박함이 통한 것일까?

키가 크고 건장했던 배 사장은 마침 병에 걸려 그만둔 직원을 대신해 일을 하게 되었다. 그리고 그날부터 다른 동료들보다 몇 배나 더 열심히 연탄을 배달한다. 그런 배 사장을 눈여겨본 배달업소 사장은 그를 신임해 연탄산업 전반에 대한 지식을 알려주었다.

당시 연탄산업은 도매업자가 광산에서 연료탄 가루를 사서 연탄공장에 공급해주는 식으로 이뤄졌다. 그중 도매업자의 마진이 가장 좋았지만 문제는 자금이었다. 약 6개월 정도 온몸으로 부딪치며 연탄사업을 밑바닥부터 경험한 배 사장은 사업의 밑그림을 그릴 수 있었고 점점 자신감이 생겼다. 자금문제를 해결하고, 중·소 연탄공장 연탄원료 구매 책임자의 신임만 얻는다면 해볼 만하겠다는 생각이 들었던 것이다.

배 사장은 어떻게든 사업자금을 모으기 위해 사장에게 부탁해 배달 구역을 더 많이 배정받았다. 동료들이 한 구역 배달을 마치고 막걸리를 마시며 시간을 보내는 사이에 배 사장은 두세 군데를 더 돌았다. 집에 돌아오면 밤 12시가 넘기 일쑤였고 온 몸은 땀에 절어 있었다. 그러다 보니 동료들과 어울릴 시간도 없었고 동시에 사장의 신임을 독차지하게 되자 배 사장은 왕따를 당하기도 했다. 하지만 아랑곳하지 않았다.

배 사장은 자신의 사업을 하겠다는 꿈이 있었기에 동료의 괴롭힘과 무시는 얼마든지 참고 견딜 수 있었다. 오히려 그런 것들을 스스로를 단련하는 좋은 채찍으로 삼았다. 항상 웃는 얼굴로, 진심으로 동료를 대하자 한 명, 두 명 배 사장에게 마음을 열기 시작했다. 배 사장은 그런 동료들을 미래의 자기 회사 직원으로 점찍었다. 그리고 1년 반이 지나자 조그만 가게를 열 수 있을 만큼의 돈을 모을 수 있었다.

사장은 부장 자리를 제안하며 붙잡으려 했지만 배 사장의 창업 의지를 꺾을 수는 없었다.

"이거 얼마 안 되는 돈이지만 한번 잘해보게나. 그리고 내가 얘기를 해뒀으니 박 사장이라는 사람을 한 번 찾아가보게."

마음 좋은 사장은 배 사장에게 약간의 퇴직금을 쥐어주며 광산을 운영하는 박 사장을 소개해주었다. 그 덕분에 배 사장은 박 사장을 찾아가 연료탄을 구입할 수 있었다. 그런데 문제는 연탄공장들이 모두 이미 공급업자를 갖고 있어 배 사장한테 연료탄을 사려 하지 않는다는 것이었다.

배 사장의 고민은 깊어갔다. 빨리 납품계약을 해야 자금 회전이 될 텐데 도무지 묘안이 떠오르지 않았다.

"여보, 납품 담당자를 우리 편으로 만드는 방법을 찾아보면 어때요?"

아내가 걱정스런 얼굴로 말했다.

배 사장은 좋은 아이디어라고 생각하고 점심때가 되기 전에 납품 담당자를 찾아가서 명함을 건네고 얘기를 나누다가 식사 시간이 되면 자연스럽게 함께 밥을 먹으러 가자고 권했다. 담당자들은 처음에는 어색해했지만 자주 찾아가서 안면을 익히자 자연스레 배 사장에게 친절을 베풀기 시작했다. 주말이면 장어를 파는 음식점에 납품 담당자를 초대해 정보를 교환하고 식사를 대접했다. 배 사장에게 좋은 정보를 얻고 밥까지 얻어먹으니 미안해서라도 같은 값이면 배 사장한테 연료탄을 구입하는 거래처가 생기기 시작했다.

이렇게 점점 더 거래처가 늘어나자 더 많은 연료탄을 구입해야 했다. 하지만 자금 조달이 문제였다. 당시에는 은행 문턱이 지금보다 훨씬 더 높아서 배 사장 같은 사람은 담보 없이 돈을 빌릴 수가 없었다. 고리의 사채를 쓰는 수밖에 없었는데 여기서 배 사장은 또 한 번 수완을 발휘했다.

"사업을 하려면 신용을 목숨처럼 중요하게 생각해야 한다네."

배 사장은 힘주어 말했다.

그는 사채를 구하다가 한 사채업자를 알게 되었는데 그 사람은 명동에서 금은방을 운영하는 사채업계의 큰손이었다. 배 사장은 아무리 어려워도 이자는 물론, 원금 상환일을 단 한 번도 어긴 적이 없다고 했다. 게다가 명절 때가 되면 고마움의 표시로 고급 양복을 한 벌씩 선물하니 사채업자 사이에서 배 사장 하면 한 번에 20~30억을 빌려줘도 안전한 사람으로 소문이 나기 시작했다.

연말이면 석탄공사에서 연료탄이 많이 나왔는데 배 사장은 이렇게 쌓은 신용을 바탕으로 자금을 조달해 연료탄을 사들였고 그것이 큰 수익으로 돌아왔다. 배 사장의 신용을 믿은 명동 큰손 사채업자가 나서서 자금을 모아주었기에 가능한 일이었다.

직원들 20명에게 집을 사주다

5년 정도 신용을 쌓으며 착실하게 사업을 다져가자 2명에서 시작한 사업이 어느덧 20명의 종업원을 거느릴 만큼 성장했다.

배 사장이 물을 한 모금 마시며 말했다.

"사업이란 것이 처음 5년에서 10년을 안 망하고 버티면 좋은 기회가 한두 번 찾아오기 마련인데 그걸 놓치지 말아야 해."

배 사장에게 하늘이 내린 기회는 정부가 석탄 가격을 인상한 것이었다.

"아, 글쎄 연료탄을 샀는데 하루아침에 값이 2배로 오른 거야. 연료탄 가격이 몇 년째 오르지 않아서 고생을 많이 했는데 드디어 보상을 받는구나 생각했지."

그 말을 하는 배 사장의 얼굴은 약간 상기되어 있었다. 연료탄을 50억 원어치 사놓았는데 값이 2배로 뛰어 100억이 되어 순식간에 50억을 벌었다. 배 사장은 그 돈으로 종업원 20명 전원에게 집을 한 채씩 사주었다고 한다.

"사업은 나 혼자 잘한다고 되는 것이 아니야. 일하는 직원이 있기에 회사가 있는 거고 그래서 사장이 돈을 벌 수 있는 것이지. 요즘은 그 사실을 잊어버린 사업가들이 많아서 안타까워."

배 사장이 큰 눈을 껌뻑이며 한 가지 일화를 소개했다.

"한번은 불의의 사고를 당해 가장을 잃은 직원 가족에게 살 집을 한 채 장만해주기도 했다네."

이런 사장 밑에서 일하는 사람들이 회사 일을 자기 일처럼 열심히 하는 것은 당연한 일 아니겠는가. 그 위에 배 사장은 큰 욕심을 내서 사업을 확장하는 대신 처음 사업을 시작하며 결심했던 장학사업을 시작한다.

"원래 내 꿈은 큰 대학을 세우는 것이었어. 그래서 출신 모교에 조금씩 장학금을 기부하기 시작했지. 예나 지금이나 나는 사업도 그렇고 개인적인 일도 그렇고 지나치게 욕심을 부리지는 말자고 스스로 다짐한다네."

배 사장은 큰 욕심 부리지 않고 착실하게 한 걸음 한 걸음 나아간 것이 큰 굴곡 없이 30여 년간 사업을 해온 비결이라고 덧붙였다.

"사장님, 얘기를 듣다 보니 벌써 점심때가 되었네요. 오랜만에 함께 식사하러 가시죠?"

"그러지. 7개월 만에 100퍼센트의 수익률을 내줬으니 오늘 밥은 내가 사지, 하하."

배 사장은 호탕하게 웃으며 자리에서 일어났다.

"아주머니, 여기 시골장터 정식 주세요."

배 사장의 다음 얘기가 궁금해서 나는 서둘러 음식 주문을 했다.

"사업을 하려면 먼저 철저하게 준비를 해야 하네. 나는 지금도 어떤 사업을 하든 잘할 자신이 있어. 음식점의 예를 들어보지. 음식점을 열 생각이라면 먼저 다른 사람이 하는 음식점에 취직해 6개월에서 1년 정도 일해보는 거야. 음식점이 어떻게 돌아가는지 현장에서 파악하기 위해서지. 그 다음에는 주방을 익혀야 하네. 음식점의 성공 여부는 주방에서 결정되는 경우가 많지. 중요한 것은 주방장의 음식 맛과, 재료 값 대비 어느 정도의 마진이 남는가 하는 것인데 대개 이 부분을 허투루 보아 넘기거든. 그래서 주방장에게 휘둘리다 사업을 망치는 경우가 많네. 작은 음식점이라도 서빙부터 주방까지 모두 파악하고 난 뒤 어떤 음식으로 장사를 할지를 분명하게 결정한 다음 음식점을 열어야 실패 확률을 줄일 수 있다네."

배 사장이 미소를 띠며 말을 이었다.

대부분 창업을 하고 10년은 고사하고 1~2년 안에 망하는 이유를 알 것 같았다.

"그러면 사람들이 창업하고 실패하는 이유가 대부분 준비 부족 때문이라는 말씀인가요?"

배 사장이 고개를 끄덕였다.

"사업은 생각보다 쉽지 않은 일이네. 나는 아들이 둘이지만 모두 사업가가 아닌 대학교수로 키웠지. 내가 힘든 일을 하도 많이 겪어서 애들한테는 사업하라는 얘기를 못하겠더라고. 중요한 사실을 한 가지 알려주자면, 어떤 아이템을 준비하든 경쟁자보다 한 수 위여야 한다는 것이네. 예를 들자면 사업 아이템을 훤히 꿰뚫고 있어야 하고 그 분야에 있어서는 경쟁자보다 전문가가 되어야 하지. 그러려면 많은 준비가 필요하다네."

배 사장이 알 듯 모를 듯한 미소를 띠며 말을 이었다.

"나를 보게. 내 나이가 83이야. 35세에 창업해 70세에 은퇴했지. 요새는 샐러리맨은 길어야 50대 중반에 회사를 그만두게 되지. 그러니까 지금부터 정신 바짝 차리고 준비하지 않으면 안 되네."

배 사장이 걱정스런 마음이 들었는지 물 한 모금을 마시며 말을 이었다.

"하지만 먼저 조급한 마음을 버려야 해. 사업도 해보고, 장학재단도 만들어 보았지만 내가 제일 보람을 느꼈던 게 뭔지 아나?"

배 사장이 말을 아끼며 숭늉을 마셨다.

"결국 사람은 자신이 하고 싶은 일을 하며 살 때 보람을 느끼는 것 같아. 사업할 때는 사업이 조금씩 커가는 것을 보람으로 여겼지. 하지만 더 욕심을 냈다면 돈의 노예가 되지 않았을까 싶어. 100억을 벌면 1,000억을 벌고 싶은 것이 사람 마음이니까. 적당한 수준에서 욕심을 버리고 만족할 줄 알아야 행복할 수 있다고 생각해. 돌이켜보니 연탄 값이 2배로 뛰어 큰돈을 벌게 되었을 때 무리하게 사업을 확장하는 대신 그 동안 고생한 직원들에게 집 한 채씩 사준 것이 가장 보람 있는 일이었던 것 같아. 나를 믿고 10~20년간 동고동

락한 직원들한테 그렇게라도 해주었더니 좀 덜 미안하더군."

배 사장이 흐뭇한 표정을 지었다. 잠시 침묵이 흘렀다.

나는 속으로 '다른 사람 같으면 돈을 더 벌려고 발버둥쳤을 텐데, 참 멋있다'라고 생각했다.

"어느 날 어떤 학생에게서 감사 편지가 왔어. 대학교 1학년 장학금을 받은 학생인데 정말 도움이 되었다고, 열심히 공부하겠다고 하더군. 이런 편지를 받을 때 정말 보람을 느끼지. 더 많이 지원해주지 못해 미안한 마음이지만 죽을 때까지 그 일을 계속 하려고 해."

배 사장이 미소 띤 얼굴로 말했다.

조금 전만 해도 날씨가 흐렸는데 배 사장의 이야기를 듣고 있노라니 따뜻한 햇살이 음식점 안으로 스며들었다.

중요한 것은 포기하지 않고 위기를 돌파하는 것

83세라는 나이가 믿기지 않을 정도로 정정한 배 사장과의 인연은 주식시장의 상황이 좋지 않을 때 시작됐다. 나와 그다지 큰 규모의 거래가 없었던 배 사장이 어느 날 모 증권사에서 거액을 인출해왔다. 주가가 많이 떨어져 큰 손실을 보자 정기예금 등 은행의 안전자산 비중을 늘리기로 결심하고 주식에 투자한 자금을 손절매한 것이다.

타이밍이 절묘했던 것일까? 아니면 배 사장이 복이 많았던 것일까? 배 사장은 압구정 PB센터에서 새로 출시한 삼성생명 비상장주식 편입 사모펀드에 가입해 7개월 만에 100퍼센트의 수익률을 올렸다. 그것을 계기로 나를 신뢰하게 되었고 더 많은 금액을 내게 맡겼다.

배 사장의 얘기를 듣고 있자니 내 책임이 더 커지는 듯했다. 배 사장이 더욱 마음 놓고 장학사업을 할 수 있도록 더 꼼꼼하게 자산관리를 해줘야겠다는 생각이 들었기 때문이다.

30여 년간 사업을 해온 배 사장에게도 위기의 순간은 있었다.

"사업을 하다 보면 생각지 못한 여러 가지 어려움을 겪게 되지. 그때 중요한 것은 포기하지 말고 위기를 돌파할 아이디어를 내는 거야"

배 사장에게 다가온 위기는 친한 사람에게 사기를 당한 것이었다.

"사업장을 확장할 생각에 공장 옆 부지를 매입했는데 사기를 당한 거야. 아는 사람에게 소개를 받아서 그냥 믿고 꼼꼼히 확인하지 않은 것이 잘못이었지."

배 사장이 당시를 회상하며 인상을 찌푸렸다.

"땅을 처분하려고 해도 팔리지가 않아서 여간 애를 먹은 게 아냐. 결국 한참 고생한 후에 손해를 크게 보고 팔았지. 사업을 할 때는 어떤 경우든 직접 철저하게 확인해야 한다는 사실을 그때 배웠지."

결국 배 사장은 그 일로 인해 연탄공장 사업을 정리했다.

"어떤 일을 하건 특히 돈 거래만큼은 꼼꼼하게 확인해야 해. 잘 아는 사람일수록 돈 거래나 비즈니스를 할 때 더 조심해야 한다는 것을 명심하게."

배 사장이 후식으로 나온 커피 한 모금을 마시며 말을 이었다.

"핵심은 샐러리맨의 경우 현직에 있을 때 창업을 꿈꿔야 한다는 거야. 미리 준비해야 실수를 줄일 수 있지. 너무 큰 욕심 부리지 않고 최선을 다하다 보면 누구에게나 한두 번은 기회가 찾아오지. 그 기회를 붙잡아야 성공할 수 있네. 내 말 명심하게."

배 사장이 자리에서 일어섰다. 멋진 중절모를 쓴 배 사장을 택시를 태워 배웅했다.

배 사장을 보며 나는 '진정한 슈퍼리치'의 의미를 생각해보았다. 돈이 많은 사람은 많지만 존경을 받는 슈퍼리치는 많지 않은 것이 현실이다. 그래서 배 사장의 마지막 말이 더욱 큰 여운을 남기는 듯했다.

"돈이란 원래 살아 있는 동안 잠깐 사용하다 가는 것에 불과하네. 누구도 죽을 때 돈을 싸 들고 가지 못해. 내가 열심히 사업을 일으켜 좋은 일에, 돈이 꼭 필요한 곳에 쓸 수 있다면 그 또한 보람 있는 일 아니겠나. 돈이란 내가 열심히 일해 생긴 부산물일 뿐 결코 그것이 목적이 되어서는 안 되지. 샐러리맨은 기본적으로 열심히 직장 생활을 해야 하지. 그렇지만 꿈을 잊어서는 안 되네."

슈퍼리치 따라잡기

● **직원을 가족처럼 대하라**
성공은 혼자서만 누리는 것이 아니라 함께 나누는 것이다. 사업은 사장 혼자 잘한다고 되는 것이 아니라 직원들도 함께 열심히 일해야 하는 것이다. 그러므로 훌륭한 성과를 거뒀다면 그만큼 직원에게 베풀어야 한다.

● **신용을 목숨처럼 중요하게 생각하라**
아무리 사정이 어려워도 이자나 원금 상환일을 어겨서는 안 된다. 이렇듯 신용을 지키면 어려울 때 다른 사람의 도움을 받을 수 있고 믿고 돈을 빌려줄 수 있는 사람으로 인정받아 사업에 필요한 자금을 구할 수 있다.

● **무슨 일을 하든 직접 꼼꼼히 확인하라**
특히 돈 거래만큼은 철저하게 확인해야 한다. 잘 아는 사람일수록 돈 거래나 비즈니스를 할 때 더 조심해야 실수가 없다.

하루 매출 70만 원, 대박 커피점으로 다시 일어서다

"10명의 고객을 생각하기보다 지금 매장에 들른 한 사람의 고객에게 집중하세요. 모든 답은 거기에 있습니다."

돈이 자연스럽게 따라오도록 만들어라

김기훈 사장은 성신여대 정문 앞에 위치한 엉클빈스 커피 전문점을 운영하고 있다. 나는 아내와 함께 아침에 등산을 하곤 하는데 그 길목에 예쁜 커피 전문점이 하나 있었다. 이른 아침 시간에 유일하게 문을 연 그 카페는 김 사장이 운영하는 곳이었다. 아내를 통해 값이 저렴하고 커피 맛이 좋아 그 일대에서는 꽤 유명하다는 것을 알았다. 나는 커피 전문점이 한 집 걸러 하나씩 있는 곳에 위치해 있는 생긴 지 2년도 안 된 가게가 어떻게 그렇게 성장할 수 있었는지 몹시 궁금했다.

　김 사장은 어김없이 아침 일찍 나와 열심히 일하고 있었다. 머리가 희끗하고 안경 너머로 진지함이 묻어나는 인상이다. 아메리카노 두 잔과 피자를 시켰는데 값이 8,000원. 고급 커피 한 잔 값으로 오븐에 갓 구운 수제 피자까지 먹을 수 있는 것이다.

　9시가 넘으면 손님이 넘쳐나기에 나는 서둘러 김 사장에게 성공 스토리를 들려달라고 부탁했다.

　"20대 초반부터 사업을 했어요. 야채장사, 구멍가게, 고깃집 프랜차이즈 직원, 학습지 세일즈맨 교육강사…… 30년간 안 해본 일이 없지요."

　김 사장이 미소를 띠며 말했다.

　"얼마 전까지만 해도 12~1시에 들어가 새벽 4시에 일어나서 7시면 어김없이 가게 문을 열었어요."

　요즘은 카페 매니저와 직원을 두고 있어서 아침 6시에 일어난다고 했다.

　"예전보다 잠을 2시간 정도 더 잘 수 있으니 행복하지요."

　김 사장이 웃으면서 커피 한 모금을 마셨다. 김 사장은 그야말로 30년간 산전수전을 다 겪고 지금의 커피 전문점을 열어 성공할 수 있었다고 말한다.

　"대학 시험에 합격했지만 집안 형편도 어려웠고 뭐든 내 일을 하고 싶었어요."

김 사장은 그렇게 사업에 뛰어들었다.

"처음에는 강남 아파트 입구에서 리어카 야채 장사를 했어요. 20대 초반의 청년이 야채를 다듬고 있으니 한심하게 보는 사람도 많았죠."

쫓겨나는 일도 다반사였고 서러움도 많이 겪었다고 했다.

"바닥까지 내려가니 두려움이 없어졌어요. 어차피 사람은 빈손으로 왔다가 빈손으로 가는 거 아닙니까? 돈은 벌려고 하면 안 되고 좋은 돈이 자연스럽게 불어나도록 만들어야 합니다."

그는 돈에는 좋은 돈과 나쁜 돈이 있는데 부정한 방법으로 모은 돈이나 하루아침에 생긴 나쁜 돈은 스스로에게 해를 끼칠 뿐 아니라 쉽게 사라져버린다고 말했다. 반면에 정직한 방법으로 땀 흘려 번 좋은 돈은 정성을 다해 관리하면 평생 자산이 된다고 했다.

"리어카 행상을 몇 년 하다가 수유동에 3평짜리 야채가게를 차렸어요."

지나다니는 사람이 별로 없는 곳이라 차별화된 서비스를 제공하기로 했다. 별도의 코너를 만들어 낱개 판매도 하고, 야채를 정성껏 포장해 상품 가치를 높였다. 주문 액수가 적어도 시간을 지켜 신속하게 배달했다.

이렇게 열심히 일한 결과 김 사장은 2년이 채 안 되어 3평짜리 가게에서 하루 70만 원의 매출을 올릴 수 있었다. 그때를 생각하며 김 사장이 말했다.

"장사가 잘 되니 도매업자가 깜짝 놀라더군요. 그리고 물건을 더 싼 가격에 공급해줬는데 그것이 시너지 효과를 발휘했어요. 고객에게 더 저렴한 가격에 물건을 판매하자 매출도 늘었고 자연히 수입도 많아졌죠."

3년 만에 김 사장은 매장을 80평으로 늘릴 수 있었다.

"돈은 그때 다 번 것 같아요. 순수익만 월 1,000만 원이 넘었으니까요."

그때도 잠은 4~5시간밖에 자지 않았다. 하도 물건을 많이 배달해서 오십견이 왔을 정도. 몸은 고달프고 힘들었지만 아파트를 두 채 장만할 정도로 기반을 잡을 수 있었다.

그러나 이렇게 알뜰한 김 사장 부부에게도 시련이 찾아왔다.

"어느 날, 배달하고 오는데 상가에서 검은 연기가 치솟는 거예요. 순간 가슴이 멎는 것 같았어요. 한걸음에 가게로 달려가니 이웃집 가게에서 난 불이 순식간에 옮겨 붙어 절반이 불타고 있었습니다."

다행히 아내는 무사했지만 김 사장의 슈퍼는 전소되어 1시간도 채 안 되는 시간에 모든 것을 다 날리고 말았다. 수억 원의 피해가 났는데 보상은 고작 1,000만 원을 받았다고 했다. 기가 찰 노릇이었지만 다시 시작해야 했다. 이왕 이렇게 된 것, 운명으로 받아들이고 다시 시작하자고 독하게 다짐했다.

이번에는 고깃집 프랜차이즈업체에 직원으로 들어갔다. 당시 저렴한 고깃집 열풍이 불면서 프랜차이즈업체는 눈부신 성장을 이루었다. 하지만 사장만 돈을 많이 벌 뿐, 김 사장에게는 월급이 약간 오른 것 말고는 돌아오는 것이 없었다. 더욱이 사장이 돈을 벌자 장사가 안 되는 프랜차이즈 지점에 고기를 떠맡기는 경우도 생겼다. 그렇듯 횡포를 부린 때문인지 그 프랜차이즈업체는 결국 문을 닫았다. 그때 김 사장은 사업을 하면서 편법을 써서는 안 된다는 사실을 뼈저리게 느꼈다고 한다.

모두에게 득이 되는 사업을 찾아라

"사업이란 어느 한쪽이 일방적으로 손해를 보는 식이 되어서는 안 됩니다. 종업원도 사장도, 납품업체도 모두가 골고루 이익을 봐야 합니다. 서로 윈윈할 수 있는 공정한 룰을 만들어야 하지요. 그렇게 해야만 오래가는 기업, 평판이 좋은 회사를 만들 수 있습니다."

김 사장이 힘주어 말했다.

돈을 벌지는 못했으나 고깃집 프랜차이즈업체에서 일하면서 식품 유통과 관련한 많은 것들을 배울 수 있었다. 이때의 경험이 지금 커피 전문점을 운영하는 데 도움이 될 줄은 미처 알지 못했다고 한다.

프랜차이즈 일을 그만둔 후에는 교육물 판매회사의 영업사원 교육 팀장으로 일했다. 당장 창업하고 싶은 마음은 굴뚝같았지만 아직 자금이 턱없이 부족했다. 그후로 다른 일도 해보았지만 그 마음은 변하지 않았다.

　김 사장은 차분하게 자신을 돌아보는 시간을 가졌다. 어느덧 40대 중반의 나이. 이런저런 일을 하며 보낸 세월이 25년이었다. 이제는 자신만의 아이템을 찾고 싶었다. 그렇게 고민하며 시간을 보내던 어느 날 김 사장은 동네에 막 문을 연 커피 전문점에서 차를 마시게 됐다. 진한 커피향을 맡으며 분주히 움직이는 직원들을 보고 있자니 기분이 좋아졌다.

　'신기하네. 오늘따라 커피 맛이 너무 좋은데.' 김 사장은 혼자 중얼거렸다. 그런데 그 순간 번쩍 하고 아이디어가 떠올랐다. '커피값이 꼭 5,000~6,000원이나 해야 할까? 좋은 커피를 싸게 공급할 수 있는 방법은 없을까?' 김 사장의 심장박동이 빨라졌다.

　그는 다음날 바로 바리스타 과정에 등록하고 커피를 공부했다. 커피와 관련한 책도 여러 권 읽어보았다. 여러 커피 전문점을 찾아가 다양한 커피를 맛보기도 했다. 좋은 커피는 좋은 원두에서 나오므로 좋은 원두를 직수입해 직접 로스팅하면 저렴한 가격에 좋은 커피를 만들 수 있겠다는 생각이 들었다.

　커피에 대해 많은 것을 알게 될수록 김 사장에게는 합리적인 가격에 제대로 된 커피를 고객에게 제공할 수 있겠다는 자신감이 생겼다. 문제는 창업자금이었다. 커피머신 구입, 인테리어 비용, 임대료까지 해서 최소 2억 원 정도 자금이 필요했지만 돈을 빌릴 곳이 마땅치 않았다.

고민 끝에 집을 40평 전세 아파트에서 20평 전세 아파트로 옮겼다. 아이들이 고등학생이어서 주저했지만 가족회의를 통해 이해를 구했다.

이제 남은 것은 좋은 위치에 매장을 구하는 일이었다. 자신이 사는 동네에만도 커피 전문점이 30곳이 넘었다. 여간 해선 1년을 못 버티고 투자한 돈만 날릴 수도 있기에 김 사장은 최선을 다하기로 굳게 다짐했다.

엉클빈스 1호점에 모든 것을 걸다

마땅한 상가를 찾아 발품을 판 지 2달 만에 드디어 한 가게가 눈에 들어왔다. 장사가 잘 안 되는, 한눈에 봐도 허름한 식당이었다. 성신여대 정문에서 얼마 떨어지지 않은 곳이었다. 약간 뒤편에 있는 건물이었지만 오히려 김 사장은 저렴한 가격에 입소문만 타면 승산이 있겠다는 생각이 들었다. 음식점 앞쪽 대로변으로는 이미 유명한 커피 전문점이 3개나 영업을 하고 있었다. 두려움도 있었지만 모든 것을 걸고 도전해보리라 결심했다.

이렇게 해서 김 사장의 커피 전문점 1호점 엉클빈스가 탄생했다. 엉클빈스의 핵심 전략은 유명 프랜차이즈 전문점 커피와 비교해 가격은 절반이면서 맛은 더 뛰어난 커피를 공급하는 것이었다. 자연히 커피 생산 단가를 낮춰야 했고 가장 좋은 방법은 김 사장이 발로 뛰는 것이었다. 먼저 커피 원두를 직수입해서 김 사장이 직접 로스팅했다. 하루 4시간밖에 자지 못해 몹시 피곤했지만 덕분에 원가를 절반으로 줄일 수 있었다.

다른 커피 전문점과 차별화하기 위한 비장의 무기는 수제 샌드위치와 피자였다. 물론 가격은 시중의 절반이었다. 그러나 품질은 '로하스 제품, 친환경 제품'만을 고집했다. 단가가 높더라도 원산지를 가급적 국산으로 하고 직접 엄선한 좋은 재료만을 썼다.

"맛은 정직합니다. 사업을 할 때 가장 기본이 되는 것은 고객에게 제공하는 상품의 질과 서비스입니다."

가장 중요한 이 두 가지를 망각하기 때문에 웬만한 프랜차이즈점들은 1년을 못 버티고 사라진다고 그는 말했다. 특히 로스팅 커피는 바리스타의 손맛과 원료에 따라 맛이 달라지기 때문에 가격의 차별화, 고급화가 얼마든지 가능하다는 것이었다.

2010년 5월에 창업해 한 달이 채 되기 전에 김 사장의 가게는 입소문을 타고 고객들로 넘쳐나기 시작했다. 아메리카노 한 잔 1,500원에 수제 초콜릿 서비스. 특히 서비스로 제공하는 초콜릿이 단가가 높아 처음에는 마진을 맞추기 어려웠다고 한다.

하지만 김 사장의 진심이 통한 것일까? 단체 예약이 늘고 주문이 밀려 하루 24시간이 턱없이 모자랐다고 한다. 하루 매출만 60~70만 원으로 기대 이상의 수익을 올리고 있다.

엉클빈스의 마진은 다른 커피 전문점과 분명 달랐다. 생산 원가를 절반으로 낮췄기에 반값에 판매하지만 마진은 유명 프랜차이즈 전문점보다 2배 이상 높다는 것이 김 사장의 설명이다. 고객도 만족하고 장사하는 사람도 만족하니 이보다 더 좋은 일이 있을까?

요즘 김 사장은 커피 종류를 다양화하고 새로운 메뉴를 개발하기 위해 노력하고 있다. 수제 샌드위치는 물론 커피 두 잔과 수제 피자까지 합쳐 가격이 8,000원인 인기 세트 메뉴도 그런 노력에 의해 탄생했다.

"학생들의 얇은 주머니 사정과 아침식사를 거르는 경우가 많다는 점을 고려했죠. 학생들에게 요기가 될 만한 것을 함께 제공하면 인기를 끌겠다는 생각이 들었어요. 식재료를 싼값에 공급받아 단가를 낮추고, 매장에서 직접 오븐에 굽는다면 비용과 맛, 두 가지를 모두 잡을 수 있겠다고 생각했습니다."

김 사장이 회심의 미소를 지으며 골드커피 두 잔을 서비스로 내놓았다.

"제 나이 50입니다. 20대에 행상부터 시작해서 지금에 이르렀어요. 바닥까지 갔다오고 산전수전을 다 겪었는데 지나고 보니 그런 것들이 아무 의미가 없는 것은 아니더라고요."

김 사장은 항상 긍정적으로 생각하고 또한 손님의 입장이 되어보라고 말했다.

"결국 충성심 있는 고객이 사업의 성패를 좌우한다고 생각해요.

아무리 어려워도 고객 입장에서 최선을 다하다 보면 반드시 보상을 받기 마련입니다."

김 사장은 손님 한 명을 더 늘리려고 노력하기보다 지금 매장을 찾은 단 한 명의 고객에게 더 정성을 쏟을 것을 강조했다.

"제 가게를 찾은 고객에게 순간순간 최선을 다하는 것이 최고의 전략입니다."

김 사장이 이렇게 개척한 단골고객만 300명이 훌쩍 넘는다고 한다. 김 사장이 내려주는 따뜻한 커피 한 잔에는 김 사장의 30년 인생철학이 녹아 있었다.

**슈퍼리치
따라잡기**

● **최고의 기회를 찾아 발로 뛰어라**
질 좋고 저렴한 자재를 공급할 수 있는 거래처를 찾아 직접 발로 뛰고 스스로 여러 가지 일들을 해결하면 싼 값에 좋은 제품을 제공할 수 있다.

● **모두가 윈윈할 수 있는 사업을 하라**
어느 한쪽이 일방적으로 손해를 보는 사업을 해서는 안 된다. 종업원도 사장도, 납품업체도 모두가 골고루 이익을 볼 수 있어야 한다. 서로 윈윈할 수 있는 공정한 룰을 만들어야만 오래가는 기업, 평판이 좋은 회사를 만들 수 있다.

● **역경이 성공의 바탕이 된다**
사람은 어려움을 겪으며 소중한 교훈을 얻는다. 산전수전을 다 겪고 역경을 이겨낸 경험이 성공의 밑바탕이 된다.

35세 조 사장, 보따리 장사로 100억 부자가 된 사연

"어릴 때부터 손익을 따져보는 습관이 있었어요. 사업이란 생각보다 단순합니다. 싸게 사서 마진을 받고 파는 것이니까요. 평상시에 원가분석을 해보는 습관을 들여보세요."

중국과 한국을 오가며 보따리 장사를 시작하다

훤칠한 키에 검은 테 안경, 진솔해 보이는 큰 눈망울……. 조태규 사장의 첫 인상이다. 올해 35세인 조 사장은 21살에 중국으로 어학연수를 가서 처음으로 사업을 시작했다.

일반적인 경우라면 이제 갓 가정을 꾸리고 첫째가 막 태어났을 젊은 나이에 어떻게 100억대 슈퍼리치의 반열에 올랐을까? 조 사장의 성공 스토리가 궁금했다.

"기회는 우연히 찾아왔어요. 중국에서 여자친구가 선물로 장갑을 사왔는데 당시 가격이 500원이었어요. 그런데 한국에서는 똑같은 장갑이 10배나 비싸더라고요."

당시 부모님이 보내준 학비 200만 원은 고스란히 장갑을 구입하는 데 들어갔다. 조 사장의 보따리 장사가 시작된 순간이었다.

장사 수완이 좋았던 어머니의 영향을 받기도 했지만 조 사장은 어릴 때부터 어떤 물건을 보면 '이 물건은 가격이 얼마이고 얼마 정도에 팔면 얼마가 남겠구나' 하고 가격분석을 해봤다고 한다.

"미국에 여행 가보고 싶었어요. 돈을 목적으로 사업을 시작한 것은 아니고 대학생 때 미국 여행 경비를 모으기 위해 시작한 것이죠."

조 사장은 중국과 한국을 오가며 보따리 장사를 시작한 지 6개월 만에 1년 동안 미국을 여행할 수 있는 몇천만 원의 돈을 모았다고 한다.

"미련 없이 사업을 그만두고 미국으로 건너갔어요. 달랑 배낭 하나 매고 기차를 타고, 히치하이킹을 하며 미국 구석구석을 1년 넘게 돌아다녔어요."

비바람을 맞으며 텐트 하나로 허허벌판에서 잠을 자기도 하고, 돈이 떨어져 빵 한 조각으로 이틀을 버틴 적도 있다고 한다.

"국내 여행도 다녔지만 미국 등 전세계를 여행하는 것이 꿈이었는데 그 여행을 통해 무엇이든 할 수 있다는 자신감을 얻은 것 같아요."

커피 한 모금을 마시며 조 사장은 잠시 생각에 잠겼다. 혼자서 미지의 세계를 경험하고 철저하게 혼자 모든 일을 해결하면서 어떤 일이든 할 수 있다는 용기가 생겼다고 한다. 미국 여행을 마치고 귀국한 조 사장은 학교 공부를 마치고, 대학원을 1년 더 다녔다. 하지만 이미 공무원 시험이나 취업을 준비하는 친구들과는 다른 길을 걷기로 결심한다.

"젊으니까 다시 한 번 제대로 도전해보고 싶다는 생각이 들었어요."

조 사장이 밝히는 사업의 성공원리

당시 27세였던 조 사장은 다시 중국 광저우로 혈혈단신 건너간다. 2003년의 일이었다. 혼자 타향에서 밥을 해먹으며 신발사업을 시작했고 그후 벨트, 지갑, 보세, 잡화 등 안 해본 것이 없다고 했다.

조 사장은 원가분석을 바탕으로 마진이 좋은 제품은 한국으로 수입해 노점상과 동대문 시장에 팔았다. 그는 원가를 줄이는 방법은 자신이 1인 5역을 하는 것뿐임을 직감적으로 깨달았다고 한다.

"사업이란 그렇게 거창한 것이 아니에요. 어떤 물건이나 가격 차이가 존재하고 단돈 100원을 남기더라도 마진이 있으면 사업이 가능합니다."

조 사장이 힘주어 말하는 사업 원리는 의외로 단순했다.

"제 주위에도 사업하겠다고 뛰어드는 사람이 많아요. 실패하는 대다수 사람들은 2~3년이 지나야 손익분기점에 도달한다는 느긋

한 생각을 하거든요. 처음부터 잘못된 생각을 갖고 시작하는 거죠."

조 사장은 첫 달부터 이익을 내는, 손해를 안 보는 장사를 하겠다고 다짐했다고 한다. 1인 5역을 해서 경비를 줄이는 것이 기본이었고, 몇백 만 원에 불과했던 사업자금을 까먹지 않기 위해 갖고 있는 돈의 반만 투자했다고 한다.

"사업하는 사람들은 대부분 수중에 1,000만 원이 있으면 그걸 전부 투자하는 것도 모자라 빚까지 냅니다. 무슨 일이든 성공할 확률은 50 대 50인데 처음부터 있는 돈을 모두 투자했다가 다 날리면 재기하기 힘들죠."

조 사장이 계속해서 말했다.

"사업자금이 1,000만 원 있으면, 그 절반인 500만 원만 투자하는 거예요. 그리고 그 500만 원을 600만 원, 700만 원으로 늘려 1,000만 원을 만든다는 목표를 세워야지요."

조 사장의 얘기는 비단 사업뿐만 아니라 돈을 불리는 슈퍼리치의 자산관리 원칙과도 일맥상통한다는 생각이 들었다.

"욕심을 버리는 것이 중요해요. '흑자도산'이라고 사업을 하다 보면 물건은 잘 팔리는데 자금줄이 막혀서 망하는 경우가 많거든요."

항상 자금흐름을 챙기면서 비상금을 확보하고 있어야만 갑작스런 사태에 대비할 수 있다고 했다.

비상금의 규모는 자신의 형편에 맞게 관리하면 되는데 조 사장의 경우 사업자금 1,000만 원 중 500만 원만 사업자금으로 투자하고 나머지는 비상금으로 따로 관리한다고 했다.

"돈을 쓰는 것보다 버는 재미가 쏠쏠했어요. 통장에 잔고가 늘어나는 기쁨이 사업의 고단함을 잊게 해줬지요."

조 사장이 미소를 지었다.

기회는 있다, 문제는 용기와 실행력

"사실 사업뿐 아니라 어떤 일을 할 때는 비전과 꿈이 있어야 하고, 능력은 다소 부족하더라도 열정의 차이에 따라 성패가 결정된다고 생각합니다. 저는 일단 저지르고 보는 스타일이죠. 대부분의 사람들이 고민만 하다가 실행에 옮기지 못하고 포기하는 것을 많이 보았어요."

조 사장이 아쉬운 표정을 지었다.

"지금 제 친구들이 가장 후회하는 것이 무엇인지 아세요?"

조 사장이 물었다.

갑작스런 질문에 어찌 답해야 할지 몰라 가만히 있자 조 사장이 말을 계속했다.

"희망이 없다는 거예요. 뻔히 정해진 미래에 정해진 월급을 받고 무엇보다 견디기 힘든 것은 퇴직 후에도 은퇴준비가 거의 되어 있지 않은 것이에요."

조 사장의 주변에도 공무원이나 직장에 들어간 친구들이 많다고 한다. 물론 학교 다닐 때 공부는 그들이 더 잘했고 지금도 안정적인 월급쟁이 생활을 하고 있지만 조 사장은 대부분의 젊은이들이 고시 공부에, 취업 준비를 하느라 청춘을 다 보내는 것이 안타깝다고 했다.

"사실 주위에서 찾아보면 어떤 사업을 하든 기회는 있다고 생각해요. 문제는 용기와 실행력이고, 사업을 하기로 결심했다면 미리 준비를 철저히 해야 하지요."

조 사장은 지금 자신의 사무실 직원들에게도 똑같은 조언을 한다고 한다.

"저는 직원들에게 정신병원부터 가보라고 합니다. 사주팔자를 보러 점집에 가지 말고."

갑자기 '웬 정신병원이람' 하는 표정을 짓고 있으니까 조 사장이 이렇게 말했다.

"아, 그런 정신병원이 아니라 자신의 적성을 분석해보라는 거지요. 과연 자신에게 사업가 기질이 있는지, 그냥 샐러리맨으로 사는 것이 더 나을지 알아보라는 말이지요."

조 사장은 학교에 다닐 때 샐러리맨이 한 달을 꼬박 일해 300만 원을 버는데 사업을 해서 1~2일 만에 300만 원을 벌 수 있다면 굳이 직장에 다니지 않아도 되겠다는 생각을 했다고 한다.

하지만 조 사장도 위기 한 번 없이 계속 순탄하게 사업을 한 것은 아니라고 했다.

"본격적으로 사업한 지 3년이 지난 2005년쯤 주문 물량이 갑자기 늘어 감당하기가 무척 힘들었어요. 잠을 3시간만 자고 몸이 부서지도록 뛰어다녔어요. 그렇게 해서 부족한 공급 물량 채우고 한고비 넘기자 물류, 생산, 인력에 대한 자신감이 생겼습니다."

그는 사업을 하다 보면 누구나 한두 번은 큰 고비를 만나는데 그때를 잘 넘기면 한 번 더 도약할 수 있다고 말했다. 또한 조 사장은 자신의 사업 성공 요인으로 두 가지 원칙을 꼽았다.

"첫번째 원칙은 한 달도 적자를 내지 않는 것이고, 두번째 원칙은 사업 초기부터 흑자를 내는 것입니다."

어리둥절해하는 내 표정에 조 사장은 말을 이었다.

"원가분석을 철저히 하고 가격, 비용, 세금을 미리 정확하게 살핀 후 사업을 시작하면 실패 가능성을 크게 낮출 수 있습니다."

한마디로 사업 과정 전체를 체계적이고 치밀하게 원가분석 및 회계분석하라는 것이다. 그런데 이런 것들을 사업을 시작한 후에 하는 것이 아니라 직장에 다니면서 미리 연습해두라고 했다. 조 사장은 신입 직원들에게 꼭 해주는 얘기가 있다고 한다.

"저는 직원들에게 회사를 오래 다니지 말라고 합니다."

한 살이라도 젊을 때 창업할 수 있도록 준비하고 밥을 먹을 때도 길을 걸을 때도 항상 사업을 구상하고 아이템을 찾으라는 뜻이라고 했다.

무슨 일에든 끊임없이 도전하라

조 사장은 대학 시절 겨울방학이면 국내에 있는 웬만한 산들을 다 올랐다고 한다.

"무엇이든 도전하고, 해보라고 말하고 싶어요."

조 사장이 대학생들과 갓 사회에 나온 직장인들에게 꼭 해주고 싶은 말이라고 한다. 사업을 하든, 어떤 일을 하든 간에 실패는 필연적이다. 하지만 실패가 두려워 아무것도 하지 못하고 시간만 보내서는 안 된다.

"시간을 10년 전으로 돌린다고 해도 그 이상은 더 잘할 수 없을 정도로 저는 하루하루를, 그리고 매 순간을 치열하게 살았다고 생각합니다. 한 가지 아쉬운 것은 일하느라 학창시절에 친구들과 즐거운 추억을 많이 만들지 못한 것입니다. 이제는 돈보다 UN에 가입한 193개국을 모두 여행해보고 싶어요. 잠시 사업을 접더라도 새로운 것을 경험하고 여행을 통해 모험을 해보고 싶어요."

우리가 얘기를 나누는 동안에도 조 사장의 휴대폰은 연신 울려댔다. 나이는 젊지만 1999년에 중국으로 어학연수를 떠나 지금까지 조 사장이 걸어온 길은 한편의 드라마 같았다.

조 사장은 가게가 없어서 아버지 차고에서 사업을 시작했고 그후 어렵게 동대문에서 첫 가게를 오픈했을 때 세상을 다 얻은 듯 몹시 기뻤다고 한다. 온라인까지 진출한 조 사장은 아직도 IT와 접목시켜 할 수 있는 사업이 무궁무진하다고 했다. 조 사장은 사업이 확장되자 국내 굴지의 기업에 다니던 형을 본부장으로 영입했다. 중국 현지의 사업은 직원을 좀더 고용해서 어느 정도 안정화한 상태고, 현재는 새로운 아이템을 구상하고 있다고 한다.

무엇보다 뻔히 정해진 길을 가지 말고, 자신을 믿고 도전하라는 말이 오랫동안 기억에 남았다. 조 사장이 30대 초반에 슈퍼리치의 대열에 오를 수 있었던 이유는 꿈과 비전을 가지고 있었기 때문이다. 사업가로서 성공할 수 있었던 것은 밥 한 그릇을 먹을 때도 원가분석을 할 정도의 철저함으로 사업에 임했기 때문이고, 비용을 줄일 수 있었던 것은 혼자서 1인 5역을 했기 때문이다. 그렇게 10년을 광활한 중국 대륙에서 홀로 고군분투했기에 조 사장의 오늘이 있었으리라. 조 사장은 자신의 주변에는 부모를 잘 만나서 큰돈을 물려받은 친구도 있지만 그런 친구들은 대부분 자산을 오랫동안 잘 관리하지 못한다고 했다. 힘들게 돈을 벌거나 관리해본 경험이 없기 때문이다.

중요한 것은 종잣돈을 지키는 것

자산관리를 하다 보니 사업을 하는 것과 돈을 관리하는 것이 크게 다르지 않다는 생각이 든다. 조 사장의 얘기처럼 사업을 하는 것도 돈을 불리는 것도 처음에는 종잣돈을 마련하는 데서 시작되고 종잣돈을 어떻게 잘 불려나가느냐에 성패가 달려 있다. 성공한 사업가는 종잣돈을 사업자금으로 투자하고, 자산을 관리하는 사람은 종잣돈을 금융상품에 투자하는 것이다.

가장 중요한 것은 종잣돈을 까먹지 않아야 한다는 점인데 사업이나 자산관리에 있어서도 마찬가지다. 금융상품을 선택하고 타이밍을 잡는 데 있어서도 사업을 하는 경우처럼 꼼꼼하게 사업 아이템을 분석하고 위험을 줄이기 위해 노력해야 한다. 조 사장은 최근 사업 구상을 하며, 자신의 금융 자산운용을 진지하게 고민하게 되었다.

"그동안 사업하느라 돈을 벌어도 그것을 어떻게 지키고, 안전하게 운영할 것인지 생각해보지 못했어요. 그러다 보니 세금도 많이 나가고 해서, 어렵게 번 돈을 잘 지키고 큰 욕심 안 내고 조금씩 불려나가는 것도 중요하다는 생각이 들었어요."

조 사장은 작년까지 정기예금만을 활용하던 포트폴리오에 최근 많은 변화를 주었다. 일단 비과세 상품으로 방카슈랑스 상품을 활용해 변액보험에 가입했고, 국내 우량기업에 투자하는 주식형신탁에 대한 투자 비중을 늘려가고 있다.

"그냥 정기예금에 가입하니 종합소득세가 너무 많이 나오는 거예요."

금융소득이 4,000만 원이 넘자 번 돈의 38.5퍼센트를 세금으로 내게 되어 조 사장의 고민은 깊어졌다. 조 사장의 경우 나이가 젊고 아직 급하게 돈 쓸 일이 많지 않기에 방카슈랑스 상품 중 거치형과 적립식상품을 활용하되 저축보험보다는 변액보험의 비중을 높이는 포트폴리오를 구성했다. 조 사장처럼 사업을 하는 슈퍼리치의 경우 대부분 수입의 원천은 사업이고 제1순위도 사업임이 분명하지만 힘들게 번 돈을 안전하게 불려나가는 것 또한 사업 못지않게 중요한 일이다.

돈은 제대로 관리하지 않으면 흩어지고 만다. 슈퍼리치는 누구보다 이런 사실을 잘 알기 때문에 체계적인 자산관리를 받고자 한다. 슈퍼리치뿐 아니라 일반 고객에게도 철저한 자산관리는 꼭 필요하다. 그 누구보다도 종잣돈 마련이 시급하기 때문이다. 조 사장이 얘기했듯 일반인들이 돈을 모으지 못하는 것은 대부분 종잣돈을 모으는 기간을 너무 길게 잡기 때문이다. 생각해보라. 20대 중반에 첫 직장에서 결혼 전에 3,000만 원의 종잣돈을 모은 친구와 40대 초반에 3,000만 원을 모은 친구 중에 누가 더 빨리 좋은 기회를 잡겠는가?

관건은 얼마나 빨리 자신이 정한 목적 자금, 즉 종잣돈을 마련하느냐에 달려 있음을 잊어서는 안 된다. 그것이 바로 슈퍼리치로 가는 지름길이기 때문이다.

슈퍼리치 따라잡기

● **실패를 두려워하지 마라**

사업을 하든, 어떤 일을 하든 간에 실패는 필연적이다. 하지만 실패가 두려워 아무것도 하지 못하고 시간만 보내서는 안 된다. 무엇이든 도전하고 시작하라. 그리고 그 이상은 더 잘할 수 없을 정도로 하루하루, 매 순간을 치열하게 살아라.

● **원가분석을 철저히 하라**

원가분석을 철저히 하고 가격, 비용, 세금을 정확하게 살핀 후 사업을 시작하면 실패 가능성을 크게 낮출 수 있다. 사업 과정 전체를 체계적이고 치밀하게 원가분석 및 회계분석해야 하는 것이다.

● **체계적으로 자산을 관리하라**

힘들게 번 돈을 안전하게 지키고 불려나가는 것도 사업 못지않게 중요한 일이다. 돈은 제대로 관리하지 않으면 흩어지고 말기 때문이다. 전문가의 도움을 받아 자신의 상황과 조건에 맞게 투자를 하고 자산을 관리하라.

 # 부동산 경매 박사가 된 미장원 아줌마

"새싹이 돋아 더 큰 잎이 되기 전에는 절대로 자르지 마세요. 종잣돈이란 그런 겁니다. 종잣돈이란 어린 싹을 더 크게 키운 다음에 남도 도와주고 하고 싶은 일을 하세요."

직접 과수원 농사를 짓는 슈퍼리치

봄 기운이 따뜻하게 대지를 감싸고 있었다. 5월 어느 날, 서울 근교에 위치한 박경미 사모님 댁을 재차 방문했다. 박 사모님 댁은 언젠가 은퇴하면 살고 싶은, 편안하고 여유로운 분위기의 주택이었다. 마을 일대가 보금자리 주택지구로 지정되면서 박경미 사모님 부부의 부동산이 토지보상을 받게 되어 세무 상담을 해주기 위해 방문한 우리를 두 부부는 다정하게 맞아주었다.

"어서들 와요. 고생이 많지요?"

금방 과수원 일을 마치셨는지 이마의 땀을 수건으로 닦으시며 박 사모님이 말했다.

"이거 우리 밭 뽕나무에서 딴 오디로 만든 주스인데 한잔 들어봐요."

시원한 바람이 불어오는 창밖으로 나지막한 산들이 펼쳐져 있었다. 농촌에 사는 평범해 보이는 부부가 어떻게 부동산으로 큰돈을 모을 수 있었을까? 더욱이 부자 하면 어딘지 날카로워 보이고, 손해 보지 않으려 애쓰는 깐깐한 사람이 떠오르는데 박 사모님 부부에게서는 그런 점을 전혀 찾을 수 없었다. 친절한 이웃집 아줌마 같은 느낌이 들었다. 하지만 그들의 삶은 그다지 평탄하지 않았다고 한다.

30년 전, 40대 초반의 남편이 어느 날 갑자기 실직을 했다. 평소 몸이 좋지 않았던 남편이 자의 반, 타의 반으로 퇴직하고 만 것이다.

미용실에서 일하는 박 사모님은 눈앞이 캄캄했다. 한참 돈 들어갈 데가 많은 두 자녀의 뒷바라지도 해야 하고, 미용실에서 받은 월급으로는 먹고살기가 빠듯했다.

"앞으로 어떻게 먹고 살아야 할지 눈앞이 캄캄했어요."

박 사모님이 말했다.

부부는 머리를 맞대고 고민을 거듭했다. 당분간 어린 두 아이는 실직한 남편이 돌보기로 하고, 박 사모님은 늦게까지 미용실에서 일했다.

"어릴 때 아버지가 작은 행상을 해서인지 물건을 사고파는 법을 은연중에 익힌 것 같아요."

박 사모님은 그때 사소한 물건이라도 사서 되팔면 돈이 된다는 것을 알고 있었다고 한다.

미장원 일을 하며 그릇을 팔기도 했는데, 워낙 미용 솜씨가 좋아 단골손님이 많았던 터라 그릇도 잘 팔렸다고 한다.

"어떤 날은 하루에 그릇을 다섯 세트나 팔기도 했어요."

두 세트를 팔면 한 세트가 사모님 몫으로 떨어졌다고 한다. 부업으로 그릇을 팔고 하루가 30시간인 것처럼 일하자 2년 만에 자신의 미용실을 차릴 수 있었다.

우연한 제안으로 경매에 뛰어들다

그러던 어느 날 두 부부에게 새로운 기회가 찾아왔다. 박 사모님의 단골손님 중에 부동산업을 하는 사람이 있었는데, 머리를 하면서 지나가는 말로 땅 투자에 관한 이야기를 했다고 한다.

"내가 아는 어떤 사람이 봄에 땅을 샀는데 글쎄 그게 몇 개월도 안 되어 값이 2배로 뛰었대. 땅이라는 것이 발품을 팔아 잘 사면 돈이 되거든. 새댁도 그런 쪽에 관심을 가져봐요. 새댁이 예뻐서 하는 소리야."

그 말을 듣고 박 사모님 부부는 미용실을 하는 짬짬이 좋은 부동산을 찾아다니기 시작했다. 미용실도 차츰 자리를 잡아 직원을 두 명으로 늘렸다. 주중에 법원 경매 물건을 보러 법원을 찾는 횟수가 늘어났다. 좋은 경매 물건이 나오면 직접 주소지로 찾아가 물건을 꼼꼼히 확인했다. 처음에는 집 가까운 곳에서 시작했지만 차츰 범위를 넓혀 전국 곳곳의 좋은 경매 물건을 찾아가 현장에서 직접 권리분석을 하고 장단점을 살폈다.

"주변 시세보다 30~40퍼센트 저렴한 물건을 찾아다녔어요. 당시만 해도 좋은 물건이 많았습니다."

그렇게 해서 상가를 처음으로 자신의 명의로 이전한 날 두 부부는 기쁨의 눈물을 흘렸다.

"고생이 이만저만이 아니었어요. 매물을 살피기 위해 하루에 두 번 자동차에 기름을 가득 채워 달린 적도 있었지요."

그때의 기억을 떠올리듯 잠시 침묵이 흘렀다.

"경매는 직접 현장에 가서 권리관계를 확인하고, 물건을 확인해야 실수를 줄이고 감을 얻을 수 있어요."

두 부부가 입을 모아 말했다. 직장인 월급이 8~9만원 하던 시절에 경매로 6개월 만에 100만 원의 수익을 올리기도 했다고 한다.

그들에게 도움을 준 또 다른 사람은 박 사모님 남편이 소파공장에 다니며 알게 된 김 사장이라고 한다. 대부업자였던 김 사장은 당시 은행 문턱이 높아서 급전이 필요한 사람들에게 돈을 빌려주는 사업을 하고 있었는데 담보를 조건으로 돈을 빌려줬다고 한다. 돈을 갚을 형편이 안 되는 사람은 김 사장에게 담보 물건을 팔아달라고 부탁했는데 김 사장은 이런 물건 중에 한두 건을 평소 성실하고 신용 있는 박 사모님 부부에게 추천해줬다. 당시만 해도 자고 나면 부동산 가격이 올라 아내가 알뜰살뜰 모은 종잣돈을 투자하면 제법 쏠쏠한 수익이 돌아왔다.

"처음에 1억이면 1억, 이렇게 목표 금액을 정하는 게 중요해요. 예나 지금이나 돈을 벌려면 종잣돈부터 모아야 하는 것은 변함이 없죠."

부부는 약간의 대출을 받아 시세 대비 경매가가 낮은 1~2억 원대의 부동산 물건에 투자하기 시작했다.

"부동산이라는 것이 큰 욕심 내지 않고, 5~10년 동안 장기 투자한다는 생각으로 남보다 더 열심히 발품을 팔다 보면 보상을 받게 돼 있어요."

사모님이 지나온 일을 회상하듯 눈을 가늘게 뜨며 말했다. 토지 보상으로 수용되는 지금의 토지도 경매를 통해 당사자와 직접 합의해 매입했다고 한다. 매입할 당시에 근저당 등 권리관계가 워낙 복잡하게 얽혀 있어 필지 별로 근저당권 소멸 여부를 실시간으로 확인하며 매입했다고 한다.

평상시에 신용과 신뢰를 쌓아라

투자와 관련한 이야기를 하던 박 사모님 부부는 어떤 일을 하든 성실하고 진실해야 한다면서 한 가지 일화를 들려주었다. 몇 해 전 매입한 땅에 창고를 지어 임대료를 받았는데, 그 창고를 세 낸 사람은 공장을 하는 전역군인으로 매우 성실한 사람이었다고 한다.

"주변 사람들의 평이 워낙 좋았고 거래하는 은행 지점장까지 그 사람의 됨됨이를 칭찬하더라고요. 항상 예의가 바르고 겸손한 사람이었어요."

공장이 번창하자 임차인은 땅을 사려고 했고, 박 사모님 부부도 적당한 가격에 땅을 팔려고 했는데 문제는 임차인이 돈도 없고 담보로 삼을 부동산도 없어서 이러지도 저러지도 못하는 상황이었다고 한다. 한참 사업을 키우고 있었고 가능한 대출은 이미 사업자금으로 모두 들어갔기에 당시 임차인 사장은 부동산을 매입할 돈이 많이 부족했다고 한다.

"처음에는 나도 불안했지. 내 등기를 무담보로 넘겨줘야 했으니까. 담보를 넘겨줘야 은행에서 그 땅을 담보로 대출을 해주고 매매대금을 받을 수 있는 상황이었어요."

박 사모님의 남편 성인호 사장님이 그때를 회상하듯 물을 한잔 마시며 말을 이었다.

"은행 지점장까지 그 사람을 칭찬하고 세를 받으러 가면 우리 차가 안 보일 때까지 공손하게 인사하는 사람이었어. 사장이 모범을 보여서인지 직원들도 한결같이 공손하고 예의가 바르더군. 사실 우리 부부도 조금 불안하긴 했지만 먼저 등기를 넘겨주고 대출받은 자금으로 매매대금을 받기로 마음먹었지. 쉽지 않은 결정이었지만 서로 만족하는 가격에 거래가 성사되었어. 그 임차인을 믿을 수 있었던 것은 평상시 그 사람의 태도와 주변 평판 때문이었지."

성 사장이 당시에 어려운 결정을 하게 된 사연을 담담히 이야기했다.

"항상 누구에게나 성실하고 겸손하고 좋은 태도를 보여주는 것이 가장 어려운 순간에 복이 되어 돌아온다고 생각해."

성 사장은 돈보다 더 중요한 것은 신용과 평상시 태도라고 강조했다.

좋은 투자 대상을 찾는 법

부동산에 관심이 많았기에 나는 슬쩍 좋은 매물을 찾는 비법을 물었다. 인터넷 경매 사이트를 수시로 확인하고, 좋은 물건이라고 생각되면 꼼꼼히 메모하라고 했다. 그런 뒤 물건을 철저하게 분석하고 그래도 의심이 가거나 풀리지 않는 궁금증이 있으면 법원에 문의하거나 아는 변호사에게 조언을 구한다고 했다.

"혼자서 열심히 노력하는 것도 중요하지만 더 중요한 것은 전문가를 잘 활용하는 것이지요. 내가 모든 것을 할 수는 없어요. 요즘은 네트워크를 구축하는 것이 중요합니다. 적극적으로 전문가의 도움을 구해야 해요."

두 부부가 복잡한 부동산 경매에서 단 한 번도 실패하지 않을 수 있었던 이유는 수년간 쌓아온 네트워크가 있기 때문이라고 한다. 물론 운도 따라주었지만 말이다. 지금 두 부부는 법원, 변호사, 사무장, 세무사 등으로 이뤄진 탄탄한 네트워크를 갖고 있다. 서울 근교에서 과수원을 하면서 틈틈이 경매 물건을 살피러 전국 곳곳을 누비는 노부부의 모습이 상상이 되는가? 슈퍼리치의 모습은 이렇듯 매우 다양하다.

누구나 '아, 그때 그것을 했어야 하는데, 맞아, 그때가 기회였어'라며 후회하는 경우가 있다. 슈퍼리치와 일반인을 가르는 기준은 기회를 보는 태도에 있다. 일반인은 그냥 지나치는 일을 슈퍼리치는 돈의 관점에서 한 번 더 생각한다.

지금부터라도 어떤 정보든 다시 한 번 꼼꼼히 짚어보는 습관을 들이자. 그리고 더 나아가 분석 능력을 키워야 한다. 박 사모님 부부는 발품을 파는 수고를 아끼지 않았고 실패를 줄이기 위해 분석능력을 키워나갔기에 성공할 수 있었다.

"어느 정도의 비용과 수고, 투자 실패는 감수해야 합니다. 경비가 몇백만 원에서 몇천만 원이 나올 수도 있어요. 또 부동산 투자라는 것은 5년에서 10년을 내다보는 장기 투자입니다. 인내심을 가져야 해요."

박경미 사모님이 말했다. 작은 성공이 한두 개 쌓이면 큰 용기가 생긴다고 했다.

종잣돈은 자라나는 새싹과 같다

짧은 초여름 햇살이 해거름을 드리우고 있었다. 아쉽지만 일어나야 할 시간이었다.

"내가 정말 중요한 얘기를 해줄게요. 저기 마당에 심은 상추가 보이죠? 돈을 모으는 것은 새싹을 잘 키우는 것과 같아요. 새싹을 자르면 어떻게 되겠어요? 새싹이 찬바람과 궂은비를 잘 견뎌냈을 때에만 큰 수확을 거둘 수 있어요."

내가 잘 모르겠다는 표정을 짓자 사모님이 계속해서 말했다.

"처음에 돈을 조금 모으면 도와달라는 사람이 많이 생겨요. 가까운 부모 형제부터 친척, 친구까지. 이때 지혜롭게 잘 견뎌야 해요. 사실 종잣돈은 규모가 클수록 더 큰 위력을 발휘하는데 대부분의 사람들이 1,000만 원, 2,000만 원이 모이면 차를 산다든지 누구를 도와줘서 푼돈이 돼버리죠. 그래서 돈을 모으지 못하는 겁니다."

고개가 끄덕여졌다.

"잊지 말아요. 돈을 모으는 것은 마당에 새싹을 키우는 것과 같다는 것을. 새싹을 잘 보호하고 키우지 못하면 좋은 성과를 기대할 수 없는 거예요. 좀더 참고 견뎌서 더 크게 됐을 때 누군가를 도와주어도 되고, 하고 싶은 일을 해도 늦지 않으니 이 점을 잊지 말아요."

나도 모르게 무릎을 탁 쳤다. 그래서 대부분의 슈퍼리치가 1,000만 원이든, 1억 원이든 큰 단위의 돈을 깨는 것을 그렇게 싫어했구나 하는 생각이 들었다.

박 사모님의 성공 요인에는 여러 가지가 있겠지만 종잣돈이라는 새싹을 더 크게 키우기 위해 현실을 잘 이겨낸 것이 그중 하나이리라. 그 종잣돈으로 더 크게 성공해서 다른 사람을 도와줘도 늦지 않으리라.

슈퍼리치 따라잡기

● **새싹이 크게 자라기 전에는 자르지 마라**
새싹을 키우지 못하면 좋은 성과를 기대할 수 없다. 좀더 참고 견뎌서 새싹이 큰 나무로 자라면 그때 다른 사람들을 더 많이 도와주고 하고 싶은 일을 해도 늦지 않다.

● **기회를 보는 눈을 가져라**
슈퍼리치와 일반인을 가르는 기준은 기회를 보는 태도에 있다. 일반인은 그냥 지나치는 일을 슈퍼리치는 돈의 관점에서 한 번 더 생각한다. 어떤 정보든 다시 한 번 꼼꼼히 생각해보는 습관을 들여라.

● **좋은 네트워크를 구축하라**
혼자서 열심히 노력하는 것도 중요하지만 더 중요한 것은 전문가를 잘 활용하는 것이다. 자신이 모든 일을 직접 할 수는 없기 때문이다. 다양한 전문가들로 구성된 네트워크를 구축하고 적극적으로 도움을 구해야 한다.

무일푼·무직의 대학 중퇴생, 단돈 200만 원으로 꿈을 이뤄내다

"모든 것은 가능성에서 시작된다고 생각해요. 단 1퍼센트의 가능성으로 100퍼센트 발전 가능한 아이템을 찾는다면 인생의 모든 것을 걸고 도전해볼 만하죠. 왜냐하면 그런 일을 하면 힘든 줄도 모르고 열심히 하게 되니까요."

무슨 일이든 해보자, 우연찮게 갖게 된 꿈

대학교를 중퇴하고 작은 형이 카드로 현금서비스를 받아 빌려준 단돈 200만 원으로 시작해 현재 유명 인테리어 소품업체를 운영하는 사람이 있다. 바로 박승열 사장이다. 눈이 부리부리하고 정직하고 성실해 보이는 인상을 갖고 있는 그에게 나는 성공과 관련해 많은 것들을 물었고, 첫 만남 이후에도 2~3번을 더 만났다. 박승열 사장의 성공 스토리는 샐러리맨도 아닌 무일푼, 무직자가 어느 순간 자신이 갖고 있는 능력을 자각해 새로운 아이템을 찾아 사업을 시작해 슈퍼리치가 된 좋은 예다.

1991년 초 가정형편이 어려워 대학을 중퇴한 박 사장은 하는 일 없이 집에서 시간을 보냈다. 어머니의 잔소리를 견디다 못해 가까운 나이트클럽에서 아르바이트를 했지만 2주를 못 버티고 그만둔다. 술심부름을 하는 것도 적성에 맞지 않았고, 무엇보다 술에 취해 싸우는 손님들의 모습에 정이 떨어졌다.

박 사장은 나이트클럽 아르바이트를 그만두고 또다시 집에서 빈둥거렸다. 그러던 어느 날 문득 '이렇게 살아서는 안 되겠다'는 생각이 들었다고 한다. 무슨 일이든 해보자고 결심한 박 사장의 눈에 아담한 조명 소품가게가 들어왔다. 박 사장은 무심코 가게에 들어가 물건들을 둘러봤다. 반짝이는 장신구가 달린 스탠드, 나무로 만든 아기자기한 동물 인형들, 가습기 기능을 겸한 작은 분수대 등 다양한 소품들을 구경하는 재미에 시간 가는 줄 몰랐다고 한다.

아기자기하고 예쁜 물건들을 유심히 살펴 보던 박 사장의 머릿속에 번쩍 하고 아이디어가 떠올랐다.

"저런 독특하고 예쁜 물건들을 수집해서 조명 인테리어 소품점을 하면 재미있겠는걸."

박 사장은 집으로 돌아와 서울에 살고 있는 작은 형에게 전화를 건 뒤 속옷만 챙겨 무작정 상경했다. 아는 사람이라고는 서울로 장가를 간 작은 형이 유일했다.

박 사장은 작은 형 집에서 멀지 않은 조명 인테리어 소품업체에 취직했고 그렇게 1년을 온갖 잡일을 하며 경험을 쌓았다.

그런데 언제부터인가 '이렇게 물건을 들여와 저렇게 영업을 하면 더 잘 되지 않을까?' 하는 생각이 들기 시작했다. 그러나 시골에서 갓 올라온, 경력도 없는 박 사장은 동료들에게 왕따를 당하고 무시당하기 일쑤였다.

박 사장은 사장에게 "사장님, 이런 물건을 좀더 저렴하고 다양하게 들여와서 다량으로 공급하면 장사가 더 잘될 것 같아요."라고 수차례 건의했지만 사장은 귀를 기울이지 않았다.

"아, 내가 사장이 아닌 이상 아무리 좋은 개선책을 내놓아도 받아들여지지 않는구나."

이때부터 박 사장은 자신의 가게를 오픈하겠다는 꿈을 꾸게 된다. 그래서 매장의 일을 누구보다 더 열심히 했다고 한다. 자신이 사장인 듯 물품구입, 매장관리, 물건판매 등 모든 일을 사장처럼 해나간 것이다. 어차피 몇 년 뒤 창업할 것이므로 실습삼아 그렇게 했다고 한다. 당시에는 몰랐지만 이때 쌓은 경험이 미래에 성공의 원동력이 됐음은 물론이다.

고객의 기호를 파악하다

박 사장은 마침내 작은 형이 카드로 현금서비스를 받아 마련해준

200만 원으로 작은 가게를 오픈한다. 박 사장이 서울을 선택한 이유는 아무래도 서울에 사람이 많고 당시 아파트가 여기저기 들어서고 있었으므로 사람들이 예쁜 장식품을 한두 개쯤은 구입할 것이라 예상했기 때문이다.

그런데 그저 그런 소품들은 판매 마진도 얼마 되지 않았지만 무엇보다 박 사장의 마음에 들지 않았다. 또한 가정주부라면 누구나 특이하고 고풍스러운 나만의 소품들을 갖고 싶어하는 것이 인지상정이다. 이를 간파한 박 사장은 처음에는 국내 각 지방을 돌며 조명 인테리어 소품들을 수집했지만 금방 바닥이 드러났고, 경쟁업체와 차별성을 갖기도 힘들었다. 결국 해외에서 인테리어 용품을 사오게 됐다. 박 사장은 지금도 한 달에 3~4번 정도 미국, 동남아시아, 중국 등을 직접 방문해 조명 인테리어 소품들을 수입한다. 박 사장은 어렴풋이 '작은 소품 하나도 문화와 접목시키면 발전 가능성이 무궁무진하겠구나' 하는 생각을 했다고 한다.

그러나 모든 일이 순조롭지는 않았다. 사업을 시작해 처음 5년간은 수익을 내기가 힘들었다. 그 기간 동안 거래처를 확보하고 코딱지만 한 사업장을 50평 규모의 사업장으로 확장하는 데 전념했다.

사업이 어느 정도 자리를 잡자 지금의 일산으로 사업장을 옮겼다. 4층 건물로 된 초대형 사업장에는 세계 각국의 토속적인 조명 인테리어 소품들이 다양하게 전시돼 있다. 무엇보다 인상적인 것은 사업장이 오프라인 만남의 장이 됐다는 것이다. 3층 전시실에 가면 누구나 무료로 카페라테부터 다양한 음료를 즐길 수 있다. 그것도 흔들의자나 특이하게 생긴 식탁과 의자에 앉아서 마음껏 수다를 떨 수 있는 것이다.

마음 맞는 사람들과 함께 매장을 방문해 공짜로 여유 있게 커피 한 잔 하면서 얘기를 나누고 매장을 둘러본다. 세계 각국에서 금방 도착한 독특한 조명 인테리어 소품들의 가격은 단돈 1,000원에서 수천만 원을 호가하는 것들까지 매우 다양하다. 직원들이 소품들에 대해 자세히 설명해주기 때문에 편안하게 구입할 수 있다. 손님들은 매장을 나올 때 소품 한두 개씩은 구입하기 마련이다.

예상치 못한 큰 위기

이런 박 사장에게 큰 위기가 찾아왔다. 2005년에 지금의 매장에 큰 화재가 난 것이다. 매장과 함께 그 안의 물건들도 모두 불타버렸다. 누가 봐도 잘나가던 박 사장이 하루아침에 망해버린 것이다. 그때의 심정을 묻자 박 사장은 이렇게 대답했다.

"허탈했지만 한편으로는 왠지 웃음이 나더라고요. 활활 타오르는 불을 보는데 새로운 사업 구상이 떠올랐어요. 어차피 화재는 되돌릴 수 없으니 받아들이기로 했지요. 대신 국내 최대 규모의 사업장으로 다시 일으키자는 결심을 하게 됐어요. 차라리 잘됐다는 생각이 들었죠. 무리를 해서 대출을 받아 지금의 매장을 다시 열었습니다."

 매장을 좀더 큰 규모로 확장하고 싶었지만 실천하기가 어려웠던 차에 화재라는 큰 위기가 찾아왔고, 큰 손실을 보기는 했지만 꿈꿔온 대형 매장을 열게 되었다는 것이다. 위기를 기회로 바꾼 것이다. 대형매장의 오픈과 함께 온라인사업도 시작해 사업을 다양화했다. 이때부터 매출이 기하급수적으로 늘어났다. 정부의 아파트 공급 정책과 맞물려서 엄청난 수익을 거둔 것이다. 혈혈단신으로 시작한 사업은 이제 20여 명의 직원을 둔 국내 굴지의 조명 인테리어 소품 업체로 거듭났다.

 사업 성공 비결을 묻자 박승열 사장은 이렇게 말했다.

 "하루하루 최선을 다하는 것입니다. 집에 들어오면 쓰러져 자기 바빴습니다. 이른 아침부터 늦게까지 일하다 돌아오면 몸은 녹초가 되어 손 하나 까딱하기 힘들 지경이었죠. 별다른 비결은 없는 것 같아요. 굳이 꼽자면 하고 싶은 일을 빨리 찾은 것이라고 할까요."

 사람이 모든 일을 다 잘할 수는 없고, 잘할 수 있고 좋아하는 일을 최선을 다해 하다 보면 성공하기 마련이라는 것이다.

슈퍼리치 따라잡기

● 창업을 하고 싶다면 경험을 쌓아라
창업하고 싶은 업계에서 일하면서 가능하다면 스스로가 사장인 것처럼 모든 일들을 경험하고 관리하라. 경험은 성공의 원동력이다.

● 자신이 하고 싶은 일을 찾아라
사람이 모든 일을 다 잘할 수는 없고, 잘할 수 있고 좋아하는 일을 최선을 다해 하다 보면 성공하기 마련이다. 가능한 한 빨리 꿈을 찾고 그를 실현할 수 있는 가장 좋은 방법을 찾아라.

남은 음식을 싸가는 1,000억대 자산가

"지나친 욕심은 스스로를 해칩니다. 과욕을 자제하고 열심히 노력하면 자신의 꿈을 이룰 수 있습니다."

모진 풍파 속에서도 당당하게

안영신 원장은 여걸의 풍채를 타고난 분이다. 78세의 나이에도 흔들림 없이 당당한 태도는 저절로 존경심을 갖게 만든다. 그 연세가 되면 대부분 요양원이나 집에서 조용히 생활하는 분도 많은데 안 원장은 아직도 왕성하게 활동하고 있다.

부산에서 사업가인 아버지의 외동딸로 태어난 안 원장은 어릴 때부터 과잉보호를 받고 자랐다. 어머니가 병고 끝에 돌아가시자 아버지의 사랑은 더욱 외동딸에게 쏠렸다.

"나를 실현해서 우주에 바친다. 이것은 내가 어릴 때부터 갖고 있던 생각이야."

이렇게 말하며 안 원장은 잠시 생각에 잠겼다. 안 원장의 인생은 한국 역사의 모진 풍파를 다 겪은 파란만장한 것이었다. 일제시대 때 상고를 나와 은행에 취직한 아버지는 사업가적인 기질을 타고났다고 한다. 부잣집 사위가 되어 훌륭한 수완을 발휘하여 장인의 사랑을 독차지하지만 처남과의 갈등 때문에 자신의 회사를 창업하게 된다.

안 원장의 선친은 일제시대 때 어린 안 원장을 해외에 유학 보낼 정도로 각별히 아꼈다고 한다. 큰 사업을 일으킨 선친은 근검절약을 몸소 실천하는 분이었다고 했다. 안 원장은 아버지를 본받아 욕심 부리지 않고 검소하게 사는 습관을 어릴 때부터 익혔다고 했다.

안 원장은 1960년대 중반에 지금의 교육학원을 인수했다. 선친의 도움을 조금 받기는 했지만 대부분 어릴 때부터 아끼고 모은 돈으로 충당했다. 어릴 때부터 남을 돕고 자신의 재능을 발휘하여 우주에 바치겠다는 꿈을 펼치기 위한 첫 발을 교육사업으로 내디딘 것이다. 1960년대 중반은 정치, 사회, 경제적으로 혼란과 격변의 시절이었다고 한다. 당시 학원 일대에는 300여 세대가 넘는 판잣집이 들어서 있었고 학원 시설도 매우 열악했는데 그런 상황에서 안 원장의 여장부 기질이 유감없이 발휘됐다. 한편으로는 강단 있는 태도로 리더십을 발휘했고 다른 한편으로는 체계가 잡히지 않은 학원 일을 세심하게 챙겼다.

안 원장은 형편이 어려운 학원 주변의 주민들도 힘 닿는 데까지 열심히 도왔다. 처음에는 건물도 없이 임시 천막으로 시작했지만 안 원장의 노력으로 서서히 학원의 기반이 잡히기 시작한다.

한 가지 일에 집중하기에도 시간이 부족하다

어느 날 안영신 원장은 내게 이렇게 말했다.

"인생이란 것이 참 짧아. 너무나 빨리 지나가지. 성공하려면 지나친 욕심을 버려야 해. 정말 중요한 일에 집중해야 하지. 한 가지를 제대로 하기에도 인생은 너무 짧아."

나는 이 말을 마음속 깊이 간직했다.

안 원장은 아끼고 절약하는 기본 원칙 위에 전통적인 재테크 방식으로 자산을 관리했다. 안 원장은 주로 2~3년짜리 장기 채권이나 정기예금을 이용해 자산을 안전하게 불려나가는 방법을 활용했다.

"예전에는 예금 금리가 괜찮았지. 부동산에 투자했더라면 더 큰 자산을 모았겠지만 나는 어릴 때부터 어머니가 학비로 보내주신 돈을 조금씩 아껴 저축을 시작했지."

얼마나 많이 보내주셨기에 지금 같은 재산을 모았을까 하는 생각이 들었다. 그러나 안 원장의 용돈이 많았기에 가능했던 것이 아니다. 그야말로 티끌 모아 태산 전략이었던 것이다. 처음에는 용돈을 절약해 은행에 넣어 불려나간 것이 시간이 지나자 2배에서 3배로 계속 커졌다. 당시에는 예금 금리도 좋아 지금보다 3~4배 더 많은 이자 수익을 올렸다고 한다.

실제로 안 원장의 자산관리를 하면서 금리가 떨어지기 2~3년 전까지만 해도 3~5년짜리 장기 국채를 많이 추천했다. 돌이켜보면 평균 수익률이 정기예금 대비 더 높으면서 채권에 대한 세금은 표면금리에 의해 계산된 이자소득에 대해서만 부과되기 때문에 수익률과 표면금리의 차이가 클수록 세후 수익률이 높기 때문에 세금이 적게 나온다.

연세는 많으시지만 비과세 상품으로 방카슈랑스 상품도 추천해서 금융소득 종합과세로 나가는 액수를 많이 줄여드렸다. 고액 자산가의 경우 비과세상품으로 보험만큼 좋은 상품은 없다. 보험의 단점이라면 비과세 혜택을 보기 위해 최소 10년 이상 장기투자해야 한다는 것인데 오히려 장기투자가 단기투자보다 목돈을 모으고 관리하는 데 있어서 장점이 많다.

기간이 부담스럽긴 하지만 중도 인출 제도를 적절히 활용하고, 10년 이상 유지하면 비과세 혜택을 받을 수 있고 정기예금 대비 1~2퍼센트 높은 공시이율을 감안하면 실제 수익률은 정기예금 대비 3~4퍼센트까지 벌어진다.

투자 결정을 내렸다면 참고 기다려라

투자자로서 안 원장의 몸에 밴 좋은 투자습관들 중에는 배울 것이 많은데 한 가지를 소개하자면 한 번 투자 결정을 하면 참고 기다린다는 것이다. 슈퍼리치 고객 중에서도 코스피가 조금만 내려가면 불안해하는 사람들이 많은데 안 원장은 참고 기다릴 줄 안다. 오랜 세월 모진 풍파를 겪으며 장기투자에 익숙해졌기 때문이다. 장기투자와 주가의 등락에도 참고 기다릴 줄 아는 자세는 펀드 투자에서 실제로 두 번의 탁월한 수익률로 보상받았다.

안 원장은 2009년 삼성그룹지배구조사모펀드[1]에 투자하여 높은 수익률을 얻었고, 이어 투자한 전기차용 2차전지사모펀드[2]에서도 50퍼센트 이상의 투자수익을 거뒀다. 높은 투자수익을 올린 이유는 절묘한 타이밍과 운이 따랐기 때문이지만 PB의 조언을 믿고, 시장의 등락에 일희일비 하지 않은 태도 역시 한몫했다고 생각한다.

PB로서 나는 2번 연이어 사모펀드로 높은 수익률을 올릴 수 있도록 해드려 나름 보람을 느끼는 한편 안 원장을 통해 투자자의 바람직한 자세를 배울 수 있었다. 보통 몇십 억이 넘는 금융자산을 보유한 경우 아무리 통장 수를 줄이려 해도 최소 10개 이상을 갖게 된

---

1) 2009년 10월 설정한 사모펀드. 삼성생명 비상장주식을 사모펀드에 편입하여 삼성그룹 지배구조 개편 시 관련 주가 상승에 따라 높은 수익률을 올릴 수 있도록 시장 방향을 예상하고 투자한 펀드. 7개월 만에 연 100퍼센트 수익률 달성 청산. (매일경제신문 2010년 7월 22일 보도기사 참조)
2) 휘발유차를 대체할 전기차 시대의 도래를 예측하고 전기차용 2차 배터리 등 관련 기술을 가진 유망기업에 투자한 펀드. 펀드 설정 후 관련주식 급등에 따라 연 53퍼센트 고수익 달성 청산.

다. 때문에 갈수록 자산관리가 복잡해지고 어려워지는 것이다.

"30~60억이 되면 그때부터 돈은 숫자에 불과하다."

이것이 모든 슈퍼리치가 공통적으로 말하는, 전문적인 자산관리가 필요한 금융자산의 규모다. 금융자산이 30억 이상이 되면 개인이 관리하기가 어려워진다는 말이다.

자산을 모으기도 어렵지만 '힘들게 모은 자산을 어떻게 안전하게 굴릴 것인가?'가 요즘 슈퍼리치의 화두다. 특히 저금리 시대가 되어 물가상승률을 초과하는 수익률을 내기가 점점 더 힘들고, 세금으로 나가는 부분도 상당하기 때문에 더욱 자산관리가 어려운 것이다.

또한 바로 이런 점 때문에 최근 슈퍼리치는 단기투자에서 장기투자로, 정기예금에서 채권이나 보험상품으로 투자 대상을 바꾸고 있는 것이다. 참을성과 인내심이 일반인의 상상을 초월하는 슈퍼리치들이 많은데 그중에서도 탁월한 이가 바로 안영신 원장이다.

남은 음식도 아끼고 절약하는 태도

처음 내가 자산관리를 시작한 5년 전에는 안 원장의 건강이 별로 좋지 않았다. 하지만 지금은 장학재단 일에까지 적극적으로 나설 정도로 혈기왕성하다. 나이가 든다고 일을 줄여나가는 것이 아니라 오히려 어릴 때 품었던 복지의 꿈, 사회에 재산을 환원하겠다는 생각을 실천에 옮기기 위해 더 적극적으로 활동한 것이 활력을 되찾아준 것이다.

멋진 모자를 쓰고 PB센터를 찾는 안 원장을 보면 여걸, 여장부란 생각이 저절로 든다. 그런데 안 원장의 학원을 방문했다가 깜짝 놀란 적이 있다. 손님이 왔다고 비서가 음료수와 파이를 내왔는데 파이가 남자 안 원장이 그것을 화장지에 조심스럽게 싸서 가방에 넣는 것이 아닌가?

'남은 파이를 어떻게 하시려는 걸까?'

나는 궁금해졌다. 내 마음을 눈치 챈 안 원장은 미소를 지으며 이렇게 말했다.

"집에 가서 잠이 안 올 때 먹으려고. 나이가 들어서인지 요즘 잠이 잘 오지 않거든. 그리고 무엇이든 아끼고 절약하는 것은 당연한 일 아닌가? 나는 지금도 웬만해서는 5,000원이 넘는 식사는 하지 않아. 가끔 직원들과 점심으로 김밥을 먹기도 해."

그 말을 듣는 순간 스스로가 부끄러워졌다. 요즘은 웬만한 커피도 한 잔에 5,000원이 훌쩍 넘지 않는가? 그런 커피를 나는 아무 생각 없이 마셔왔던 것이다. 안 원장과의 만남을 통해 나는 진정한 슈퍼리치는 단순히 돈에 대한 집착이 강하거나 훌륭한 재테크 기술을 갖고 있다고 되는 것이 아니라 바로 이러한 삶의 철학과 습관을 갖고 있어야 될 수 있는 것이 아닌가 하는 생각을 하게 되었다.

슈퍼리치 따라잡기

● **참고 기다리는 태도를 배워라**
슈퍼리치는 참을성과 인내심이 일반인의 상상을 초월하는 경우가 많다. 이는 투자 결정을 내린 후에는 시장 상황에 따라 일희일비하지 않고 차분히 기다릴 줄 안다는 뜻이기도 하다. 그런 태도가 안정적인 수익을 보장해 준다.

● **자신의 재능을 발휘해 다른 사람을 도와라**
사업을 성공시키고 그 결과 많은 재산을 모으는 데 그치지 말고 그것으로 다른 사람을 돕고 사회에 공헌하기 위해 노력하라.

 # 승진에서 탈락한 검사, 100억대 빌딩 주인이 되다

"누구보다 열심히 일했기에 승진 기회가 후배에게 돌아갔을 때 실망이 컸어요. 실패가 꼭 나쁜 것은 아니라는 사실은 한참 후에야 깨달았지요. 승진에는 실패했지만 변호사 개업을 해서 모은 종잣돈을 잘 활용해서 부동산 등 투자처를 다변화했기에 오늘의 자리에 오를 수 있었다고 생각해요."

수백 억을 모을 수 있었던 비결

권순희 사모님을 보면 두 번 놀라게 된다. 65세의 나이가 믿기지 않을 정도로 백옥 같은 피부와 빛이 나는 얼굴 때문에 놀라고 금융상품에 대한 폭넓은 지식과 절묘한 투자 타이밍에 또 한 번 놀란다.

투자자는 보통 소수의 훌륭한 투자자와 일반적인 투자자로 나뉜다. 훌륭한 투자자란 펀드 등 투자자산에 투자할 경우 냉철한 판단력을 바탕으로 타이밍을 잡아내는 능력이 탁월한 사람을 말한다. 권순희 사모님의 경우 경제 관련 지식이 탁월할 뿐 아니라 펀드에 가입하거나 환매하는 시점을 절묘하게 잡아내는 능력 면에서 따라갈 사람이 별로 없을 정도다.

또한 권 사모님 같은 슈퍼리치 고객은 PB가 어떤 상품을 추천하면 자신만의 주관과 판단력으로 최고의 결정을 내린다.

권 사모님이 일반투자자보다 돋보이는 점은 대부분의 일반투자자들과는 달리 참고 기다릴 줄 안다는 사실일 것이다. 권 사모님은 2008년 국내 인덱스 펀드에 투자해 70퍼센트의 수익을 올렸고, 국민은행 압구정PB센터가 이른바 대박을 낸 삼성생명 비상장주식 편입 사모펀드와 전기차 사모펀드에 두 번 모두 투자해서 좋은 성과를 거뒀다.

검사 출신 변호사 남편을 둔 권 사모님이 수백 억을 모을 수 있었던 비결은 무엇일까? 궁금해하던 차에 마침 기회가 왔다. 전기차용 2차전지에 투자하는 사모펀드가 50퍼센트대의 좋은 수익을 올려 환매하러 온 것이다.

"처음부터 부자가 되겠다는 생각을 했던 건 아니에요. 남편이 잘나가는 검사였지만 월급은 일반 샐러리맨과 비슷했으니까요. 권 사모님이 30년 전을 회상하듯 눈을 가늘게 떴다. 열심히 일하고 성과도 좋아서 승진에서 밀릴 거라고는 꿈에도 생각하지 못했다고 한다. 하지만 몇몇 후배가 먼저 부장검사로 승진하자 자신만만하던 남편도 의기소침해졌다.

"조직이 조직이라 후배에게 역전당한 상황에서 계속 검사생활을 하기도 어려워 결국 그만두었죠."

권 사모님이 그때의 마음고생을 떠올리는 듯 잠시 생각에 잠겼다.

"1980년대 초 검사를 그만두고 변호사 개업을 했어요. 잘나가던 검사를 그만두고 개업했을 땐 솔직히 걱정이 많았어요."

하지만 이런 걱정은 한 달도 채 되지 않아 사라졌다. 워낙 탁월한 변호사기도 했지만 수임료가 검사 월급의 몇 배가 된 것이다.

"처음에는 월급보다 많은 수임료에 당황했어요. 꼬박꼬박 정기예금에 저축했더니 1년 만에 1억 원 정도의 종잣돈이 모였죠."

권 사모님이 눈을 반짝이며 말을 이었다.

"1억을 다시 정기예금에 투자하려는데 마침 집에 놀러온 친구가 아파트를 사서 1년도 안 되어 아파트 한 채 값을 벌었다는 얘기를 하는 거예요. 순간 머리에 섬광이 스쳤죠."

투자 안목을 높이는 남다른 방법

권 사모님의 부동산 투자는 그렇게 시작되었다.

"일단 1억 원의 종잣돈을 1개월짜리 정기예금에 넣어두고 공인중개사 사무실을 찾아다녔어요. 부지런히 발품을 팔던 어느 날 한강변에 위치한 허름한 아파트가 2억 원짜리 매물로 나온 것을 알았지요. 종잣돈이 1억 원뿐이라 나머지 돈을 어떻게 장만할지 고민했지만 은행에 상담하니 8,000만 원까지 대출이 가능하더라고요. 2,000만 원이 모자랐지만 자투리 돈을 긁어모아서 잔금을 맞췄어요."

권 사모님이 그때를 회상하듯 뿌듯한 미소를 띠며 커피를 마셨다.

"그래서 어떻게 되었습니까? 그 아파트는 계속 가지고 있나요?"

나는 그 다음이 궁금해 물었다.

"생각지도 않았는데 1년이 채 안 되어 3억 5,000만 원에 매수자가 나타난 거예요."

불과 10개월 만에 대출 8,000만 원을 다 갚고도 1억 5,000만 원이 남은 것이다. 권 사모님은 그후 3년 동안 3채의 아파트를 사고팔아 2억 원 정도의 시세차익을 더 얻었다고 했다. 정기예금만 고집하던 투자 방식도 크게 변해 정기예금 등 안전자산에 대한 투자 비율은 전체 자산의 30퍼센트에 불과하고 40퍼센트는 펀드, 주식 등 투자자산에 넣어둔 상태다.

임대료와 금융소득이 늘어나면서 비과세 혜택을 받을 수 있는 방카슈랑스 상품(보험)도 적극 활용하고 있고, 금융기관도 3군데 정도 분산 거래를 하고 있다.

권 사모님이 투자 고수가 된 이유는 여기저기 다양한 정보를 얻을 수 있는 좋은 네트워크를 만들었기 때문이기도 하지만 분산투자를 하고 새로운 트렌드를 따라잡기 위해 열심히 세미나에 참석하며 공부한 것도 투자 안목을 높이는 데 큰 도움이 되었다고 한다.

"아파트가 환금성은 좋은데 한 가지 아쉬운 점이 있더라고요. 투자한 종잣돈 대비 시세차익이 일정한 범위를 벗어나지 못하는 것이죠."

권 사모님은 아무리 목이 좋은 아파트라도 3배 이상의 수익을 보기는 힘들었다고 한다.

"아파트 투자로 불어난 종잣돈이 5억 원 정도 되자, 두 군데 정도 땅을 사게 되었어요. 사실 땅에 대한 지식은 별로 없었지만 막연하게나마 우리나라는 땅덩어리가 작으니까 서울의 인구가 늘어나면 주변이 개발되지 않을까 하는 생각을 했던 것 같아요. 물론 발품도 팔고 땅에 대해 잘 아는 지인이나 전문가의 얘기도 많이 들었지요."

사모님은 물을 한 모금 마시고 얘기를 계속했다.

"주변 사람들의 이야기를 참고하기는 했지만, 최종 결정은 내가 내렸어요. 감이란 것이 있다고 할까요? 주변에서 보면 다른 사람 얘기를 꼼꼼히 참고하되, 거기에만 의지해 결정을 내리면 후회하게 되는 경우가 많더라고요. 세밀하게 검토하고 심사숙고한 후에 결정을 내리면 비록 잘못된 결정이라도 후회는 없으니까요."

사모님이 힘주어 말했다.

다행히 두 건의 토지 매입은 성공적이어서 투자한 5억 원은 10억 원으로 불어났다.

"지금 생각하면 운도 좋았지만 남편은 남편대로 변호사 일을 열심히 해서 꾸준히 수입을 올리고, 저는 저대로 부동산 투자를 통해 자산을 2, 3배로 불리는 식으로 서로 역할 분담이 잘 되었던 것 같아요, 하하."

사모님이 호탕하게 웃었다.

100억대 빌딩을 소유하다

사모님은 100억 대 빌딩 두 채를 소유하고 있는데 나는 그 비결이 궁금했다.

"사모님, 그런데 10억 원의 종잣돈으로 12년 만에 어떻게 100억 대 빌딩을 살 수 있었는지 궁금합니다."

첫번째 빌딩은 경매로 나온 물건이었는데 2번 유찰됐던 거예요. 당시에 IMF 위기가 찾아와 부동산 가격이 절반으로 떨어졌고, 운도 좋았던 것 같아요."

사모님은 60억 원대 빌딩이 경매로 2번 유찰돼 40억 이하로 떨어지자 경락자금을 대출받고 종잣돈을 끌어 모아 간신히 빌딩을 매입할 수 있었다. 종잣돈 10억 원에 살고 있는 아파트를 담보로 대출받은 돈과 경락자금 대출을 바탕으로 매입 자금을 만들었고, 모자란 2억 원은 단골 금융기관에서 신용대출을 받았다. 거래 실적도 좋았지만 남편이 변호사라 어렵지 않게 모자라는 돈을 구할 수 있었다고 한다.

"IMF가 끝나자 38억 원에 매입한 빌딩이 100억 원이 넘게 된 거예요."

1억 원의 종잣돈이 100억 원의 빌딩이 되기까지 18년이 걸린 것이다.

"처음에 1억 원을 모으는 것이 제일 힘들었던 것 같아요. 지금 생각해보면 아이들이 초등학생일 때 독하게 저축한 게 큰 밑천이 된 것 같아요."

저절로 고개가 끄덕여졌다.

슈퍼리치는 그 누구보다 단 돈 1만 원, 종잣돈 100만 원의 소중함을 잘 아는 사람들이다. 그들에게 종잣돈이란 자산을 활활 타오르게 하는 불쏘시개인 것이다.

"사모님, 두번째 빌딩은 어떻게 매입하셨나요?"

나는 또 물었다.

"빌딩 매입 후 임대료가 매월 3,000만 원씩 꼬박꼬박 들어왔는데 그것을 저축보험에 넣어 종잣돈을 만들고 있었지요. 7년 전에 급매로 나온 좋은 대지가 있다고 해서 현장에 가보니 주변은 개발이 덜 되어 있었지만 교통이나 위치를 봤을 때 10년 안에 개발이 될 것 같은 생각이 들었어요. 땅값이 25억 원이었는데 당장 현금을 만들기가 힘들었죠. 고민하다가 임대료를 불입하던 저축보험에서 10억 원을 중도 인출하고, 갖고 있는 현금을 보태고, 모자라는 돈 5억 원은 대출을 받아서 겨우 매입할 수 있었습니다."

사모님은 대지를 3년 정도 임대했다가 주변이 본격적으로 개발되기 시작하자 사무용 빌딩을 지었다고 한다. 자금은 기존에 매입한 빌딩을 담보로 대출받았다고 한다.

"내가 빌딩을 2채나 갖게 될 줄은 상상도 못했는데 종잣돈을 늘려가고 하나, 둘 투자에 성공하자 자신감이 붙었던 것 같아요."

그러나 가장 중요한 것은 가족의 행복

이렇듯 투자에 열심인 사모님의 자녀교육은 어땠을까? 사모님에게는 대학교수인 딸과 변호사로서 명성을 쌓아가고 있는 아들이 있다. 자녀교육의 비결을 물으니 '자산을 불리는 것보다 더 중요한 것이 자녀교육'이라는 대답이 돌아왔다.

"돈이 많다고 행복한 것도 아니고, 어떻게 보면 적당하게 있는 것이 더 행복할 수도 있고, 중요한 것은 온 가족이 행복하게 사는 것이라고 생각해요. 검사 시절과 변호사 시절에 아이들과 많은 시간을 보내고, 함께 공부하며, 고민을 나눴던 것이 비결인 것 같아요."

주변에서 돈은 어마어마하게 많은데 자식농사에 실패한 사람을 많이 봤다면서 사모님은 안타까운 표정을 지었다.

"샐러리맨도 부자가 될 수 있을까요?"

내 진지한 질문에 사모님은 이렇게 답했다.

"중요한 것은 타이밍이라고 생각해요. 샐러리맨도 분명 성공할 수 있지만, 중요한 것은 샐러리맨이든 사업가든 40대 초반, 늦어도

40대 중반까지는 자신이 제일 잘할 수 있는 일을 찾아 거기서 승부를 봐야 합니다."

기본적으로 매사에 성실해야 하고, 작은 일에 감사해야 한다고 덧붙였다.

"처음에 돈이 없을 때는 1억 원을 모으는 것이 꿈이었지요. 1억 원을 모으면 그 다음 목표가 생기는 거예요. 예를 들어 3억 원, 5억 원 이렇게 목표가 커지면 자산을 불리는 일에 더욱 집중하게 됩니다. 어떤 꿈을 좇든지 많은 시간과 노력이 필요해요."

조급해하기보다는 꾸준히 노력하고 실천하라는 말로 들렸다.

"단시일에 부자가 된 사람은 아무도 없어요. 차근차근 계단을 밟아 올라간 거지요. 부자들이 항상 조심하며 주변을 살피는 이유는 티끌을 모으면 실제로 태산이 된다는 것을 경험으로 알고 있기 때문일 겁니다. 어느 정도 자산을 모으고 나니, 자산을 지키고 유지하는 것이 버는 것보다 몇 배는 더 어렵다는 것을 알게 되었지요."

사모님은 열심히 벌 때는 돈을 관리하고 지키는 법을 잘 몰랐다고 했다.

"부자들이 작은 돈도 아끼며 절약하는 것은 자산을 지키고 유지하는 것이 얼마나 어려운지를 깨달았기 때문인 것 같아요."

미래의 부의 흐름은 어떨까

사모님은 앞으로 부가 어느 쪽으로 흐를 것이라고 생각할까?

"앞으로는 부동산보다 금융투자, 즉 펀드나 주식투자가 더 돈이 될 것 같아요. 부동산은 세금 등 신경을 많이 써야 하고, 반면에 금융투자는 지식이 많아야 하기 때문에 두 분야 모두 어렵긴 마찬가지지만 향후 5년 정도는 펀드나 주식에 투자하고 과욕을 부리지 않으면 좋은 결과를 얻을 수 있을 거라고 생각해요."

사모님의 말은 상당히 일리가 있다. 실제로 돈을 불리는 것은 자신이 가진 종잣돈, 즉 유동자산에서 창출되는데 현재 시중의 유동자금은 저금리, 부동산 가격 하락, 퇴직연금 등 기관의 투자 비중 확대로 인해 5년에서 8년 정도는 펀드나 주식 쪽으로 더 많이 흘러갈 것이라는 의견이 우세하다.

불과 2~3년 전을 돌아보자. 주변에서 퇴직금을 어디에 투자했는지 물으면 정기예금, 적금이란 답이 대부분이었다. 그러나 지금 똑같은 질문을 하면 정기예금 만기된 것을 펀드에 넣거나 일부는 주식에 투자할 예정이란 답이 상당히 많다.

내가 향후 5~8년을 금융투자를 통해 자산을 불릴 수 있는 적기로 생각하는 가장 큰 이유도 이런 흐름 때문이다. 실제로 요즘은 주변에서 부동산으로 돈을 많이 벌었다는 사람을 찾기 어렵다. 앞으로 부동산에 대한 투자 목적 중 한 가지는 금융투자로 번 돈 중 일정 부분을 인플레이션에 대한 헤지 개념으로 접근해야 할 것이다. 하지만 여기서 꼭 염두에 둬야 할 것이 있다. 슈퍼리치의 첫걸음은 종잣돈 마련이고, 종잣돈 마련의 기본은 수입보다 적게 써서 돈을 모으는 것이다.

종잣돈을 마련하는 첫번째 방법

권 사모님께 첫 종잣돈 마련의 비결을 물었다.

"첫 종잣돈을 마련하는 데 효자 역할을 한 것은 내 집 마련이었어요. 요즘은 전세가 대세지만 내 집이 있으면 이사를 가지 않아도 되고 또 필요할 경우 담보로 삼아 투자자금을 마련할 수도 있으니 집이 없는 사람들에게는 내 집 마련을 추천하고 싶어요."

사모님은 힘주어 말했다.

처음 종잣돈을 모을 때 가장 훌륭한 투자처로 내 집을 장만하는 것에는 몇 가지 장점이 있다. 일단 집을 장만하려면 몇천만 원의 돈을 마련해야 하므로 내 집 마련을 위해 자연스럽게 적금, 펀드 상품으로 돈을 모으게 된다. 두번째로는 모자라는 돈은 주택자금대출을 통해 해결하기 마련인데 처음에는 부담스럽던 대출금을 상여금이나 조금씩 모은 종잣돈으로 갚아나가면서 자연스럽게 대출이 없는 내 집을 갖게 된다.

권 사모님의 경우에도 검사 시절부터 내 집 마련이 첫번째 목표였고, 변호사로서 추가 수입을 창출하고 투자하는 것은 그 다음이었다. 부자가 되는 첫걸음은 내 집을 마련하는 것이다. 내 집을 마련한다는 구체적인 목표를 세우면 자연스럽게 절약하게 되고, 대출을 적절히 활용하면, 레버리지 효과를 극대화할 수 있다. 마이너스 통장을 보유한 샐러리맨과 내 집 마련 대출통장을 가진 샐러리맨 중 누가 먼저 집을 장만하겠는가? 대출을 갚아야 하는 것은 똑같지만 5년 뒤에는 전혀 다른 결과를 얻는 것이다.

"어머, 내 정신 좀 봐. 시간이 벌써 이렇게 되었네. 동창 모임이 있는데 내가 총무잖아. 이러다 늦겠는걸."

사모님은 황급히 자리에서 일어났다. 70을 바라보는 나이에도 동창 모임과 골프를 즐기는 권 사모님이다.

"돈도 그렇고, 사람도 그렇고 한 곳에 정체되어 있으면, 발전이 없는 것 같아요. 고인물이 썩는다는 말처럼 그때는 잘 몰랐지만 남편이 승진에서 탈락해서 더 좋은 기회를 잡은 것 같아."

돈도 사람도 좋은 쪽으로 변화를 계속해야 한다는 권순희 사모님의 말이 긴 여운을 남겼다.

> 슈퍼리치
> 따라잡기

● **내 집 장만으로 종잣돈을 마련하라**
집을 장만하려면 몇천만 원의 돈을 마련해야 하므로 그를 위해 자연스럽게 적금, 펀드 등을 통해 돈을 모으게 된다. 그리고 집 장만을 위한 대출금을 다 갚았을 경우에는 그를 담보로 대출을 받을 수도 있다.

● **자산을 불리는 것보다 더 중요한 것이 자녀교육이다**
돈이 많다고 행복한 것도 아니고 오히려 적당하게 있는 것이 더 행복할 수도 있다. 중요한 것은 온 가족이 행복하게 사는 것이다. 서로의 고민을 함께 나누고 기운을 북돋아주는 것이 행복한 가정을 만드는 비결이다.

● **전문가의 조언을 구하되 최종적인 결정은 스스로 하라**
다른 사람 얘기를 꼼꼼히 참고하되 거기에만 의지해 결정을 내리기보다는 스스로 공부하고 노력해 얻은 정보들을 바탕으로 최후의 결정을 내려라. 그래야 후회가 없다.

회장님의
손때 묻은 목도장

"단돈 1,000만 원이라도 종잣돈을 모으기 위해 노력하세요. 1,000만 원을 모았다면 다음엔 1억 원에 도전해보세요. 1억 원을 마련했다면 80퍼센트는 성공한 겁니다."

자산관리에 대한 냉철한 판단력

세월의 굴곡이 느껴지는 주름진 이마에 온화한 미소를 띤 김형석 회장님은 인자함이 풍겨나지만 투자에 있어서만큼은 단돈 1원도 냉철하게 따져보시는 분이다. 그런 김 회장님을 떠올릴 때 가장 생각나는 것은 회장님의 손때 묻은 목도장이다.

　이야기는 4년 전으로 거슬러 올라간다. 당시 나는 PB 2년 차로 지점장님의 소개를 받아 회장님을 처음 방문했다. 회장님의 건물 맨 위층에 있는 집무실에서 회장님은 반갑게 우리를 맞아주셨다.

'아, 모든 일이 잘 풀리는구나! 이렇듯 큰 고객을 내가 모시게 되는구나…….'

나는 흐뭇한 미소를 지으며 설레는 마음으로 그날 상담을 마쳤다.

그러나 실제로 회장님을 모시기까지는 긴 인고의 시간이 필요했고 여러 테스트도 통과해야 했다. 지금도 그렇지만 PB 고객은 쉽게 마음을 열지 않는다. 다음날부터 회장님께 전화도 드리고 상품도 소개했지만, 회장님과 통화할 수 있는 기회조차 얻기 힘들었고, 회장님은 '병아리 PB'였던 내게 쉽게 자산을 맡기지 않았다.

그렇게 인고의 시간이 8개월 정도 지나자 나는 지치기 시작했다. 그러나 좋은 상품이 나오면 꾸준히 팩스로 보고를 드리고, 가끔 SMS 문자서비스를 이용해 간단하게 상품을 소개하기도 했다.

나는 회장님의 연세와 금융소득 종합과세 대상 금액을 줄이면서 고수익을 얻을 수 있는 상품으로 고려하여 당시 채권 상품이나 CP, ABCP를 담은 특정금전신탁 상품을 권했다. 채권은 표면금리가 낮아서 과표는 적게 잡히면서 상대적으로 안전한 고수익 상품이었고, CP와 ABCP 특정금전신탁 상품은 기업에서 발행한 어음(CP) 또는 유동화 기업어음(ABCP)으로 정기예금 금리 대비 리스크는 있지만 1~3퍼센트 더 높은 금리로 발행되었다.

어느덧 계절은 바뀌어 한여름이었는데 그날도 나는 특별히 추천하고 싶은 상품이 있어 그에 대한 자료를 회장님께 팩스로 보내드렸다. 그로부터 2시간쯤 지났을까? 내 휴대폰이 울렸다. 회장님이었다. 드디어 회장님이 내 휴대폰으로 연락을 주신 것이다.

"신 팀장, 잘 있었어요? 보내준 자료 잘 받았어요. 그 상품 한번 해봅시다. 11시까지 내 사무실로 오세요."

가슴이 콩닥콩닥 뛰기 시작했다. 나는 얼른 서류를 챙겨 한걸음에 회장님 사무실로 달려갔다. 회장님께서는 차를 내오게 한 뒤 비서를 시켜 내게 수표 한 장을 건네셨다. 금액을 본 나는 심장이 멎는 줄 알았다. 거기에는 '70억 원'이라고 적혀 있었다. 물론 PB센터에서 몇 억 원짜리 거래는 일상적인 일이지만 이 금액은 나의 최대 신규 금액이 되었다.

택시를 타고 오는 길에 나는 마음을 진정시키려 노력했다. 사무실에 도착해 나는 특정금전신탁 최고 금액의 신규 계약을 성사시켰다. 다시 회장님의 사무실에 도착하니 회장님께서 웃으며 맞아주셨다.

"신 팀장, 차 한 잔 들어요. 내가 보니 신 팀장이 은행에서 제일 열심히 일하는 것 같아. 그동안 자료를 잘 챙겨줘서 고마워요. 앞으로도 잘 부탁해요."

사무실로 돌아오는 택시에서 나는 가슴이 벅차오르는 것을 느꼈다.
"아, 이것이 PB 마케팅이구나!"

모든 영업이 다 그렇겠지만 아주 작고 사소한 것이 한 분의 소중한 고객을 만들어준다. 사소한 차이가 전혀 다른 결과를 가져오는 것이다. 회장님을 통해 나는 세상에는 공짜가 없고 노력한 만큼 보상을 받는다는 소중한 교훈을 얻게 되었다. 나는 지금도 나를 찾아오시는 고객 한 분 한 분께 정성을 다하려고 노력한다.

회장님을 방문해 상담할 때마다 눈에 띄는 것이 한 가지 있었다. 바로 손때 묻은 목도장이다. 큰 기업의 회장님이 화려한 집무실에서 큰 계약을 할 때는 값비싼 도장을 사용할 것 같지만 회장님은 그렇지 않았다. 70억짜리 신규계약을 할 때 본 회장님의 도장은 30년은 족히 됐음직한 낡은 목도장이었다.

회장님이 돈이 없어 그런 도장을 사용하는 것은 아닐 것이다. 물건을 소중하게 생각하고 아껴 쓰는 것이 생활화되어 그럴 것이다. 보통의 사람들은 신제품이 나오면 갖고 있는 것이 고장 나지도 않았는데 새것으로 바꾸는 경우가 많다. 휴대폰이 대표적이고, 자동차의 경우도 그렇다. 슈퍼리치와 일반인의 차이는 바로 이것 아닐까?

내가 만난 모든 슈퍼리치는 거의 예외 없이 작고 사소한 것도 아끼고 절약했다. 오래된 물건도 쉽게 바꾸지 않고 소중하게 사용하는 것이다.

내가 회장님을 존경하는 이유가 또 하나 있는데, 그것은 금융상품에 투자할 때 다양한 의견을 듣고 스스로 판단하고 결정한다는 점이다. 연세가 많음에도 불구하고 금융투자에 있어 냉철한 판단력과 상품 분석 능력을 가지고 계신데 이는 주식투자로 갈고 닦은 개별 기업에 대한 지식과 전문가의 조언 위에 회장님 개인의 안목이 보태져 얻게 된 통찰력에 다름 아니다.

부자가 되고 싶다면 평상시에 다양한 신문이나 경제방송을 보고 나름대로 공부해 경제지식을 쌓고 안목을 키워야 한다. 하루아침에 이뤄지는 것은 아무것도 없다.

적성에 맞는 일을 찾아 재능을 발휘하라

회장님과 사업에 대한 얘기를 나누면서 나는 이렇게 물었다.

"회장님, 어떻게 선친의 사업을 이렇게 키우실 수 있었어요?"

나의 질문에 회장님은 이렇게 대답했다.

"선친한테 의류사업을 물려받고 경기가 나빠지기 시작했어. 사업이란 것이 흐름을 타는데 1960~1970년대가 지나자 의류사업의 경쟁이 치열해지더군."

회장님은 중국과의 교역이 개방되어 국내 의류산업의 마진이 줄어들자 사업 다각화를 모색했는데 우연히 M&A를 통해 벤처 기업을 인수할 수 있었다. IMF 직전이라 아주 싼 가격에 인수한 벤처기업이 큰 성공을 거둬 30배 이상의 가격에 매각해 큰 이익을 보았다.

"예나 지금이나 사업을 할 때는 항상 트렌드를 읽고 기회를 잘 포착해야 해. 경쟁업체보다 빨리 그렇게 하려면 항상 촉각을 곤두세워야 하지."

회장님이 말을 이었다.

"나 역시 선친의 사업을 물려받았을 때는 두려움이 컸어. 그러나 세상에 어렵지 않은 일은 하나도 없지. 잘할 수 있다는 생각으로 두려움에 맞서 도전하다 보니 지금까지 회사를 잘 키워올 수 있었던 것 같아."

이어 회장님은 샐러리맨에게 이렇게 충고했다.

"지금 맡은 일을 잘하면 일단 샐러리맨으로서 성공할 확률이 높지. 샐러리맨은 큰돈을 모으지는 못하지만 꼭 돈이 많다고 성공한 것은 아니잖아."

그러면서 자신이 하고 있는 일이 적성에 잘 맞는지 한 번 더 생각해보라고 했다.

"아무래도 사람의 재능이란 자신이 좋아하고 하고 싶은 일을 할 때 마음껏 발휘되는 것이니까. 하지만 아무리 열심히 하려 해도 재미를 느낄 수 없다면 그런 일은 빨리 그만두는 것이 나아."

회장님의 특별한 자산관리법

회장님에게 비과세 방카슈랑스 상품에 대한 상담을 해드렸다. 최근 저금리 기조가 계속되면서 슈퍼리치도 더 이상 정기예금에만 자산을 맡길 수 없는 것이 현실이다. 회장님의 경우 4 : 3 : 3 법칙을 충실히 따르고 있다. 4 : 3 : 3 법칙이란 안전자산에 4, 투자자산에 3, 비과세 상품에 3을 투자하는 방식이다. 안전자산에는 원금보장이 되는 정기예금 상품이 있는데 PB 고객의 경우 특정금전신탁 상품을 많이 활용한다.

특정금전신탁 상품은 정기예금 대비 수익률은 높지만 원금 보장이 되지 않으므로 기초자산과 담보 제공 등 리스크 보완 여부, 기초자산의 신용 등급 여부를 꼼꼼히 체크한 뒤 가입해야 한다.

정기예금은 원금 보장이 확실하지만 최근의 저금리 기조에 따른 금리 하락으로 안전자산을 선호하는 고령의 자산가들은 저금리에 대한 대응책으로 방카슈랑스 상품을 많이 찾는다.

회장님의 경우에도 처음 자산관리 상담을 했을 때는 10년 이상 거래 시 비과세 혜택을 받을 수 있는 연금 상품이 전혀 없었다.

종잣돈의 중요성, 큰 눈을 굴려라

회장님 역시 종잣돈의 중요성을 강조했다.

"아무래도 돈이라는 것은 어느 정도 단위가 되어야 그때부터 돈이 돈을 벌게 만들 수 있지. 생각해보게. 눈을 굴리는데 조그만 눈덩이를 굴리는 것과 큰 눈덩이를 굴리는 것 중에서 어느 쪽이 더 빨리 눈사람을 만들 수 있겠나?"

회장님이 생각하는 종잣돈의 크기는 '1억 원'이다.

"어떻게든 아끼고 절약해서 일단 종잣돈 1억 원을 만드는 게 가장 중요하지."

　회장님이 미소를 지으며 말했다. 그러고 보니 PB센터에서 최근 많이 활용하는 사모펀드 상품도 1억 원 단위로 모집하는 경우가 많다. 10억 원의 10분의 1인 1억 원. 슈퍼리치 대열에 들 수 있는 최소 단위가 금융자산 10억 원이라고 가정하면, 1억 원을 10개 모은 것이 10억이다.

　금융자산에 투자해서 1억 원으로 매년 10퍼센트의 수익을 올릴 경우 매년 세전 1,000만 원을 벌 수 있다. 평범한 샐러리맨이 매년 1,000만 원을 모으기란 결코 쉽지 않다.

　종잣돈의 최종 규모는 '1억 원'으로 잡되 당장은 '1,000만 원'부터 모으기 시작하자. 보통은 종잣돈 모으는 기간을 1년으로 잡지만 자신의 수입과 지출을 고려해 6개월, 1년 하는 식으로 적절히 조절하는 것이 바람직하다.

> 슈퍼리치
> 따라잡기

● **경제와 관련한 공부를 게을리하지 마라**
부자가 되고 싶다면 평상시에 다양한 신문이나 경제방송을 보고 나름대로 공부해 꾸준히 경제지식을 쌓고 안목을 키워야 한다. 또한 실전에 임해 다양한 경험을 해보는 것이 중요하다. 하루아침에 이뤄지는 것은 아무것도 없다.

● **리스크를 줄일 수 있는 자산관리법을 사용하라**
모든 돈을 비슷한 성격의 상품에 투자하기보다 전체를 10으로 볼 때 안전자산에 4, 투자자산에 3, 비과세상품에 3을 투자하는 식으로 위험을 분산할 필요가 있다.

● **종잣돈의 규모를 키워라**
종잣돈이 커야 큰 돈을 벌 수 있다. 조그만 돈으로는 조그만 돈밖에 벌 수 없다. 먼저 일정 액수의 종잣돈을 마련하기 위해 최선을 다하라.

장애를 딛고 부동산 신화를 다시 쓰다

"나눔만큼 기쁨을 주는 것은 없는 것 같아요. 자신이 하고 싶은 일을 찾아 10년 이상 집중하다 보면 세상에 못할 일이 없습니다."

돌다리도 두드려보고 건너다

강기동 사장은 어릴 때 소아마비를 심하게 앓았다. 만이가 소아마비를 앓았으니 부모의 심정이 오죽했을까? 선친은 이런 강 사장에게 작은 부동산을 물려줬다.

"너는 몸이 불편하니 부동산을 해봐라."

부친이 남긴 유언이었다. 꼼꼼한 성격을 타고난 강 사장의 부동산 신화는 이렇게 시작되었다.

"처음에는 상가 건물 하나에서 시작했지요. 아버님이 물려주신 작은 부동산을 임대로 운용하며 임대관리를 배웠어요."

강 사장은 부동산에 대한 지식이 없었다. 20년 전 아버님께 받은 작은 부동산을 기반으로 지금에 이른 것이다.

"딱히 성공 비법이란 것은 없습니다. 첫 부동산을 3~4년 관리 하다 보니 상가건물을 관리하는 노하우가 쌓였어요. 마침 부동산 개발 붐이 일면서 가지고 있던 상가를 리모델링해서 팔았지요. 첫 매매 치고는 대 성공이었습니다."

강 사장이 그때를 생각하며 미소를 지었다.

"첫 거래를 통해 자신감을 얻어 이번에는 시장에 허름한 상가 부지를 매입했습니다."

강 사장은 이렇게 매입한 토지에 상가건물을 지었다. 조금씩 부동산을 개발해서 파는 일을 했고 그 과정에서 개발업, 건설업과 관련해 신용이 있는 거래처와 친구를 만들게 된다.

"전문가를 만나고 좋은 네트워크를 구축하는 것이 큰 힘이 되지요."

강 사장이 커피 한 모금을 마시며 말을 이었다.

허름한 상가를 두세 곳 사들여서 더 큰 규모의 상가를 지어서 되팔았다. 돌다리도 두드리고 건널 정도로 꼼꼼하고 확인에 확인을 거치는 강 사장의 성격은 부동산사업에 안성맞춤이었다. 부동산은 권리분석을 철저히 하고, 토지를 매입할 경우 앞으로 상권이 어떻게 형성될 것이고 어떻게 개발해서 가치를 높이느냐가 관건이기 때문이다. 또한 강 사장은 매입하려는 토지나 건물의 등기부등본 등 소유권과 대출이나 압류 여부를 꼼꼼히 확인하고, 실제 발품을 팔아 현장답사를 철저히 하다 보니 자칫 사기를 당하거나 법적인 문제로 골머리를 앓아본 기억이 거의 없다.

무엇보다 중요한 것은 사후관리

강 사장은 2년 전부터는 대학교 주변의 주택을 2~3채 사들여서 원룸을 지어 분양하는 사업에 재미를 들였다. 학교 주변은 수요가 안정적이고 월세도 잘 나가는 편이다.

"지난달 원룸 20개를 지어서 월세 계약을 모두 마쳤어요. 젊은 학생들이 좋아서 방마다 라면을 한 박스씩 넣어줬지요."

강 사장이 큰 소리로 기분 좋게 웃었다.

"월세로 분양했다고 해서 일이 끝난 게 아니고 꼼꼼하고 세심한 관리가 중요하지요."

강 사장이 사후 관리의 중요성을 강조했다.

기본적으로 인근 부동산업소와 제휴하거나 직원을 시켜 건물관리를 하고 있지만, 강 사장은 지금도 2~3개월에 한 번씩은 세입자를 방문해서 불편한 점은 없는지, 고치거나 수리할 곳은 없는지 직접 살핀다. 이렇게 하다 보니 건물에 세 들어 사는 사람들의 만족도가 매우 높다. 보통의 경우 월세가 나가면 건물주와 세입자가 계약을 연장할 때나 되어야 다시 만나는데 이렇듯 꼼꼼하고 세심한 건물관리는 남과 차별화되는 전략이라 할 수 있다. 그래서 학생들 사이에서 입소문이 나게 됐다.

"학생 소개를 받아서 제법 많은 계약을 했습니다."

강 사장은 가정 형편이 어려운 학생들에게는 원가 이하로 세를 주거나 몇 달치 월세를 면제해준다. 자신의 수익만 좇는 것이 아니라 형편이 어려운 학생을 도와주면서 보람도 느끼는 것이다.

"사실 남을 도와주는 것이 그렇게 거창한 일은 아니에요. 기회나 형편이 될 때마다 조금씩 도우면 그것만큼 보람 있는 일도 없어요."

그래서일까? 강 사장은 적지 않은 돈을 불우이웃이나 고아원에 기부하고 있다. 열심히 발품을 팔아 부동산을 개발하고, 그것의 가치를 높여 얻은 수익의 상당 부분을 가난하고 도움이 필요한 곳에 기부하는 것이다.

소아마비로 몸이 다소 불편하지만 정기적으로 봉사를 하고 있다. 노인요양원에 가서 몸이 불편한 어르신의 식사를 돕기도 하고, 다니는 성당에서 주관하는 불우한 이웃을 위한 정기적인 봉사 활동에도 꼭 참석한다.

슈퍼리치 따라잡기

● **세입자들이 만족할 수 있도록 만들어라**
세를 주었다고 끝나는 게 아니라 자주 세입자를 방문해서 불편한 점은 없는지, 고치거나 수리할 곳은 없는지 직접 살펴라. 이렇게 하면 세입자의 만족도가 높아지고 또 다른 세입자를 구하기도 쉬워진다.

● **누군가를 돕고 싶다면 조그만 봉사 활동부터 시작하라**
기회나 형편이 될 때 조금씩 돕기 시작하라. 또한 도움에는 금전적인 것만이 있는 것이 아니다. 자신이 갖고 있는 시간, 재능 등을 활용해 나보다 더 어려운 이웃을 도와라.

● **부동산도 금융자산처럼 리밸런싱이 필요하다**
2~3년에 한 번 자신이 보유한 부동산을 평가해서 팔 것은 팔고 살 것은 사는 부동산 리밸런싱이 중요하다. 적극적으로 부동산을 관리해야 한다.

한 가지 재능을 살려 최고의 입시학원을 만들다

"돈보다는 자신이 최고로 잘 할 수 있는 일을 찾으세요. 그런 일을 하다 보면 성공하게 되고 그러면 돈은 자연스럽게 따라오게 됩니다."

하고 싶은 일을 찾아 최선을 다하는 것

"공부요? 책상에 앉아만 있는다고 공부가 되나요. 분 단위로 시간을 체크하며 집중해야 제대로 할 수 있죠."

머리에 희끗희끗 세월이 내려앉은 70대 이지연 사모님이 눈을 반짝이며 말했다. 이 사모님은 국내 굴지의 입시학원 원장의 사모님이다. 그러고 보니 1980년대 당시 그 학원은 몇 손가락 안에 드는 명문이었다.

"지금 같은 유명 학원이 될 줄은 꿈에도 몰랐지요. 남편은 원래 고등학교 영어 선생님이었어요. 잘 가르친다고 학생들 사이에 입소문이 나자 입시 학원에서 러브콜이 왔어요."

사모님이 물을 한 모금 마시며 말을 이었다.

"바깥양반이 원체 가르치는 것을 좋아해서 반대도 못하겠더라고요. 근데 방과 후 학원에서 일해 받은 월급이 학교에서 받는 월급보다 몇 배나 많은 거예요."

사모님은 그 돈을 한 푼 두 푼 모아 종잣돈을 마련했다고 한다.

"처음에는 집 한 칸 마련하는 게 꿈이었지요. 아버님이 사업을 해서 도움을 받을 수도 있었지만 공짜로 얻은 집이 어디 마음 편한 내 집이겠어요."

그렇게 해서 6개월 만에 종로에 아담한 정원이 딸린 주택을 구입했다고 한다.

"남편이 아이들 가르치는 재미에 빠져 돈을 많이 벌기도 했지만 영어 교재를 직접 만들어 무상으로 나눠주는 식으로 아이들한테 도움도 많이 줬지요."

남편이 좋아서 하는 일이라 딱히 반대도 못했다고 한다. 그때 가정 형편이 어려웠던 몇몇 학생들에게 조금씩 학비를 대주었는데 그것이 지금은 큰 장학재단으로 발전했다며 흐뭇한 미소를 지었다.

"학생도 계속 늘어나 처음에는 50명이었던 것이 몇 달 만에 300~400명을 훌쩍 넘긴 거예요. 학교를 그만둔다는 것이 아쉽기도 했지만 더 많은 학생들의 대학 진학을 돕는다는 생각으로 6년을 근무한 학교에 사표를 냈어요."

그런데 점점 더 많은 학생이 찾아오자 학원 원장과 갈등을 빚는 일이 많아졌다.

"바깥양반은 돈을 버는 것보다 한 명이라도 더 많은 학생들의 대학 진학을 돕는 게 목적이었는데 학원 원장은 다른 데 관심이 더 많았죠."

사모님이 학원 창업 당시를 떠올리며 말했다.

"학원에 소속되어 학생들을 가르칠 때는 몰랐는데 막상 자기 학원을 차리려니까 고민이 많이 되었나 봐요. 잘 못하는 술을 마시고 몇 날 며칠을 잠을 설치더군요."

고민하던 남편은 선생님 몇몇과 함께 종로에서 학원을 열었다.

"솔직히 나도 겁이 나긴 했어요. 안정적인 교직을 버리고 창업하는 게 쉽지는 않았던 것 같아요."

우여곡절 끝에 시작한 학원은 1년이 지나자 기반이 잡히기 시작했다.

"바깥양반은 학생들에게 영어를 쉽고 재미있게 가르치는 능력이 뛰어나 점점 더 인기가 많아졌어요. 아이들 관점에서 쉽게 가르치려고 부단히 노력했던 것 같아요. 강의 마치고 퇴근해서도 늦은 시간까지 교재를 펴놓고 연구를 했으니까요."

사모님이 큰소리로 웃었다.

샐러리맨 교사 시절과 달라진 점은 내 사업을 시작하자 소득이 몇 배로 뛰었다는 것이었다. 그 돈을 3년 정도 모으니 지금의 학원 부지를 살 수 있었다고 한다.

"학원이 잘되니까 건물 주인이 계속 임대료를 올리더라고요. 임대료도 임대료지만 학원을 계속 옮겨야 하는 것도 문제였죠."

원장님과 사모님은 약간의 대출을 받아 지금의 학원 자리를 매입해 건물을 신축했다.

"학원 부지를 매입하고, 건물을 신축하느라 처음에는 돈이 부족했어요. 그런데 새 건물로 학원을 옮기고 몇 년 지나자 처음 학원을 열었을 때보다 수강생이 10배 이상 늘었어요. 차츰 학생들을 위한 편의 시설도 갖추고, 공부에 집중할 수 있도록 내부 인테리어에도 신경을 썼어요."

사모님이 그때를 회상하며 잠시 생각에 잠겼다.

"아 참, 중요한 게 빠졌네. 남편은 좋은 선생을 영입하기 위해 아낌없이 돈을 투자했는데, 우리 학원 선생님들은 동종업계에서 최고의 대우를 받았어요. 지금도 그렇지만 선생님들이 생계 걱정 없이 능력을 200퍼센트 발휘하려면 돈 때문에 걱정하는 일은 없어야 한다는 것이 남편의 생각이었죠."

선생님들이 수시로 머리를 맞대고 아이들을 가르칠 더 좋은 방법을 연구하다 보니 자체적으로 교재도 만들고, 문제도 출제하고, 시험도 봤는데 그로 인해 학원이 전국적으로 유명해졌다고 한다.

3년 만에 학원은 크게 성장했고 그 위에 사모님의 재테크도 성공적이었다. 첫 내 집 마련에 성공하고, 장기적으로 학생들이 연수할 수 있는 곳을 물색하다 수도권 인근의 교통이 편리하고 입지가 좋은 곳에 땅을 사기 시작했는데 사놓은 땅 2군데에 아파트가 들어서면서 30억 원의 목돈이 생겼고 그것이 100억대 자산을 만드는 데 효자 역할을 톡톡히 했다고 한다.

"그 돈으로 장학재단을 설립하고, 10년이 지난 학원의 개, 보수를 하기도 했죠."

정리하자면 사업을 잘 모르는 남편이지만 자신이 재능을 발휘할 수 있는 곳에서 일하면서 종잣돈을 만들었고, 사모님도 종잣돈을 몇 배로 불려나가면서 뜻한 바는 아니지만 투자의 선순환이 이뤄진 것이다.

어떤 일도 대충해서는 최고가 될 수 없다

"평범한 교사에 만족했더라면 지금의 성공은 없었을 거예요. 남편이 자신의 재능을 살려서 학원을 차린 것이 성공의 첫걸음이었죠."

이 사모님이 차를 마시며 말했다.

"자신의 재능을 발휘하는 남편의 뒷바라지를 하는 것도 보람 있는 일이었어요. 뭘 하든, 어떤 것에 관심이 있든 중요한 것은 집중력이라고 생각해요. 대충해서는 최고가 될 수 없어요. 최고는 고사하고 자리를 유지하기도 힘들죠. 특히 요즘 같은 때는······."

이 사모님은 작은 일에도 최선을 다해야 한다고 말했다. 이 사모님은 자산관리에 있어서도 철저하고 꼼꼼하다. 70대의 나이에도 불구하고 여러 통장의 만기를 단 하루도 넘긴 적이 없고, 사소한 것도 메모하는 습관을 갖고 있다.

"메모하는 습관은 꼭 필요합니다. 메모를 하지 않으면 계속 머릿속에 담아두어야 하고, 중요한 약속을 놓치거나 실수를 할 수도 있는데 메모는 그런 실수를 줄여주지요. 중요한 내용은 자기 전에 다시 수첩에 정리합니다. 그렇게 하면 자연스럽게 여러 가지 일들을 더 잘 챙기고 거기에 집중할 수 있죠."

지금은 입시학원 스타강사가 수없이 많지만 이 사모님의 남편은 스타강사의 원조라고 할 수 있다.

"다시 강조하지만 돈이 아니라 자신의 재능을 좇아야 합니다. 자신이 제일잘 할 수 있는 것을 찾는다면 재밌고 즐겁게 일할 수 있으니까요."

잘할 수 있는 일을 찾아서 1분 1초를 아끼며 집중하다 보면 성공은 자연스럽게 따라온다고 했다.

"남편도 고비가 없었던 것은 아니에요. 입시학원이 우후죽순처럼 생겨나 경쟁이 치열해졌죠. 남편의 장점은 한 눈 팔지 않고 자신의 일에 최선을 다한다는 것이에요. 나중에는 책까지 내서 입시 교재로 사용했죠."

100만 달러짜리 점심식사

이 사모님은 학원이 커지면서 불어난 수입을 부동산, 금융자산에 골고루 분산해서 관리했다. 학원 부지는 공시지가가 많이 올랐고, 서울 인근의 땅도 개발이 되면서 가격이 많이 올랐다. 금융자산은 안전한 채권이나 정기예금을 활용해서 불려나갔다.

"주식 같은 데 투자해서 돈을 더 벌 수도 있겠지만 얼마가 됐든 지금 자신이 가진 돈을 안전하게 지키는 것이 더 중요하다고 생각해요. 돈은 사업이나 자신의 일에서 성공하면 자연스럽게 불어나는 것이고, 벌어들인 수입을 안전하게 지켜야 하는 것이지요."

이 사모님이 주식투자나 투자형 상품보다 채권이나 정기예금을 선호하는 것도 바로 이런 철학을 갖고 있기 때문이다.

"일반 샐러리맨도 마찬가지라고 생각해요. 샐러리맨은 월급이 뻔히 정해져 있기에 매너리즘에 빠지기 쉬워요. 한마디로 현실에 안주하는 거지요."

이 사모님은 현실에 안주하는 강사들을 수없이 많이 봤다고 했다.

"뚜렷한 목표가 있는 강사와 월급날만 기다리는 강사가 거두는 성과는 하늘과 땅 차이입니다. 목표가 없는 강사들은 결국 학원을 떠나는 경우가 많았어요. 남편이 데리고 있던 강사 중에 눈에 띄는 강사가 한 명 있었어요. 항상 다른 강사보다 더 열심히 일하는 긍적적인 사람이었어요. 남편이 책을 준비하고 있었는데 바빠서 그 강사에게 기회를 주고 옆에서 많이 도와줬지요."

그때를 생각하며 이 사모님은 잠시 생각에 잠겼다.

"결국 그 입시 책은 유명한 교재가 되었고 그 강사는 자신의 학원을 차릴 정도로 크게 성공했습니다."

만약 그 강사가 평범한 강사들과 마찬가지로 자신에게 주어진 일만 했다면 그런 기회를 잡지 못했을 거라고 했다.

"아이쿠, 시간이 벌써 이렇게 됐네."

사모님은 딸과의 약속시간에 늦었다면서 자리에서 일어났다.

사모님과 헤어진 후 나는 워렌 버핏과의 100만 달러짜리 점심식사가 이런 것일까 하는 생각을 했다. 그래서 사람들은 그 비싼 돈을 주고 그와 점심식사를 하려 하는 것일까? PB라는 것이 결코 쉬운 직업은 아니지만 가끔 100만 달러짜리 식사를 공짜로 할 때가 있으니 그것이 낙이라 하겠다.

**슈퍼리치
따라잡기**

● **현실에 안주하지 마라**

가만히 월급날만 기다리기보다는 분명한 목표를 세우고 그에 매진하라. 다른 사람이 시키는 일만 하기보다는 자신이 필요하다고 생각하는 일을 찾아서 하라.

IMF 실직 이후 맞은 인생 역전의 기회

"갑의 자리에 있을 때도 을의 자리에 있는 것처럼 행동하세요. 갑과 을의 관계는 언제든 바뀔 수 있습니다. 영원한 갑의 입장이란 없으니까요."

자산관리의 첫번째는 손실을 보지 않는 것

"팀장님, 남은정 사모님 오셨습니다."

리셉션 직원의 전화를 받고 상담실로 들어갔다. 오늘도 남 사모님은 참으로 차분하고 여유로운 모습이었다. 남 사모님과의 인연은 골프장에서 시작되었다. PB는 다양한 방법으로 슈퍼리치를 고객으로 만들기 위해 노력하는데 제일 대표적인 방법이 MGM, 즉 기존 거래고객에게 소개를 받는 것이다. 당시 거래하던 이 회장 사모님의 소개로 이른바 골프 마케팅을 하기 위해 강원도의 골프장으로 찾아갔다.

때는 가을, 강원도를 향해 가는 길은 늘어선 나무들에 살며시 단풍이 내려앉아 몹시 아름다웠다. 고려대 자산관리 고위 MBA를 1년간 공부하며 필수과목으로 골프를 배우기는 했지만 나는 골프보다 걷는 운동을 더 좋아한다.

골프장에 도착해 20여 명으로 이뤄진 여고 동창 골프 모임의 행사를 도와주고 첫 인사를 했다. 그중에 한 분이 남 사모님이었는데 어느 날 나를 찾아와 살며시 1억짜리 수표 3장을 내놓으며 현재 거래하는 타 금융기관의 펀드 수익률이 많이 떨어져 손실을 봤다면서 잘 관리해달라고 부탁했다.

그렇게 남 사모님의 자산을 관리하게 되었다. PB로서 제일 중시하는 자산관리 원칙은 첫째가 고객이 절대로 손실을 보지 않도록 하는 것이다. 고객은 수입 10퍼센트보다 1퍼센트의 손실에 더 민감하다. 어떻게 보면 당연한 일이다. 자산을 불려나가는 첫번째 원칙이 현재 자산을 까먹지 않는 것이니 말이다.

물론 이런 원칙을 지키려고 노력하다 보면 스트레스가 엄청나다. 생각해보라. 투자는 확률게임이다. 예를 들어 내가 돈을 벌 확률이 80퍼센트, 잃을 확률이 20퍼센트라면 그런 상품은 좋은 투자처가 된다. 중요한 것은 자신이 어느 정도의 리스크를 감당할 수 있는지를 정하고 그를 바탕으로 자산을 관리하는 것이다.

남 사모님은 대부분 점심 직전이나 점심시간에 은행 일을 보러

왔기에 나는 번번이 점심식사를 뒤로 미루고 일을 처리해야 했다. 나중에 알게 되었지만 남 사모님이 점심시간에 오는 이유는 남편 회사의 회계 일을 맡아 하다 보니 시간이 점심시간이나 퇴근시간 직전 잠깐의 시간밖에 나지 않았던 것이다.

사모님은 상품 제안과 관리에 있어 PB의 말을 잘 들어주는 점이 좋았다. 사실 PB는 엄청난 고민 끝에 상품을 제안한다. 고객이 신문이나 언론 매체를 통해 시장 전망이나 상품 정보를 접할 수도 있지만, 투자 수익률을 높이기 위해서는 남보다 한 발 앞서 투자하는 것이 좋다. 이것이 PB의 도움이 절실한 이유다.

남 사모님은 삼성그룹지배구조사모펀드에도 가입해 좋은 결과를 얻었고, 그 이후에도 계속 투자 결과가 좋은 고객 중 한 분이 되었다. PB로서 자산관리를 하다 보면 어떤 고객은 타이밍을 잘 잡아서 계속 좋은 성과를 거두고 어떤 고객은 너무 신중해서 또는 여러 가지 이유로 번번이 좋은 기회를 놓치는 경우를 많이 보게 된다.

PB가 하는 제안이나 전망을 스스로 판단할 수 있는 안목이 있고, 신속하게 의사결정과 행동을 취할 수 있는 고객의 경우 대부분 좋은 성과를 거둔다. 남 사모님도 그런 고객 중 한 명이다.

나는 어느 날, 남 사모님을 원 포인트 골프 레슨에 초대했고 행사가 끝난 후 모처럼 여유 있게 업무를 처리하며 얘기를 나눴다. 사모님이 바깥양반인 박철기 사장을 처음 만난 얘기, 신혼 초 어려웠던 얘기를 하다 첫 사업 얘기까지 이야기가 흘러갔다.

거래처와 돈독한 인간관계를 맺어라

남은정 사모님 부부의 재미있는 인생 역전 스토리는 IMF 때로 거슬러 올라간다. 사모님은 L여대, 사장님은 Y대 출신으로 두 분은 캠퍼스 커플이다. 박철기 사장은 대학시절 국가대표 운동선수를 지냈고, 졸업 후 대기업에 입사해 샐러리맨 생활을 했다. 사모님은 양가에서 전세로 신혼집을 얻을 때 약간의 도움을 받은 것을 제외하면 현재까지 누구한테 도움을 받아본 적이 없다면서 미소를 지었다.

알콩달콩 행복한 신혼이 지나고 IMF 때 위기가 찾아왔다. 그 당시 남편의 나이가 40대 후반, 회사에 남을 수도 있었지만 스스로 떠나는 쪽을 선택했다고 한다. 두렵기도 했지만 평생 샐러리맨으로 살기보다 내 사업을 해보고 싶어 창업을 결심했다.

창업 후 2년 동안 많은 고생을 했다. 하지만 대기업에 다니면서 거래처를 홀대하지 않고 정성을 다해 관리했던 것이 회사를 떠나 신분이 갑에서 을로 바뀌었을 때 많은 도움이 되었다고 했다.

"저 사람은 인간이 됐어. 믿을 만해."

이렇듯 좋은 인상이 남아 있어 거래처들은 박 사장을 믿고 도와줬다. 이때부터 사모님은 평범한 주부에서 한 회사의 경리로, 남편 박 사장의 비서로 새 인생을 시작했다. 그렇게 고생한 지 3년이 되던 해 박 사장은 사모님에게 부부동반 모임에 나가자고 했다. 그제야 남 사모님은 회사가 본 궤도에 올랐음을 느꼈다고 한다.

그리고 지금은 박 사장, 남 사모님, 자녀까지 온 가족이 함께 회사 일을 하고 있다. 사장님은 영업을, 사모님은 경리, 회계업무를 맡고 있고, 아들은 트럭 운전으로 배달을, 딸은 직원으로 일한다. 가족이 자신만의 장점을 살려 회사의 업무를 하나씩 맡았기에 믿고 일할 수 있고, 가족 회사이기에 각자의 역할에 최선을 다하는 것이다.

"부부가 함께 회사를 하니 어떤 점이 좋으세요?"라고 내가 물었더니 모든 것을 함께 하다 보니 자연히 부부 금슬도 더 좋아지고, 상대를 더욱 배려하게 된다고 했다.

이어 박 사장에게 가장 결정적인 성공 비결을 물었다. 그러자 "대기업에 다닌다고 목에 힘주지 않고, 평상시에 거래처 직원들을 인간적으로 대한 게 큰 힘이 되었다."는 답이 돌아왔다.

사업은 결국 대안관계, 거래처와의 관계인데 평상시에 좋은 관계를 만들어놓아야 한다는 것이었다.

14년간 안정적인 성장을 일군 비결

IMF 이후 14년이 흐른 지금 두 사람이 함께 일군 회사는 매출이 150억 원이 넘는 알짜 회사로 성장했다. 회사가 안정적인 성장을 한 바탕에는 신용카드조차 사용하지 않는 철저한 자기자본 활용법이 있었다. 이른바 무차입 경영으로 14년 동안 아무리 어려워도 대출을 받지 않았다고 했다. 말 그대로 차근차근 한 계단 한 계단 올라가는 길을 택한 것이다. 사모님이 웃으며 경제적 자유에 대해 이렇게 말했다.

"부자가 되는 것, 경제적 자유를 얻는다는 것은 남을 도울 수 있는 여유를 갖게 된다는 뜻인 것 같아요."

며칠 전 회사에 에어컨 중고 매입상이 왔다고 한다. 형편이 어려운 가난한 매입상에게 돈을 받지 않고 에어컨을 내줬다. 비록 작은 부분이지만 내게 조금 여유가 있으면, 더 쉽게 남에게 도움을 베풀 수 있다는 것이다.

마지막으로 사업 성공 비결을 물었더니 거래처가 말이 안 되는 요구를 해도 최선을 다해 들어주려 노력한 것, 그리고 현역 국가대표 운동선수 시절 다져진 끈기와 참을성이 도움이 되었다고 말했다.

정도 경영을 하기 위해 거래처를 접대할 때도 저녁 때 술 모임을 갖기보다는 점심식사와 작지만 정성이 담긴 선물을 전달하고, 영업 시간에는 치열하게 일하지만 6시 퇴근 이후부터는 취미를 즐기며 스트레스를 해소한 것이 회사를 키운 비결이라고 했다. 자발적으로 퇴직해 삐삐 한 대와 책상 하나로 시작한 사업이 이렇게 하여 건실한 중소기업으로 성장할 수 있었던 것이다.

슈퍼리치 따라잡기

● **거래처를 홀대하지 마라**

갑의 입장에 있을 때도 겸손하게 을의 입장을 배려하라. 갑과 을의 관계는 언제든 바뀔 수 있고, 좋은 신뢰관계는 어려울 때 큰 도움이 된다.

● **무차입 경영을 실천하라**

욕심 내지 않고 한 계단 한 계단 성장해나가는 것이 목표라면 대출은 필요하지 않다. 자기자본을 철저히 활용해 대출의 부담을 없애고, 사업의 리스크를 낮춰라.

카센터 정비공, 100억대 슈퍼리치로

"직장을 그만두고 창업했을 때 고객의 40퍼센트가 따라간다면 그 직원은 반드시 성공합니다. 그런 직원이 되기 위해 노력하세요."

맨바닥에서 카센터를 일으키다

카센터를 운영하는 임태호 사장을 만난 건 1년 전, 임 사장의 카센터가 토지보상지구로 수용되면서 세무 상담을 하러 가서 처음 만났다. 무척 더운 여름날이었는데 임 사장은 땀을 비오듯 흘리며 차를 수리하고 있었다. 큰 키에 검게 그은 얼굴, 성실함이 묻어나는 인상이었다.

"뭐하러 바쁜데 직접 찾아와요? 내가 그쪽으로 가면 되는데……."

그는 씩 웃으면서 기름때 묻은 손으로 커피를 타주었다. 임 사장의 사업장이 토지보상으로 수용되면 임 사장은 다시 새로운 사업장을 찾아서 일곱 번째 이사를 가야 하는 형편이다.

"아이고, 장사 좀 된다 싶으면 또 이사를 가야 하니, 벌써 몇 번째인지 모르겠네."

지금의 반듯한 카센터를 만들기까지 임 사장은 한편의 드라마 같은 우여곡절을 겪었다. 임 사장은 어린 시절 지독히도 가난하고 배가 고팠다고 한다. 전북 남원에서 중학교를 졸업했는데 어느 날, 약주를 즐겼던 아버지가 차사고로 세상을 떠났다. 15세 소년은 눈앞이 캄캄했다. 장남인 그에게는 집안을 일으키고 어린 동생을 보살펴야 할 책임이 있었다.

그러나 중졸 학력에 변변치 않은 집안 형편으로 임 사장이 할 수 있는 일은 없었다. 몇 달을 고민한 끝에 맨주먹으로 서울로 올라왔다. 임 사장은 물 한 모금을 마시며 말했다.

"무작정 외삼촌을 찾아갔죠."

그렇게 외삼촌의 카센터에서 자동차 정비를 배우기 시작했다. 그리고 20년이 지난 지금 임 사장은 반듯한 카센터의 대표이자 100억대 슈퍼리치가 되었다. 무일푼에서 시작해서 그는 어떻게 매출 1~2위를 다투는 카센터 사장이 된 것일까?

"먹고 살아야겠다는 절박한 생각밖에 없었습니다."

임 사장이 말했다. 자동차 정비는 지금도 '3D 직종'으로 불리는 고된 일이다. 그런 일을 업으로 선택한 이유를 묻자 임 사장은 이렇게 대답했다.

"무엇이든 해야 했으니까요. 월급도 따로 없었습니다. 밥만 먹여줘도 감사할 따름이었죠."

시간이 흘러 기술을 익힌 후에는 한 달에 5만 원에서 10만원의 월급을 받았지만 몽땅 어머니에게 보내 저금하시도록 했다. 이렇게 모은 돈은 그가 군대를 제대한 후 소중한 사업 밑천이 되었다. 알토란 같은 첫 가게의 보증금 500만 원이 된 것이다.

"군대에 다녀와 25세에 처음 카센터를 차렸는데 상호가 좋아서인지 잘됐어요."

이듬해에는 아름다운 아내를 얻어 결혼도 했다. 신혼집으로 마련한 연립주택 대금은 당초 20년 상환 계획이었지만 단 2년 만에 부채를 모두 털어낼 수 있었다. 남들보다 몇 배는 빠르게 대출을 갚은 것이다.

"당시 월 임대료로 15만 원을 냈는데 하루 일하면 한 달 임대료를 벌 정도로 카센터가 잘됐어요. 지금은 자동차 정비가 주로 부품을 교환하는 방식으로 이뤄지지만 그때는 다 뜯어서 수리하는 방식이어서 몸은 고단했지만 이익은 더 많았지요."

임 사장이 미소를 지었다.

무조건 안 쓰고 모으는 짠돌이 재테크

임 사장의 타고난 '일 벌레' 근성도 빨리 자리를 잡을 수 있었던 요인이었다. 그의 별명은 '시계추'다. 새벽 6시에 가게에 나가 밤늦도록 일했다. 술이나 담배도 일절 하지 않았다. 그는 '매일 일만 하니 돈이 쌓이고, 돈 쓸 시간조차 없었던 시절'이라고 당시를 회상한다.

부창부수라고 했던가? 가녀린 외모의 임 사장 아내는 한 푼이라도 아끼기 위해 남편과 정비 기사들에게 먼 길을 마다 않고 손수 밥을 해다 날랐다. 남편이 수금이 안 되어 애를 먹자 직접 돈을 받으러 다니기도 했다.

일손이 모자랄 때면 출장 정비 요청을 받고 정비기사를 대신해 차를 몰고 나가기도 했다. 그런 부부의 유일한 여가생활은 한 달에 두 번 쉬는 날, 교외로 나들이를 가는 것이다. 트럭 뒤에 천막을 치고 남매를 태워 산과 계곡을 찾아다녔다. 이때도 외식 같은 건 일절 하지 않았다. 모두 다 집에서 준비해갔다고 한다.

임 사장 부부의 재테크 방식은 한마디로 '짠돌이 재테크'였던 것. 이렇게 모은 돈을 고스란히 저축했다. 임 사장의 아내는 1년에 7,000~8,000만 원까지 저축을 해서 종잣돈을 모았다고 했다.

"특별한 재테크 비법은 없었어요. 그저 안 쓰는 것뿐이에요. 버는 것은 차곡차곡 저축했고요. 거래하는 은행도 단 한 곳으로 지금까지 예금 위주로 차곡차곡 쌓아왔어요."라고 아내가 말했다.

하지만 위기도 있었다. 장사가 조금 되니까 가게 주인이 보증금을 크게 올려 내 소유로 된 사업장이 없는 설움을 톡톡히 겪었다고 한다. 임 사장은 알뜰살뜰 모은 돈으로 권리금을 5,000만 원이나 주고 새 가게를 얻었지만 자리잡은 지 채 1년이 안 돼 주인으로부터 떠나라는 통보를 받는다. 임 사장 부부가 당시를 회상하며 씁쓸한 표정으로 말했다.

"장사가 잘되니까 주인이 자기네가 들어온다고 나가라고 하더군요."

그러나 이를 악물고 땅을 사서 내 소유의 카센터를 마련한 뒤에도 상황은 별로 달라지지 않았다. 카센터는 도로변의 잘 보이는 곳에 자리를 잡아야 하는데, 도시가 개발되면서 새 도로가 생기게 되어 보상을 받고 이전해야 하는 상황에 놓인 것이다. 이렇게 가게 짐을 쌓았다 풀었다 한 게 올해까지 여섯 번이다. 임 사장은 그에 대해 이렇게 말했다.

"카센터를 자꾸 옮기게 돼 새롭게 홍보를 하고 다시 시작해야 하는 점이 가장 힘들었죠."

그러나 위기는 임 사장 부부에게 새로운 기회를 가져다주었다. 새로운 카센터 부지를 찾아 고생하며 이사한 곳이 몇 차례 토지보상지구로 수용되어 보상금을 받은 것이다. 10여 년 전 당시만 해도 땅 값이 계속 올랐기에 자연스레 자산도 불어났다. 지금의 카센터도 토지보상지구로 지정되어 임 사장은 또 한 번 이사를 준비하고 있다.

부자 DNA를 만드는 2가지 방법

나는 임 사장 부부에게 꿈이 무엇이냐고 물었다.

임 사장 부부는 "특별한 꿈은 없고 이제 욕심 안 부리고 사회에 봉사하면서 살고 싶다."며 웃었다. 7~8년 전부터 아내는 국제라이온스클럽에서 지구 임원 등으로 봉사활동을 하고 있고, 최근에는 남편 또한 지역사회 활동에 본업보다 많은 시간을 할애하고 있다.

부모가 이렇게 열심히 사는 모습이 자식에게는 그야말로 '살아 있는 교과서'가 되었다. 남들은 3D 업종이라고 수군대도 임 사장은 아들에게 가업을 물려주고 싶었다고 한다. 그러나 임 사장의 바람과 달리 아들은 공대에 진학하지 않고 법대에 들어갔다.

"늘 햇볕에 까맣게 그은 아버지 모습이 싫었던 거예요. 기름 묻은 작업복을 입는 것도 마음에 들지 않고요."

아내는 아들이 아버지에게는 차마 하지 못한 이야기를 해주었다. 그러나 이는 아직 어렸던 고등학생 시절 얘기로 군대를 다녀온 아들은 이제 많이 달라졌다고 한다.

"아버지가 그렇게 고생해서 이만큼 일구었다는 걸 깨달은 거죠."

아내가 말했다. 아들은 비록 아버지와 다른 길을 걷게 됐지만 자신이 선택한 길에서 최선을 다하리라. 아들이 아버지로부터 물려받은 최고의 유산은 바로 이러한 '부자 DNA'일지 모른다. 부자를 꿈꾸는 수많은 젊은이들에게 임 사장이 들려주고 싶은 말도 바로 이것이다.

'부자 DNA'는 지극히 단순한 두 가지에 달려 있다고 그는 강조했다.

첫째, 버는 돈의 80~90퍼센트를 저축하라. 임 사장은 월급 100만 원을 받는 샐러리맨이라고 해도 그렇게 저축하면 50대에는 부자가 돼 있을 것이라고 말했다.

둘째, 자신이 하는 일에서 최고가 돼라. 그가 함께 일하는 카센터 직원들에게도 입버릇처럼 하는 말이기도 하다.

"가게에 오는 손님의 80퍼센트가 찾는 직원이 돼라."

임 사장은 다시 힘주어 말했다.

"그 직원이 다른 가게로 갔는데 적어도 손님의 40퍼센트가 따라간다면 그 사람은 빨리 기반을 잡을 수 있죠."

자신의 분야에서 '슈퍼 일꾼'이 된다면 직원으로서도 사업가로서도 성공할 수 있다는 말이다.

슈퍼리치 따라잡기

- **손님의 마음을 사로잡아라**

고객 한 사람 한 사람에게 최선을 다해 그들이 자신을 찾도록 만들어라. 친절한 태도로 신뢰를 쌓아가다 보면 고객은 당신을 찾게 되어 있다.

- **최대한 많은 돈을 저축하라**

돈을 최대한 아껴 버는 돈의 많은 부분을 저축하라. 아끼고 저축하는 것이 바로 부자가 되는 지름길이다.

자신만의 아이템을 개발해 성공한 벤처사업가

"자신의 가능성을 믿고, 성공할 수 있다는 확신이 있다면 과감하게 도전하세요. 어차피 인생은 공수래공수거, 배짱이 있어야 합니다."

자신만의 아이템으로 성공하라

까다롭고 쌀쌀맞은 슈퍼리치 고객이었다. 나는 기업 대출 담당 지점장의 소개로 오길환 사장과 만났다. 오길환 사장은 통신회사에 다니다가 자신이 개발한 사이버 결제시스템이 큰 성공을 거둬 벤처회사를 차리게 되었다. 벤처 붐이 한창일 때였고 오 사장도 유망한 벤처사업가 중 한 사람이었다.

　슈퍼리치의 성공 요인 중 '자신만의 아이템을 개발하라'는 것이 오 사장에게도 해당되는 것이다. 오 사장은 자신의 전공 분야에서 연구를 통해 아이템을 개발하고 그를 인터넷사업과 연결시켜 성공한 경우다.

그의 자산관리를 하는 동안 나는 몇 번 발품을 팔아 그에게 매물로 나온 50억대 빌딩을 소개하기도 했고, 좋은 수익률을 올린 사모펀드를 추천해 두 차례 투자에 성공하기도 했다. 오 사장은 매사에 치밀했고 성공할 수 있는 자질을 두루 갖춘 인물이었다.

한번은 세금 상담을 겸해 함께 골프를 쳤는데 실력이 거의 싱글 수준이었다. 슈퍼리치들은 일주일에 2~3번씩 사업상 또는 운동 삼아 골프를 치는 경우가 많은데 오 사장의 경우 박사학위를 취득하고 경쟁이 치열한 벤처사업을 하면서 틈틈이 연습해 싱글 수준에 도달한 것이다.

오 사장은 히말라야에 등반한 적도 있다고 한다. 말이 등반이지 목숨을 잃을 수도 있는 위험하고 힘든 일이다. 그는 사업적으로나 사업 외적으로나 끊임없이 도전하는 훌륭한 자세를 갖고 있었다.

나를 항상 쌀쌀맞게 대했지만 냉정함 뒤에는 따뜻함이 숨어 있는 슈퍼리치다. 샐러리맨에서 벤처사업가로 멋지게 성공했으니 모든 샐러리맨의 롤모델이기도 하다. 사업을 하려는 사람은 많지만 모두가 오 사장처럼 성공할 수 있는 것은 아니다.

어느 날 모처럼 오 사장과 여유 있게 차 한 잔을 마실 기회가 생겼다. 나는 기회는 이때다 싶어 얼른 성공과 실패의 차이가 무엇이라고 생각하느냐고 물었다.

"사실 성공과 실패는 종이 한 장 차이에 불과합니다. 치밀한 준비와 과감한 결단력, 때로는 자신의 전부를 걸 수 있는 용기가 필요하죠. 어차피 인생은 한 번뿐인데 폼나게 살다 가야 하지 않을까요."

현재에 만족하는 순간 퇴보하게 되니 아직까지는 도전을 계속하고 싶다는 오 사장. 오 사장은 몇 년 전부터 틈틈이 시간을 내어 모교에서 학생들을 가르치고 있다. 꿈 많은 후배들이 자신의 사업 성공과 실패담을 듣고 용기를 얻는다면 그것이 보람 아니겠느냐며 호탕하게 웃는다.

"성공한 CEO들의 특강을 많이 주선해요. 이론도 중요하지만 실제 사례가 더 중요하고 학생들한테도 어필하는 것 같아요."

그는 사업에도 끊임없는 도전이 필요하지만 일상생활에서도 매사에 도전하는 정신이 중요하다고 했다. 슈퍼리치들에게 공통적으로 발견되는 요소는 기회가 주어졌을 때 과감하게 도전한다는 것이다. 도전하는 정신은 실패를 두려워하지 않고 앞으로 나아가는 힘이 된다.

차별화를 위해 힘써라

요즘 많은 대학에서 기업과 연계해 유망한 아이템을 개발해서 사업과 접목시키고 있다. 사업 아이템의 개발은 슈퍼리치의 다양한 사례에서 볼 수 있듯이 자신이 샐러리맨으로서 종사하던 분야에서 이뤄질 수도 있고, 전혀 새로운 분야에서 이뤄질 수도 있다. 중요한 것은 '어떻게 차별화할 것인가?' 하는 것인데 차별성은 아이템의 독창성, 전문적인 기술, 마케팅적 요소 등 다양한 부분에서 이끌어낼 수 있을 것이다.

오 사장의 경우 대학 전공과 관련 있는 분야에서 샐러리맨 생활을 했고, 회사에서 자신의 전공을 심화하여 차별성 있는 아이템을 가공해 그것을 가지고 독립된 회사를 차렸다. 용기를 갖고 도전한 결과 슈퍼리치의 반열에 들게 된 것이다.

"자신의 전문 분야를 계속 갈고 다듬다 보면, 기회가 찾아왔을 때 그 기회를 어렴풋이 느낄 수 있어요. 그때 공수래공수거를 생각하며, 배팅할 수 있는 배짱이 있어야 합니다. 인생은 짧으니 안 하고 후회하는 것보다 실패하더라도 도전하는 것이 낫다고 생각해요."

오 사장이 마지막으로 힘주어 말했다.

슈퍼리치에게나 일반인에게나 하루 24시간이라는 시간은 공평하게 주어진다. 슈퍼리치는 오 사장처럼 한결같이 주어진 24시간을 가장 중요한 일에 집중해 최고의 성과를 낸 사람들이다. 그들이 성공했다면 우리도 성공할 수 있다. 상상하는 모든 것은 현실로 이뤄질 수 있다. 국내뿐만 아니라 해외의 성공한 슈퍼리치 사례를 살펴보면 그들은 공평한 자산인 하루 24시간을 알차게 활용하는 방법을 찾아 성공한 사람들이다. 1분 1초를 아끼며 매 순간을 효율적으로 살아야 하는 이유가 여기에 있다.

슈퍼리치 따라잡기

● **도전정신을 가져라**
성공과 실패는 종이 한 장 차이에 불과하다. 치밀한 준비와 과감한 결단력, 때로는 자신의 전부를 걸 수 있는 용기가 필요하다. 인생은 짧으니 안 하고 후회하는 것보다 실패하더라도 도전하는 것이 낫다.

● **누구에게나 공평한 하루 24시간을 최대한 활용하라**
슈퍼리치는 한결같이 주어진 24시간을 가장 중요한 일에 집중해 최고의 성과를 낸 사람들이다. 국내뿐만 아니라 해외의 성공한 슈퍼리치 사례를 살펴보아도 한결같다. 공평한 자산인 하루 24시간을 가장 효율적으로 활용하는 방법을 찾을 필요가 있다.

샐러리맨으로 시작해 한국의 주식부자 6위에 오르기까지

"나도 한때는 샐러리맨이었다. 밖에서는 나를 보고 성공한 사업가라고 한다. 하지만 나는 샐러리맨 생활을 할 때나 사업가로 사는 지금이나 삶에서 큰 차이를 느끼지 못한다. 월급쟁이니 받은 만큼만 일하겠다는 생각을 나는 단 한 번도 하지 않았다."

눈앞의 현재보다 미래를 보고 결정하라

이 책을 쓰면서 많은 자수성가형 슈퍼리치들을 만났다. 그중 한 사람이 미래에셋 박현주 회장이다. 박 회장은 가난한 농부의 아들로 태어났다. 고등학교 합격자 발표일에 아버지가 돌아가시고 홀어머니를 모시며 학교를 다녔다. 사춘기 시절 방황을 끝낼 수 있었던 것은 인생의 스승이자 최고의 조언자였던 어머니 덕분이었다.

박 회장은 대학 2학년 시절 이미 주식투자를 시작했다. 그리고 대학졸업 후 남들이 선망하는 종합금융회사로 가지 않고 "자본시장의 발전 없이 자본주의는 발전할 수 없다."는 말에 호기심을 느껴 증권회사에 입사한다. 종합금융회사보다 월급은 7분의 1 수준으로 적었지만 하고 싶은 일을 하기 위해 자신의 길을 간 것이다.

하지만 그는 학교에서 배운 것과 증권회사의 실제가 다른 것에 크게 실망했다. 시장이 끝난 뒤 삼삼오오 모여 객장에서 고스톱을 치는 것은 당시의 일상적인 풍경이었다. 치열하게 시장을 고민하고 분석해보고 싶었지만 당시 영업직원들의 모습은 그런 것과는 거리가 멀었다. 고민 끝에 그는 1985년 27세 나이에 내외증권연구소를 만든다. 지금으로 보자면 투자자문회사인데 당시만 해도 관련 법규 하나 없는 불모지 상태로 그의 도전정신과 시대를 앞서가는 탁월한 시각을 보여준다.

그는 대학시절 투자 경험을 통해 우량주에 장기투자하면 반드시 좋은 결과를 낳는다는 믿음을 갖게 됐고, 가치투자에 대한 개념과 우량주에 대한 장기투자 효과를 이해했다고 한다. 그는 배경이 없는 자신이 성공하는 길은 눈앞의 현재보다 미래를 내다보고 인생 여정을 결정하는 것이라 생각했고, 자산운용을 직접 하고 싶다는 꿈을 마음속에 새기게 된다.

지금 안정적으로 보이는 회사가 반드시 미래에도 최고의 직장, 안정적인 직장이란 보장은 없기에 그는 지금도 젊은이들에게 꿈을 꾸고 그 꿈에 맞게 직장을 선택해야 한다고 강조한다.

돈에 자신의 꿈을 팔지 말라

박 회장이 늘 운이 좋고 승승장구했다고 생각하는 사람도 있지만 그에게도 위기의 시절이 있었다. 1988년부터 한신증권 계열사인 한신투자자문에서 운용과장과 증권사의 상품운용과장으로 최고수익률을 올리며 자산운용의 묘미에 푹 빠져 지내던 어느 날, 그는 갑자기 지점 발령을 받았다. 그가 최연소 지점장 발령을 받았던 1989년 4월 1일 시점은 종합주가지수가 1,007포인트로 최고점을 찍고 줄곧 내리막길을 걷던 때였다. 이런 상황에서 증권사 상품운용 과장인 그에게 영업점 지점장 발령이 내려졌고, 이때 그는 마치 지옥에 떨어진 심정이었다고 한다. 그는 당시를 인생 최대의 시련기였다고 회상한다.

그러나 박 회장은 이런 최악의 상황을 회피하기보다는 자신의 운명으로 받아들이기로 결심했다. 32세에 불과한 젊은 직원에게 지점장을 하라는 것은 지금 기준으로도 대단한 파격이지만, 박 회장은 장고를 거듭한 끝에 '지금 이 자리를 받아들이지 않는다면 기회가 또 올것인가?'라는 생각을 했고 결국 지점장 제안을 받아들인다.

"피할 수 없으면 즐기라고 하지 않던가? 그래, 한번 해보자."

그는 50명이던 인원을 절반으로 줄이며 속 빈 점포를 내실화했고, 30대의 패기만만한 젊은이들로 영업진용을 새롭게 구축했다. 주먹구구식 영업으로는 지점의 미래가 없다고 판단해 영업보다 직원훈련에 집중했다. 철저한 분석을 바탕으로 종목을 추천하는 것만이 고객의 소중한 돈을 지키는 유일한 길이라는 믿음을 직원들에게 전파시키며 밤 10시, 11시까지 야근을 마다하지 않았다. 힘든 과정이었지만 서서히 노력의 성과가 나타나기 시작했고 결국 그는 1위 점포를 만들어냈다.

박 회장은 압구정 지점을 맡은 지 1년 만에 이사급인 강남본부장으로 승진했다. 그리고 전국 1위 점포를 달성했을 때 그에게 달콤한 유혹이 다가왔다. 한 외국계 증권사에서 연봉 10억이란 파격적인 조건으로 스카우트 제안을 한 것이다. 잠시 마음이 흔들렸다. 당시 강남의 50평대 아파트를 2억 원이면 살 수 있었으니 그가 제안받은 조건은 어마어마한 것이었다. 하지만 그는 대학시절부터 키워온 꿈을 생각하며 유혹에 맞서 싸웠다. 그는 자신에게 "과연 내가 내 꿈을 실현할 정도의 내공을 쌓았는가?"라는 물음을 던지며 더욱 정진하자고 결심한다. 지금도 그는 젊은이들에게 인생에서 돈이나 자리보다 중요한 것은 자신의 꿈이라고 강조하며 "돈에 자신의 꿈을 팔지 말라."는 경험 어린 조언을 잊지 않는다.

미래에셋 신화의 시작

기회는 늘 위기의 얼굴로 찾아온다고 했던가? 그는 6개월간 가슴에 사표를 품고 다닐 정도의 비장한 각오로 당시의 어려웠던 시장상황을 직원들과 일심동체가 되어 돌파해나갔다. 바람이 불지 않을 때 바람개비를 돌리는 방법은 앞으로 달려나가는 것이란 믿음을 가졌고, 이는 1992년 회계연도 결산일인 3월 31일, 1등 점포의 신화를 만들어냈다. 그는 숫자를 확인하고 감격의 눈물을 흘렸다. 최현만 대리, 구재상 대리 등 평생을 함께할 뛰어난 인재와 만나 동고동락하며 이룬 값진 결실이었다.

중앙 지점에 이어 두번째로 부임한 압구정 지점에서 그는 "원칙을 지키지 않는 영업은 큰 사고로 이어진다."는 큰 교훈을 얻었다. 그리고 하나의 새로운 것을 얻기 위해서는 기존의 것을 버리는 자기 파괴 과정이 있어야 한다는 평생의 가르침을 배웠다. 또한 3년 동안 6명의 지점장을 배출한 것이 가장 보람된 일이었다고 한다.

박 회장은 숱하게 전국 1위를 달성했고, 증권업계 최고의 영업맨이라는 명성에 묻혀 그냥 물 흐르듯 살까 잠시 고민하기도 했다. 그렇지만 보장된 월급쟁이로서의 삶이냐, 자신의 신념과 고객이냐를 놓고 고민에 고민을 거듭하던 끝에 결국 고객을 선택하기로 결심, 1997년 6월 미래에셋창업투자를 설립한다. 미래에셋의 성공신화가 시작된 것이다.

그러나 큰 마음을 먹고 창업한 그에게 또 한 번의 어마어마한 위기가 닥쳤다. 창업 6개월 만에 IMF 외환위기가 터졌던 것이다. 주가는 300포인트까지 하락했고, 금리는 연 30퍼센트까지 치솟았다.

그러나 그는 이 기회를 놓치지 않는다. 남들에게는 위기였지만 그에게는 기회가 되었다. 그는 운용자금의 95퍼센트를 고금리 채권에, 5퍼센트를 선물에 투자했다.

대학시절 전세계약을 직접 하면서 그는 부동산 투자에서 입지의 중요성을 깨달았는데 이것이 소수의 관점에서 사물을 본다는 철학과 결합되어 서울 여의도와 강남에 위치한 2개 본사 사옥 매입에 성공하게 된다. 미래에셋이 국내뿐 아니라 브라질, 중국 등 우량 부동산 투자에서 성공하는 것은 대학시절 전세계약의 소중한 경험을 얻었기 때문이다.

남다른 통찰력, 끝없는 자기관리

그의 성공요인 중 가장 주목할 만한 것은 바로 '소수자의 시각, 소수자의 길'을 견지한 그의 실행력이다. 꼭 그의 말이 아니더라도 사람은 누구나 대중(무리) 속에 속해 있을 때 편안함을 느끼는 것이 인지상정이다. 하지만 박 회장은 위기의 순간마다 항상 소수자의 입장에서 생각하고 행동했다. 박현주1호를 발매할 때 다른 회사들은 폐쇄형이라는 이유로 꺼렸지만 그는 오히려 다른 회사들이 하지 않는 것을 보고 성공을 확신했다. 중국의 푸동 지구에 위치한 건물을 살 때도 대부분 반대했지만, 10년 앞을 내다본다는 심정으로 매입을 결정했다. 지금은 외국의 투자은행들이 푸동에서 건물을 사기 위해 치열한 경쟁을 벌이고 있다. 소수의 입장을 견지한 그의 신념이 오늘날 미래에셋을 아시아 TOP 1 자산운용회사의 꿈에 한발 더 다가가게 한 요인이었던 것이다.

그는 분명 애플의 스티브 잡스나 월마트의 샘 월튼처럼 세기의 슈퍼리치가 갖고 있는 남다른 통찰력이 있었다. 이는 엄청난 독서와 사색, 땀 흘리는 운동, 머리를 비우고 초심을 잃지 않는 좋은 습관에서 생긴 것이다.

정직하게 벌어 정직하게 쓰인다면 '돈은 아름다운 꽃'이기에 그는 회사를 창업하고 10개월 만에 1억 원을 출자해 1998년 4월 미래에셋육영재단을 만들었고, 2000년 3월에는 75억 원을 들여 박현주재단을 설립했다. 2006년 6월 제1회 글로벌 전문가 양성 프로그램을 통해 글로벌 금융인재를 키우는 데도 박차를 가하고 있다.

박현주 회장과의 특별한 인연

우리 가족과 박 회장은 작지만 남다른 인연을 가지고 있다. 그 인연은 2008년 시작되었다. 한국의 주식부자 6위에 오른 그를 2008년 한 호텔 로비에서 처음 만났다. 부자에 대한 느낌을 아이들에게 심어주기 위해 큰 마음을 먹고 유명 호텔에 식사를 예약하고 간 어느 날, 박현주 회장을 만나니 이상한 느낌마저 들었다.

박 회장과 나는 호텔 로비에서 중국시장에 대한 전망과 앞으로의 금융흐름이 어떻게 될 것인지에 대해 짧게 대화를 나누었다. 그가 쓴 책을 읽어보았지만 '돈은 아름다운 꽃이다'의 정확한 의미를 당시에는 정확하게 몰랐다. 하지만 소탈한 그를 만나고 슈퍼리치의 자산관리를 하며 2~3년의 시간이 흐른 후 그가 말한 돈에 대한 의미를 가슴으로 느끼게 되었다.

"주식을 얼마나 갖고 있든 일단 돈에 민감해지면 인생이 불행해진다."는 그의 말에 절대 공감하는 것은 슈퍼리치의 자산관리를 하며 그런 안타까운 고객을 실제로 많이 보았기 때문이다. 돈보다는 자신의 꿈이 먼저여야 하는 이유이기도 하다.

박현주 회장의 성공요인

박현주. 그는 이름만으로도 모든 자수성가형 슈퍼리치의 장점을 갖춘 모델이자 멘토다. 샐러리맨에게 꿈과 희망을 주며 자신의 성공을 기꺼이 나누는 자랑스런 멘토다. 그는 어떻게 평범한 샐러리맨에서 대한민국 TOP 10의 슈퍼리치가 되었을까?

여러 가지 요인이 있지만 먼저 그는 엄청난 독서광이다. 스스로 자신을 키운 건 8할이 독서라고 말했다. 땀을 흠뻑 흘리는 운동을 좋아하고 술과 담배를 하지 않으며 펀드매니저 생활 때부터 자기관리에 철저했다.

39세 나이에 미래에셋을 창업하기까지 그의 직장생활을 짚어보면, 압구정 증권회사 지점장 시절 자신의 1년 월급을 고스란히 고객과 직원에 투자했던 이력이 눈에 띈다. 그만의 남다른 투자는 전국 1위 신화로 이어졌고, 탁월한 투자증권 운용능력은 고객의 입소문으로 이어졌다. 한국의 슈퍼리치 성공사례에서 보듯 샐러리맨의 성공신화를 먼저 쓰고 창업한 것이다. 경쟁업체나 경쟁자에 비해 탁월한 실력과 안목이 중요함을 여실히 보여준다.

그러나 그가 일반적인 슈퍼리치와 정말 차별화되는 점은 웬만한 성공에 만족하지 않고 대한민국 울타리를 넘어 세계 금융시장에 우뚝 서고자 하는 웅대한 꿈을 펼쳤다는 것이다. 우물 안 개구리에서 벗어나기 위해 끊임없이 정진하지 않았다면 오늘날 박현주와 미래에셋 그룹은 없었을 것이다. 더 큰 꿈을 꾸는 것이 중요함을 엿볼 수 있는 대목이다.

내일이 더욱 기대되는 이유

현재 자신의 자리에서 성공한다는 것은 박현주 회장이 보여주듯 가슴에 품은 꿈(평생을 바쳐 목숨 걸고 할 수 있는 일)을 마치 대나무 씨앗처럼 땅속 깊이 뿌리를 확장해가는 것이다. 마치 대나무가 4년의 시간이 지난 뒤 3~5미터 크기로 단번에 도약하듯 자신의 자리에서 최고가 되고, 차근차근 사업 구상을 하면서 크게 도약할 준비를 하는 것이다.

박 회장 역시 처음부터 거대한 슈퍼리치 모습을 기대한 것은 아니다. 분명한 것은 남다른 꿈을 꾼 것이고, 그 꿈에 목숨을 걸듯 독하게 하루하루를 보낸 것이다. 해외 출장 비행기 안에서나 어린 자녀를 생각하며 호텔에서 혼자 고독을 느낄 때조차 그는 독서와 운동을 통해 끊임없이 자신을 연마해갔다.

4년 전 박 회장과의 만남 후 나는 슈퍼리치의 성공요인을 분석하며 미래에셋과 박현주 회장의 성장을 주의깊게 지켜보았고, 나와 우리 가족의 멘토로 삼고자 노력했다. 이 책을 쓴 계기도 4년 전 만남에서 받은 느낌이 큰 영향을 주었다.

맨바닥에서 시작해 거부가 된 박현주 회장의 지난 날들을 살펴보면 앞으로 그의 10년 뒤가 더욱 기대가 된다. 그가 지난 세기보다 더 멋진 꿈을 펼칠 것이라 믿으며, 우리 역시 슈퍼리치의 꿈을 향해 멋진 한 걸음을 내딛을 수 있도록 하자.

슈퍼리치 따라잡기

● **기회가 올 것에 대비해 준비를 게을리해서는 안 된다**

인생을 살다 보면 누구에게나 기회가 찾아온다. 대부분의 사람들이 그 기회를 인식조차 하지 못하는 이유는 준비가 되어 있지 않기 때문일 것이다. 항상 촉각을 세우고 자신이 관심을 갖고 있는 분야에 집중하다 보면 반드시 기회가 오므로 그때 용기 있게 기회를 잡아야 한다.

# 청년의 도전정신으로 성공한 CEO

"오래 움츠린 새는 반드시 높이 날아오른다. 고려대 제16대 총장선거에서 나는 재선에 실패했지만 후회는 없다. 우직함, 대의, 순수성을 유지하려 했고 변화와 혁신의 4년 세월은 화살처럼 지나갔다."

'어윤대'라는 강력한 리더십

"뜻이 크고 포부가 높고 노력이 지속되면 안 되는 일이 없습니다. 올해 소원 성취하시기를 기원합니다."

1년 전 새해 아침, 한 시간도 채 되지 않아 어윤대 회장의 답장메일 한 통을 받고 가슴이 뛴 기억이 생생하다. 나는 아직도 수첩 한편에 그 문구를 적어놓고 힘들 때마다 읽어보곤 한다.

책을 쓰는 내내 샐러리맨으로서 최고의 자리에 오른 최고의 슈퍼리치 멘토를 찾는 일이 화두였는데 어윤대 KB금융그룹 회장이 바로 내가 찾던 사람 중 한 명이다. 어 회장을 샐러리맨 최고의 멘토로 삼은 이유는 내 나름대로 다방면에 걸친 검증작업을 거치면서 더욱 분명해졌다.

나는 2005년 고려대 고위 금융 MBA 1년 과정을 공부하며 고려대학교 100주년과 5년 전후 변화와 혁신을 바로 옆에서 지켜볼 수 있었다. 이른바 막걸리 고대에서 글로벌 KU를 지향하는 와인 고대로의 변화는 어윤대라는 훌륭한 리더 한 사람이 기업이 아닌 대학에서도 큰 성공을 가져올 수 있음을 생생하게 보여준다. 집이 고대 옆이던 나는 거의 매일 새로운 건물이 신축되고 고풍스러운 학교로 변해가는 모습을 지켜보았고, "어떻게 저렇게 빨리 변화하는 것이 가능할까?" 의문이 들었었다. 당시 나의 눈에 비친 외형적인 변화(세계 최고의 명품 캠퍼스 프로젝트)뿐만 아니라 학교 안에서도 엄청난 변화가 진행됐음을 나중에서야 알게 되었다.

'어윤대'라는 강력한 리더십은 15대 총장 재임기간, 고대를 2006년 〈타임스〉가 실시한 세계대학평가에서 유일하게 세계 150대 대학에 진입하는 쾌거로 이어졌다. '글로벌 KU 프로젝트'라는 원대한 마스터플랜을 세우고 경영마인드를 학교 경영에 도입해 4년간 혼신의 힘을 불어넣은 것이 오늘날 글로벌 고대로 변신한 원동력이 되었다.

어윤대 회장의 성공신화에서 보듯 오랫동안 고정되어 있던 사고의 틀을 깬다는 것이 가져오는 놀라운 변화는 기업뿐 아니라 개인에게도 슈퍼리치의 꿈을 향해 가는 데 좋은 본보기가 된다. 최악의 상황일지라도 긍정적인 마인드를 갖고 단점은 반면교사로 삼고 장점을 받아들이려는 열린 자세는 꼭 필요하다. 샐러리맨이나 88만원 세대가 성공할 수 있는 가장 필수적인 핵심 키워드인 것이다.

항상 웃는 얼굴, 긍정적인 마인드의 힘

슈퍼리치의 자산관리를 하다 보니 우연히 한 고객으로부터 어윤대 회장의 성공 에피소드를 들을 기회가 있었다. 그중 한 가지가 얼굴 인상에 관한 것이었다.

"어 회장의 인상을 보면 재미있고 친근감이 가는 인상이에요. 보통사람들의 인상과 달리 어 회장은 선천적으로 눈썹이 올라가 웃는 얼굴이기도 하지만 실제로도 매우 소탈한 사람입니다. 거기다 그의 열정과 추진력은 따라올 사람이 없죠."

누구에게나 인상은 중요하다. 의도적으로라도 부드럽게 웃는 인상을 가지려고 노력하면 일이 잘 풀리는 경험을 하게 된다. 좋은 인상을 갖는 제일 좋은 방법이 긍정적이고 즐거운 생각을 하는 것이다. 화장실 갈 때마다 거울을 보며 한번 씩 웃어보는 것을 실천해보자. 거울을 보며 웃는 순간 신기하게도 부정적인 생각이 눈 녹듯이 사라지는 경험을 한다. 나도 이런 점을 경험해보았는데 1,000억대 자산가를 방문한 어느 날 상담 전에 미소를 지어보고 긍정적인 마인드로 셋업을 했더니 좋은 느낌이 전해져서인지 내가 제안한 10억 상품이 50억 원 신규 성공으로 이어졌다.

100억에서 1,000억 이상 자산을 모은 슈퍼리치들은 한결같이 오랫동안 CEO로서 산전수전 수많은 인간관계를 겪은 사람들이다. 그들은 경험을 통해 사업이나 사람을 만나는 일에 제일 중요한 것이 대인관계고, 첫인상이 중요함을 누구보다 잘 알고 있다. 그들은 기분이 좋지 않을 때조차 부드럽고 온화한 표정을 짓기 위해 노력한다. 좋은 인상은 상대방을 편안하게 해주고 비즈니스에서 수많은 성공 요인이 된다. 어윤대 회장 역시 그의 강력한 카리스마 뒤에는 온화한 표정과 소탈한 성격이 디테일한 성공의 밑거름이 된 것이다.

20대의 도전정신과 열정으로

고려대학교 개교 100주년 기념행사를 성공적으로 마친 후 열린 송추 잔디구장 가든파티에서 어윤대 총장은 뜨거운 눈물을 흘렸다. 골프를 칠 때면 자신의 힘의 70퍼센트만 사용하는 그였지만, 삶의 매순간 그는 100퍼센트 힘과 열정을 다했기에 자신의 인생뿐만 아니라 다양한 분야에서 성공한 슈퍼리치가 될 수 있었다.

어윤대 회장의 다방면의 놀라운 성공(대학교수, 총장, 국가브랜드 위원장, 금융그룹 회장 등)은 평범한 개인도 노력에 따라 자신의 꿈을 실현한 명품인생을 살 수 있는 희망과 용기를 가지게 한다. 어 회장의 성공요인에는 불 같은 추진력과 열정이 바탕이 되었지만, 가장 중요한 성공요인은 70대 나이에도 여전한 20대 청년 같은 도전정신이다.

슈퍼리치에 이른 18명의 핵심 성공요인 중 하나가 '지금 당장 내가 가장 잘할 수 있는 일(꿈)을 찾아 단 한 가지라도 즉시 실행에 옮기는 것'이다. 그 첫걸음은 은행에 가서 종잣돈 마련을 위해 적금을 만드는 것일 수도 있고, 내게 필요한 책을 지금 한 권 사보는 것일 수도 있다. 중요한 것은 그 실행력이 슈퍼리치와 일반인을 가르는 백지 한 장이 된다는 점이다. 우리는 항상 이런 변명을 한다.

"내가 지금 이 나이에 무슨……. 부자 되는 거요? 나하고 상관없는 얘기예요."

그러나 슈퍼리치는 우리가 변명거리를 찾으며 머뭇거릴 때 과감하게 행동한 사람들이다. 자신의 차번호, 휴대전화 번호까지 1905(고려대학교 개교연도)로 바꿀 정도로 어떤 일에든 열정적으로 몰입했던 영원한 청년 CEO 어윤대 회장에게서 슈퍼리치의 성공 키워드인 실행력과 열정, 도전정신을 배운다.

> 슈퍼리치
> 따라잡기

● **최고가 되기 위해 노력하라**

무슨 일을 하든 중요한 것은 집중력이다. 대충해서는 최고가 될 수 없다. 지금 서 있는 자리에서 순간순간 최선을 다하면 최고가 될 수 있다.

2장

슈퍼리치의
10가지 성공 비결

1장에서 우리는 자신이 있는 자리에서, 또는 새로운 길을 찾아
맨바닥에서 성공한 18명 슈퍼리치들이 성공사례들을 살펴보았다.
2장에서는 그중 많은 슈퍼리치들이 언급하고
가장 중요하다고 강조한 성공비결 10가지를 정리하였다.
언제 어디서든 시작할 수 있는 작고 간단한 일들이다.
주저없이 실천하고 내일을 준비한다면 우리 역시
그들처럼 슈퍼리치로서 자리할 수 있을 것이다.

자신이 원하는 일을 할 때 최고의 성과를 낼 수 있다

'자신이 하고 싶은 일을 찾아라' 과연 얼마나 많은 사람들이 이 말을 실천하며 살고 있을까? 대부분의 사람들은 자신의 선택보다는 주어진 환경에 맞춰 살고 있다고 할 것이다. 우리가 갖고 있는 직업 역시 처음부터 자신이 원해서 택한 직업이 아닌 경우가 많다.

사람은 누구나 자신이 원하는 일을 할 때 최고의 성과를 낼 수 있다. 한국의 슈퍼리치를 관찰하면 사업을 해서 성공한 대부분의 CEO가 자신이 잘하는 일을 하다가 최고의 성과를 내어 성공한 사람들임을 알 수 있다. 국내 굴지의 조명 인테리어 소품업체를 운영하고 있는 박승열 사장은 이렇게 말했다.

"정말 내가 하고 싶은 일을 한다면 배가 고픈 줄도, 피곤할 줄도 모르고 일할 수 있습니다. 다른 고통과 걱정은 별로 중요하지 않게 되는 것입니다."

다소 시간이 걸리더라도 스스로를 잘 관찰해 재능을 발견하고 그를 바탕으로 사업 아이템을 개발하면 성공에 한층 가까이 다가갈 수 있다고 조언한다.

"자신이 진정으로 하고 싶은 일을 찾으면 성공은 시간문제일 뿐 시행착오는 겪겠지만 성공할 확률이 높아지는 거죠."

박 사장은 재차 강조했다. 하고 싶은 일은 후천적으로 발견되는 경우가 많다. 흥미로운 사실은 성공한 슈퍼리치도 처음에는 샐러리맨으로 시작한 경우가 많은데 모두가 첫 직장에서 최선을 다해 일해 일찌감치 인정을 받았다는 점이다.

수입 명품 브랜드로 성공한 에트로 이충희 사장은 이렇게 말한다.

"사업할 준비는 직장 다닐 때 해야 합니다. 회사를 그만두고 나서 하면 십중팔구 실패합니다. 회사 직원의 개업식에 갈 때마다 그 직원의 성패를 마음속으로 예측해보는데 대부분 제 예상이 맞더라고요. 회사 다닐 때 열심히 일하고 철저히 준비한 직원들과 그렇지 않은 직원들은 분명히 결과가 달랐습니다."

그는 계속해서 이렇게 말했다.

"제일 마음 편하게 창업을 준비할 수 있는 때는 현직에 있을 때입니다. 사업한다고 나와보세요. 그때부터는 하루하루가 전쟁입니다. 편하게 앉아서 사업 구상하고 아이템을 개발할 수 있겠어요? 직장 다닐 때는 아무리 힘들어도 토요일, 일요일이 있잖아요? 사업을 하면 주말이나 낮과 밤이 따로 없습니다."

이런 이유로 이충희 사장은 회사에 다닐 때 절대로 빈둥빈둥 시간을 보내지 말라고 주문한다.

"일 잘하는 직원이 회사를 그만둔다고 하면 아깝긴 하지만 오히려 잘 되라고 격려금까지 줘서 보냅니다. 처음에는 고전하겠지만 10년 뒤를 보면 샐러리맨보다 100배 나으니까요."

이충희 사장이 덧붙이는 말이다. 화공약품 관련 일을 하다가 IMF 때 퇴사하여 창업한 박철기 사장은 자신이 2년 만에 기반을 잡을 수 있었던 이유는 회사 다닐 때 갑의 입장에 있었지만 항상 을의 입장에서 하청업체들을 섬기고 인간적으로 대한 것이었다고 했다.

"사람은 항상 지금 있는 자리가 영원하다고 착각하죠. 그렇지만 요즘 같은 때는 5~6년 앞을 내다보기도 어렵습니다. 그것이 항상 을의 입장을 최대한 배려해야 하는 이유죠."

박철기 사장은 직장에 다닐 때부터 하청업체를 잘 관리해 창업 초기에 큰 도움을 받았다. 박 사장이 회사 다닐 때 다른 동료들처럼 갑의 입장에서 군림하려고 했다면 오늘날의 성공은 없었을 것이다.

'자신의 꿈을 실현하라'라는 말을 좀더 정확히 표현하면 '자신의 꿈을 좇아 창업하라'가 될 것이다. 여기에 이르는 길에는 여러 가지가 있을 것이다. 현직에 종사하면서 미리 사업을 준비해 성공한 슈퍼리치의 길을 따르는 경우도 있을 것이고, 박승열 사장처럼 무일푼으로 방황하다가 영감을 얻어 시작한 사업을 성공으로 이끌 수도 있을 것이다.

여러 방면에서 성공한 슈퍼리치 사례에서 보듯 재능은 좌충우돌하는 과정에서 발견되는 경우가 많다. 중요한 것은 일단 무엇이든 시도하고 도전해야 얻을 수 있다는 것이다.

45세 이전에 창업의 길을 열어라

'사장이 되어라' 이 말만큼 샐러리맨의 가슴을 뛰게 하는 말은 없을 것이다. 이는 샐러리맨의 영원한 로망이자 피할 수 없는 숙명이다. 슈퍼리치와 일반인을 가르는 기준 단 한 가지를 꼽는다면 '사업을 하는 사장이냐, 샐러리맨이냐'라고 해도 과언이 아니다.

사장과 직원의 차이는 에트로를 수입하는 이충희 사장과 정선미 부사장의 사례에서 극명하게 드러난다. 이충희 사장과 정선미 부사장 모두 20년 전 똑같이 일을 시작했다. 이 사장이 갖고 있던 돈 800만 원과 대출로 초기 사업자본금을 마련했고 정선미 부사장은 회사의 직원으로 일을 시작했다는 것이 다른 점이다. 사장과 직원의 차이가 무엇이냐는 질문에 이 사장은 이렇게 대답했다.

"사장은 모든 리스크를 집니다. 당연히 회사의 수입도, 손실도 사장이 가져가지요. 직원은 아무리 잘해도 월급 이상은 기대할 수 없습니다. 대신 부담하는 리스크가 작은 거죠."

정 부사장도 작은 슈퍼리치의 반열에 올랐지만 이충희 사장과 비교하면 큰 차이가 났다. 정 부사장은 회사에서 2인자이지만 대부분의 한국 기업에서 오너의 2세가 실질적인 2인자이듯 정 부사장도 전문경영인 역할이 한계다. 전문경영인은 회사 오너의 뜻에 따라 움직이는 사람이다. 종업원일 뿐인 것이다. 태생과 역할이 다르므로 사장과 직원은 시간이 흘러 사업이 번창할수록 수입이 크게 차이날 수밖에 없다.

물론 현재의 모습에 만족한다는 샐러리맨에게는 달리 할 말이 없다. IMF 위기 이후 많은 것이 달라졌다. 샐러리맨에게는 아마 평생직장이란 개념이 사라진 것이 가장 큰 변화일 것이다. 샐러리맨으로만 살아가기 힘든 세상이 된 것이다.

내가 슈퍼리치를 관찰하면서 깨달은 놀라운 사실 중 하나는 어떤 일을 하든 최소 10년 법칙이 적용된다는 것이다. 이는 우리가 어떤 분야의 최고가 되는 데는 최소한 10년이 소요된다는 뜻이다. 슈퍼리치가 되는 데는 평균 15년의 시간이 걸렸다. 창업해서 지금의 자리에 오르기까지 최소 15년의 시간이 걸렸다는 얘기다.

창업을 시작한 나이는 35세에서 45세까지 다양하다. 50대 전후에 창업한 분도 몇 사람 있지만 소수에 지나지 않는다. 가능하면 45세 이전, 최대한 빨리 창업하라는 얘기다. 보통 35세 전후에 결혼해 자녀를 가지면 45세 때는 10살 안팎의 자녀를 1~2명 갖게 된다. 그러면 영원히 샐러리맨으로 머물 확률이 높아진다. 내 몸 하나라면 어떻게 해보겠는데 나이가 들수록 이러지도 저러지도 못하는 것이다. 어쩔 수 없이 직장에 남아 있는 쪽을 선택하고 그 순간 내 운명은 회사에 귀속된다. 샐러리맨은 자신의 운명을 스스로 결정할 수 없다. 특히 월급, 승진은 절대로 자신이 어떻게 해볼 수 없는 부분이다. 일을 잘한다고 해서 반드시 승진가도를 달리는 것은 아니다. 또한 승진했다고 해서 월급이 생각만큼 많이 오르지도 않는다. 대부분의 회사는 종업원이 올린 순수익의 5분의 1에서 10분의 1 수준의 봉급을 준다.

우리가 기를 쓰고 창업을 준비해야 하는 이유는 여러 가지가 있지만 그중 첫번째는 내 운명을 스스로 결정할 수 있기 때문이고 두 번째는 수입을 무한대로 늘릴 수 있기 때문이다.

슈퍼리치가 되는 데 있어 종잣돈을 불리는 것은 어디까지나 사업으로 벌어들인 수익을 관리하는 부수적인 일에 지나지 않는다. 부자가 되는 비결은 수입을 많이 창출하는 것임을 절대 잊어서는 안 된다. 당장 창업이 어렵다고 해서 포기하지는 마라. 항상 내일 사표를 낸다는 생각으로 지금부터 철저하게 준비해야 한다. 한시가 급하다. 이런 각오로 준비를 해나가다 명예퇴직을 권고받은 사람과 아무런 준비 없이 명퇴를 당한 사람 중에 누가 살아남을 가능성이 더 크겠는가? 샐러리맨은 자신이 종업원이란 사실을 절대로 잊어서는 안 된다. 우리가 샐러리맨으로 일하는 동안에는 사장이 우리의 운명을 결정한다는 사실 또한 명심해야 한다.

샐러리맨이 결정할 수 있는 것은 앞으로 자신이 창업할 자기 회사다. 그 역시 그를 간절히 소망하는, 준비된 소수의 샐러리맨에게만 가능한 일임을 절대로 잊지 말아야 한다.

어떤 경우에도 수입보다 지출이 적어야 한다 ③

'수입보다 지출을 적게 만들어라' 부자를 꿈꾸는 일반인에게 돈을 모으는 가장 중요한 한 가지 비결을 알려준다면 바로 이것이다. 이를 간과한다면 대기업도 한순간에 망할 수 있다. 원리는 아주 간단하다. 지금 1,000억의 수입을 올린다 해도 1,200억을 지출한다면 살아남을 수 없다.

　나는 이런 사례를 아주 가까이서 지켜보았다. 강남에서 잘나가는 변호사 사무실을 운영하는 정 변호사는 월 소득이 1,500만 원 정도 됐지만 직원 월급과 사무실 임대료 등 유지비가 많이 들었다. 게다가 정 변호사는 씀씀이가 컸다. 골프광인 정 변호사는 주말마다 내기 골프를 치고 분기마다 한두 번씩 해외여행을 갔다. 고급 외제차 2대의 유지비, 해외 유학중인 자녀의 생활비 등 월 500만 원에서

1,000만 원씩 적자가 나기 시작하더니 최근에는 수임 건수까지 줄어 거의 파산 직전에 이르렀다.

아무리 부자라 해도 버는 것보다 나가는 것이 많으면 어쩔 도리가 없다. 일반 샐러리맨의 경우는 더욱 그렇다. 월급에서 저축할 돈을 따로 떼어놓고 남은 돈으로 생활해야 하는 이유가 여기 있다.

자신이 월 300만 원을 번다면 지출을 제하고 항상 단돈 만 원이라도 남도록 해야 한다. 우리의 목표는 두 가지다. 첫째는 수입을 올리는 것이다. 봉급은 정해져 있으므로 어떻게 할 수가 없다. 그러므로 추가적인 수입을 올릴 수 있는 다양한 방법을 찾아야 한다. 투잡을 하는 이유는 추가 수입을 올리기 위해서다. 두번째가 지출을 줄이는 것이다. 나중에 더 자세히 살펴보겠지만 자신의 지출을 종이에 적어보면 불필요한 지출을 찾아낼 수 있다. 1,000억대 부자도 5,000원 이하의 한끼 식사를 고집하고 단돈 1원도 허투루 쓰지 않는 이유가 무엇이겠는가? 1원을 아끼고 소중히 생각할 때 슈퍼리치에 한 걸음 더 다가갈 수 있다.

요즘 신문에 개인 부채 증가, 개인 파산 등 관련 기사가 심심찮게 나온다. 물론 경제가 어려워진 것과 빈익빈 부익부가 심화되는 등 여러 가지 이유가 있겠지만 가장 중요한 원인은 자신에게 있다.

나 역시 카드의 달콤한 유혹에서 벗어나기까지 많은 시간이 걸렸다. 지출을 통제하기 위해 체크카드를 사용하고 매월 용돈을 제한하는 데도 많은 노력이 필요했다.

카드 할부나 현금서비스의 유혹을 끊고 무제한적인 지출 습관을 일정한 범위 내에서 지출하는 습관으로 바꾸자 서서히 변화가 일어났다. 매월 작은 금액이지만 대출 잔액이 줄었고 조금씩 저축할 수 있는 금액이 늘어났다.

샐러리맨은 수입이 정해져 있으므로 적게 쓰고 아끼는 방법을 선택할 수밖에 없다. 식후에 습관적으로 마셨던 4,000~5,000원짜리 커피 한 잔을 줄여야 하는 이유가 여기 있다.

PB센터를 거래하는 상당수의 슈퍼리치가 공짜를 얼마나 좋아하고 공짜를 얼마나 잘 활용하는지 알면 아마 깜짝 놀랄 것이다. 상담실에서 자신의 휴대폰이 아닌 상담실의 전화를 쓰는 분도 종종 있고 어느 1,000억대 자산가는 세미나에 참석해 차를 마신 뒤 남은 냅킨을 챙겨가기도 한다.

사소한 지출을 줄이기 위한 슈퍼리치들의 행동들은 일반인이 보기에는 지나치다는 생각이 들 정도다. 아마 시장에 가서 콩나물 값을 깎는 일은 우리보다 슈퍼리치 사모님이 더 잘할 것이다. 일반인이 무심코 지출하는 은행 수수료도 부자 고객은 꼼꼼히 따진다. 유학 간 자녀의 학비 송금을 위해 거래하고 있는 다른 은행 PB센터가 있음에도 불구하고 우리 PB센터를 찾아오는 경우도 있다. 은행의 각종 수수료가 면제되는 우량 고객임에도 불구하고 단돈 900원을 아끼기 위해 기꺼이 1시간을 기다리는 걸 보면 대단하다는 생각이 든다.

수입처를 다변화하라 ④

금융권에서는 슈퍼리치를 유치하기 위한 전쟁이 한참이다. 은행, 증권, 보험 등의 벽이 허물어지면서 종합 자산관리를 목적으로 관련자들이 무한 경쟁하는 시대가 되었다. PB는 그 한가운데 서 있는 사람들이며 나도 그들 중 한 명이다.

  사정이 이렇다 보니 PB를 영입하기 위한 경쟁도 치열하다. 우량고객을 확보하고 있는 PB의 역할이 점점 더 중요해지고 있기 때문이다.

  얼마 전, 나 역시 모 경쟁 금융기관으로부터 6억 원의 스카우트 제의를 받았다. 여러 가지 이유 때문에 거절했지만 내 몸값이 많이 올라간 것 같아 흐뭇했다. 물론 나는 대한민국 0.001퍼센트 성공한 슈퍼리치의 자산을 관리하며 금융인으로서 최고의 기록을 세우고 최고를 향해 정진하는 PB라고 자부하고 있다. 금융권 최초의 삼성생명 비상장주식 편입 사모펀드를 자산관리에 도입하여 고객의 돈 1억 원을 7개월 만에 1억 6,000만 원으로 만들고 일시납 50억 원 보험계약에 이어 월납 1억 원 계약까지 성공하고 나자 나에 대한 소문이 시장에 널리 퍼지기 시작했다.

은행 자산관리의 꽃이라고 할 수 있는 특정금전신탁을 활용해서 단일 최고 신규 금액인 100억 원 유치에 성공하기도 했고 그 결과 요즘 같은 저금리 시대에 3개월에 6퍼센트씩 이자를 주는 상품도 개발해서 슈퍼리치 고객을 모신 적도 있다. 돌이켜보면 개인적으로 끊임없는 연구와 고민 끝에 개발한 차별화된 자산관리법들이 수백억에서 수천 억대 자산가의 니즈와 맞물리면서 나를 병아리 PB에서 대한민국 최고의 PB로 거듭나도록 만든 것 같다.

여러 보험사의 방카 담당자들이 자신들의 상품을 홍보하기 위해 하루에도 몇 번씩 찾아오곤 한다. 하지만 나는 지금 이 순간에도 자만하지 않고 오직 앞만 보며 PB로서의 본분을 지키고 내가 모시는 한 분 한 분의 슈퍼리치에게 최선을 다하려고 노력한다. 내가 평범한 은행원에 안주했다면, '최고의 마케팅 전문가의 꿈'을 이루기 위해 압구정 PB가 되지 않았다면, 아마 6억 원의 스카우트 제의를 받을 수 없었을 것이다.

앞에서도 밝혔듯이 나는 샐러리맨보다 사장을 꿈꾸는 사람이고 10년 안에 성공한 슈퍼리치의 반열에 들고 싶다. 그 첫걸음은 먼저 최고의 자산관리 전문가가 되는 것임을 알기에 스카우트 제의를 정

중히 사양하고 앞으로도 더 열심히 PB의 꿈을 향해 달려갈 것이다.

내 이야기를 이렇듯 길게 하는 이유는 어떤 샐러리맨이든 마음만 먹으면 자신의 몸값을 얼마든지 높일 수 있음을 알려주기 위함이다. 가장 손쉽게 실천에 옮길 수 있는 일은 직장 동료보다 더 열심히 일해서 인센티브를 받는 것이다.

자신이 몸담고 있는 회사에서 월급 외에 인센티브를 받을 수 있는 기회는 얼마든지 있다. 그리고 이러한 인센티브는 수입을 다변화할 수 있는 한 가지 방법이 된다.

그 외에도 수입을 다변화하는 방법에는 여러 가지가 있다. 샐러리맨 김 모 씨는 퇴근 후 대리운전 기사로 일한다. 또 다른 샐러리맨 구 모 씨는 퇴근 후 회사 근처의 영어학원에 다니고 있다. 짬짬이 번역가로 일할 꿈을 키우고 있는 것이다.

전문직 박 세무사는 짬짬이 경매 물건을 보러 다니며, 1년에 몇천만 원의 추가 수입을 올리고 있다. 뒤에서 자세히 다루겠지만 종잣돈을 굴려 금융소득을 불려가는 것도 추가 수입을 창출하는 한 가지 방법이다.

수입처를 다변화하는 것 또한 그렇게 막막하고 어려운 일은 아니다. 실제로 50억 원대 이하 슈퍼리치의 경우 부동산 임대업이나 금융상품 등을 통해 추가 수입을 창출하는 경우가 많다. 회사 임원으로 퇴직한 김선권 사장의 경우 아끼고 모은 돈으로 소형 아파트 5채를 구입해서 매월 월세로 받는 금액이 500만 원이 넘는다.

"처음에는 아내와 나도 힘들었지. 힘들수록 허리띠를 졸라맸어. 처음에는 살고 있는 집 말고 인근에 소형 아파트를 한 채 구입해서 월세를 받았지. 월급 외에 들어오는 돈이 제법 쏠쏠하더군. 5년이 지나자 3채가 되었고 지금은 5채가 되었네. 퇴즈한 지금이 오히려 수입이 더 많다네, 하하."

김선권 사장은 미소 띤 얼굴로 이렇게 말했다. 마음먹고 찾아보면 추가 수입을 올릴 수 있는 기회는 얼마든지 있다.

자신의 환경에 맞는 수입원 다변화 노력은 지금 당장 시작돼야 한다. 미래는 불투명하고 지금보다 훨씬 불확실한 시대가 될 것이기 때문이다.

쪼개는 순간 푼돈이 된다, 종잣돈을 만들어라 ⑤

'종잣돈을 만들어라' 귀에 따갑도록 들은 얘기일 것이다. 돈의 속성에는 여러 가지가 있겠지만, 복리의 힘과 종잣돈의 위력은 실로 엄청나다. 슈퍼리치를 관찰하면서 웬만해서는 목돈을 잘게 부수려 하지 않는 특성이 있음을 발견했다. 그들은 왜 10억을 1억으로 쪼개려 하지 않을까?

　슈퍼리치는 가지고 있는 돈이 쪼개지는 순간 푼돈이 되고 만다는 것을 누구보다 잘 알고 있기 때문이다. 한 가지 예로, 여러분 지갑에 1만 원이 있는데 담배 한 갑을 사고 6,000원이 남았다면 그 돈은 삽시간에 사라지고 만다.

　부자들의 경우도 마찬가지다. 10억 원을 쪼개 쓰기 시작하면 금세 5억 원, 3억 원이 된다. PB가 금융자산을 관리해주는 3억, 5억,

10억을 가진 고객도 돈을 모으고 불리기가 어려운데 하물며 몇백만 원 혹은 어렵게 모은 몇천 만 원을 이런저런 이유로 사용한다면 돈을 모으기가 더욱 어려울 수밖에 없다.

'종잣돈 마련'은 슈퍼리치로 가는 불쏘시개 역할을 한다. 800만 원으로 창업해 에트로를 수입하는 회사의 대표가 된 이충희 사장과 작은 형이 현금서비스를 받아 마련해준 200만 원으로 창업해 굴지의 조명 인테리어 소품회사를 일군 박승열 사장의 경우를 보면 피땀 흘려 모은 종잣돈이 몇 배 더 효과적으로 매출이 1,000억인 회사의 자본금이 될 수도 있고, 창업을 준비하는 과정에서 요긴하게 쓰일 비상금이 될 수 있음을 알 수 있다.

지점에서 근무한 15년 동안 수많은 일반 고객을 상담하면서 나는 사람들이 내 집 마련에 실패하는 이유가 대부분 종잣돈을 마련하지 못했기 때문임을 알게 됐다. 100만 원을 모으는 경우를 생각해보자. 직장인 김 모 씨의 한 달 용돈은 30만 원이다. 김씨는 월 20일 근무해 세금을 제하고 250만 원의 월급을 받는다. 김 모 씨가 쓰는 돈은 점심식사 후 매일 마시는 커피 값 5,000원, 매주 한 번씩 한 잔하는 데 5만 원, 하루 1~2갑 피는 담배 구입비 5,000원, 영화 관람비 2만 원이다. 이 돈을 월 단위로 합산하면 커피 값 10만 원, 술 값 20만 원, 담배 구입비 10만 원, 영화 관람비 2만 원이고 다 합치면 43만 원이다.

용돈은 30만 원이므로 매월 13만 원이 적자인 것이다. 이제 어떻게 해야 할까? 당장 추가 수입을 올리기가 쉽지 않다면 씀씀이를 줄여야 한다. 커피의 경우 횟수를 줄이거나 회사 커피를 이용하고 매주 갖던 술 자리도 월 1~2회로 줄여보자. 신용카드는 사용하지 말고 통장을 별도로 만들어 매월 30만 원씩 월급통장에서 자동이체되도록 하되, 자동이체일은 월급 다음날로 정한다. 월급 다음날로 정하는 이유는 월급 당일은 저축 등 종잣돈을 마련하는 입금 계좌로 정해진 액수가 자동이체가 되도록 하는 것이 바람직하기 때문이다.

김씨의 경우 일단 매월 발생하는 13만 원의 마이너스를 3개월 동안 줄여나가고, 이에 성공하면 용돈 자동이체 한도를 몇만 원씩 줄인다. 이렇게 해서 매년 60만 원에서 120만 원의 추가적인 종잣돈을 만들어나간다. 1년 만에 이 정도의 액수를 마련한다고 해서 무엇이 달라지겠느냐고 반문하는 사람도 있을 것이다. 그러나 이렇게 매월 5만 원, 10만 원을 아껴서 종잣돈을 만들 수 있는 사람만이 앞으로 사업을 하든 직장에서 일하든 슈퍼리치가 될 수 있다.

이렇게 종잣돈을 마련하는 것은 사소하고 지나치기 쉬운 부분부터 합리적인 자산관리시스템이 구축돼 있어야 가능하다. 수입보다 지출이 적어야 함은 물론이고 이를 위해 저축을 먼저하고 남는 돈으로 소비를 하는 습관이 몸에 배야 하며 마지막으로 지출을 꾸준하게 줄여나가는 노력이 요구된다. 일단 가장으로서 모범을 보여야 하지만 이는 혼자 힘으로 할 수 있는 일이 아니다. 아내와 아이들의 도움을 받아야 하고 온 가족이 지혜를 모아야 한다.

또 하나 종잣돈을 모으기 위해서는 목적이 명확해야 한다. 목적 자금인 종잣돈에 명확한 꼬리표를 붙여야 한다는 말이다. 예를 들어 내 집 마련 자금으로 3년 안에 2,000만 원 모으기, 자녀 대학교 학자금 5년 안에 1,000만 원 모으기, 창업 자금으로 3년 안에 5,000만 원 만들기……. 이런 식으로 구체적인 종잣돈의 규모와 달성 기간, 종잣돈을 어떤 방법으로 매월 얼마씩 모아나갈지를 구체적으로 계획하면 목표를 달성하기가 더 쉽다.

종잣돈을 마련하는 방법 중에는 대출을 활용하는 방법도 있다. 최근 아파트 가격은 정체되고 아파트 가격의 60~80퍼센트까지 전세값이 올랐다. 이런 경우는 약간의 대출을 받아 내 집을 장만하는 것도 좋은 방법이다. 어쩔 수 없이 빚을 져야 하지만 자기 의지대로 목돈이 모이지 않을 때는 대출을 받는 것도 한 가지 방법이다.

월급을 받으면 저축을 먼저 하고 남는 돈으로 생활하는 것도, 대출을 받아 내 집을 장만하고 대출금을 갚아나가는 것도 모두 돈이 새 나가는 것을 방지하는 좋은 방법이다. 내 주위에도 아직까지 내 집을 장만하지 못한 동료들이 많은데 회사가 지원해주는 저금리의 임차 자금으로 구한 집에 살면서 맞벌이를 하면서도 수입보다 지출을 많이 하는 경우가 대부분이다.

돈은 오직 수치로 말한다. 중요한 것은 많이 버는 것이 아니라 많이 저축하는 것이며 매일 종잣돈 마련을 위해 아끼고 절약해서 저축할 때 돈을 모을 수 있음을 잊지 말자.

돈 되는 지식을 쌓고, 돈이 따르는 정보를 파악하라 ⑥

'이제 와서 무슨 공부?'라고 의아해하는 사람들도 있을 것이다. 슈퍼리치처럼 끊임없이 공부하는 사람들도 아마 드물 것이다. 그들의 회사를 방문해보면 거의 대부분 사장실 책장에 책이 가득히 꽂혀 있다. 장식품이 아니라 실제로 읽는 책들이다.

IT 관련 굴지의 회사를 일군 정 회장의 경우 아침에 읽는 신문이 일곱 가지가 넘는다. 그것도 중요한 내용은 밑줄을 그어가며 꼼꼼히 정독한다. 유력 경제지의 신문기자와 만날 기회가 있었는데 그때 기자가 한 말이 아직도 기억에 남는다.

"사람들이 경제지나 신문을 한 가지도 보지 않는 것을 보면 이해가 안 돼요. 이른바 명문대를 나온 똑똑한 사람들이 열심히 취재하고 연구해서 쓰는 것이 신문기사거든요. 한 달에 2만 원도 안 되는 돈으로 어디서 그런 정보를 얻겠습니까?"

돈을 벌고 싶어하면서도 정작 돈을 버는 데 가장 기초가 되는 지식을 얻는 데는 노력을 기울이지 않는 것이다. 지금처럼 급변하는 시대에는 어제의 지식도 낡은 것이 될 정도인데 지식과 정보를 얻기 위해 아무런 노력도 하지 않는다면 당연히 뒤처질 수밖에 없다.

지식 습득과 공부는 좋은 학교를 나왔다고 해서 잘할 수 있는 것은 아니다. 요즘은 평생 학습이라고 하지 않는가? 자동차 정비공으로 시작해서 성공한 임태호 사장은 내게 이렇게 말한 적이 있다.

"자동차를 정비할 때 쓰는 기계를 직접 만들었습니다. 비용도 절약되었지만 제가 현장에서 부딪히며 개선해서 만든 거라 더 보람이 있었어요."

임 사장은 기회가 되면 특허 신청까지 생각하고 있다고 한다. 실제로 임 사장은 자신이 만든 기계를 다른 정비업소에도 만들어주었다. 임 사장의 학력은 고졸이 전부지만 끊임없는 연구와 노력으로 자신의 분야에서 최고의 전문가가 된 것이다.

일의 숙련도도 중요하지만, 자신의 일을 더욱 전문적으로 파악하고 그에 필요한 지식을 계속 업그레이드해야 한다. 그래야 살아남을 수 있다.

돈을 불리려면 계속해서 자신의 안목을 더한 지식과 정보를 바탕으로 금융상품을 선택하고 돈이 되는 사업을 찾아내는 능력을 키워야 한다. 슈퍼리치의 일상으로 들어가보자. 부동산 임대업을 하는 김 사장의 경우 언제나 2개의 경제신문을 꼼꼼히 읽는 것으로 하루를 시작한다.

"슈퍼리치들은 대부분 다양한 PB센터를 거래하기 때문에 PB나 직원들을 비교하게 돼요. 아닌 척하지만 항상 비교하고 테스트해보죠."

내가 처음 PB 일을 시작했을 때 그가 내게 해준 말이다. 나는 이 말을 수첩에 적어놓고 나 자신을 업그레이드하기 위해 노력하고 있다.

"부동산 분석, 매매, 임대, 유망한 물건 등 20년간 이 일을 하고 공부를 하니 이제는 척하면 척이지요."

그러면서도 그는 PB센터의 부동산 전문가에게 조언을 구하며 거래에 있어서는 신중을 기한다. 그러니 일반 고객과는 비교도 할 수 없는 수익을 올리는 것이다.

공부를 한다는 것이 그렇게 거창한 일은 아니다. 먼저 자신에게 필요한, 관심을 갖고 있는 분야에 대한 지식을 매일 조금씩 쌓아라. 하루아침에 이루어지는 일은 아무것도 없다.

슈퍼리치로서 성공하려면 돈 되는 투자처와 정보를 파악해야 하는데 경제신문을 1부 이상 구독하는 것은 매우 좋은 방법이다. 요즘은 아이폰 등 스마트 폰을 이용해 웬만한 신문은 무료 구독이 가능하다.

당장은 자신의 일에서 전문가가 되기 위한 공부를 시작하자. 술 한 번 먹을 돈을 아껴 경제신문 구독 신청을 하고, 시간을 정해 책을 읽어보자. 일단 시작하면 절반은 성공한 것이다.

성공하고 싶다면 '행동'에 나서야 한다 ⑦

성공하는 사람과 실패하는 사람을 가르는 기준이 있다면 '즉시 행동에 옮겼느냐, 차일피일 미루다가 포기했느냐'라고 해도 과언이 아닐 것이다.

18명의 성공한 슈퍼리치 중에 굴지의 조명 인테리어 소품업체 사장으로 성공한 박승열 사장의 경우를 보자.

"사업을 시작했으면 죽기 살기로 해야지요. 그러나 그 전에 용기를 내야 합니다. 일단 사업에 뛰어들어야 합니다."

보통의 사람들은 '지금 당장' 행동하는 대신 '조금 있다가, 다음에, 제대로 준비를 한 후에'라는 핑계로 첫걸음을 내딛지 못한다. 첫걸음을 내딛어야 그 일이 자신에게 맞는지, 자신이 처음에 생각한 것과 전혀 다르지는 않은지, 얼마나 성공 가능성이 있는지를 알 수 있다.

　자수성가한 슈퍼리치는 한결같이 다소 무모하고 불완전해 보이는 첫걸음을 과감히 내딛었다. 그들이 좀더 준비하고, 좀더 종잣돈을 모으느라 머뭇거렸다면 에트로의 이충희 사장이 800만 원으로 창업하는 일 같은 것은 일어날 수 없었을 것이다. 성공하고 싶다면 행동에 나서야 한다. 그것도 '지금 당장' 말이다. 슈퍼리치들이 지금 당장 꿈을 향해 행동하는 이유는 경험을 통해 지금 행동하는 것이 가장 빠른 성공의 지름길임을 잘 알기 때문이다.

　남들이 비웃든 말든, 마음속에서 '다음에 하지 뭐' 하는 유혹의 목소리가 들려와도 종잣돈 마련을 위한 정기적금 신규통장을 만들기로 결심했다면 일단 은행을 향해 대문을 나서라. 정주영 회장이 입버릇처럼 한 말인 "한번 해보기나 했어?"를 기억하자. 실패해도 좋으니 단 한걸음이라도 내딛어보는 배짱을 가져라.

　경매를 통해 시가보다 싸게 내 집을 장만하기로 결심했다면, 지금 당장 인터넷 무료 경매 사이트를 방문하거나 대법원 경매사이트에 회원 등록을 하자. 당신은 분명 잘할 수 있다. 일단 행동하기만 하면 50퍼센트는 성공한 것이다.

　한 걸음만 더 내딛었으면 성공했을텐데, 그러지 못했기에 성공을 향한 출발조차 하지 못한 무수히 많은 평범한 사람들에 속하고 싶지는 않을 것이다.

　일단 행동하고 나면, 첫걸음을 내딛고 나면, 두번째 걸음은 쉬워진다. 10~15년 전 우리와 똑같았던 슈퍼리치들의 생생한 이야기를 기억하고, 지금 당장, 일단은 '행동'하자.

당신만의 각본 없는 드라마, 위대한 성공을 향한 첫걸음을 지금 당장 힘차게 내딛자.

기회는 타이밍이다, 반드시 움켜잡아라 ❽

단 1분 때문에 마을버스를, 혹은 지하철을 놓친 적이 있는가? 결국 그 1분 때문에 지각을 하고, 중요한 약속 시간에 늦은 경험이라면 누구에게나 있을 것이다.

앞에서 나는 18명 슈퍼리치들의 성공사례를 살펴보았고, 거기서 공통된 성공요인을 발견하였다. 바로 한결같이 자신에게 주어진 기회를 절대로 놓치지 않고 움켜잡은 사람들이라는 점이다.

1분 때문에 마을버스를 놓친 것과 인생의 기회를 잡은 것이 무슨 관련이 있느냐고 반문하는 독자가 있을지 모르겠다. 인생을 살다 보면, 더욱이 꿈을 갖고 목표를 이루기 위해 노력하다 보면 기회는 반드시 온다. 배승철 사장의 경우처럼 석탄 가격이 100퍼센트 인상되어 구입해놓은 연료탄으로 갑자기 2배의 이윤을 얻게 되는 행운을 누리는 일이 있다. 대학시절 보따리 장사를 시작한 조태규 사장은 500원짜리 장갑을 5천 원에 팔 기회를 잡아 크게 성공을 거두었는데 이는 항상 원가를 분석, 얼마에 사서 얼마에 팔면 얼마가 남을지를 끊임없이 생각하는 습관 덕이었다.

이처럼 기회는 준비된 사람에게는 기회가 되지만, 준비가 되어 있지 않은 사람에게는 늘 후회와 아쉬움으로 남는다. 물론 대부분의 사람은 후자에 속한다. 기회를 보는 눈을 나중에서야 갖게 되거나 뒤늦게 그것이 좋은 기회였음을 깨닫게 되는 경우다.

마을버스를 놓치는 것과 기회를 놓치는 것은 비슷하다. 버스를 놓치는 1분은 이불 속에서 머뭇거리다 늦게 집을 나선 것이 원인이고, 사업의 기회를 놓치는 것은 기회를 보는 안목을 키우지 않았기 때문이다.

그러면 어떻게 해야 할까? 기회를 잡는 눈은 하루아침에 이루어지는 것이 아니다. 대부분의 슈퍼리치들은 끊임없이 사업가적인 안목을 높이고, 돈이 되는 투자처를 발굴하는 능력을 키워왔기에 기회를 잡을 수 있었다.

기회는 타이밍이다. 마치 우리가 단 1분 때문에 마을버스를 놓쳐 발을 동동거리는 것처럼 사업에서도 1분 때문에 기회를 놓치는 일이 비일비재하다. 에트로 이충희 사장이 오죽했으면 자신의 직원들에게 "제발 평상시 회사 다닐 때 미리미리 창업을 준비하라."고 했겠는가? 인생에 몇 번 오지 않는 기회를 잡고, 좋은 타이밍을 살리기 위해서는 당장 오늘부터라도 10분 빨리 일어나 하루를 준비하는 노력이 필요하다.

하루 10분을 우습게 생각하지 말라. 남보다 졸린 눈을 비비며 일어난 그 10분은 바로 출근길의 버스를 놓치지 않는 귀중한 1분이 될 것이고, 그렇게 알뜰하게 쌓인 1분은 당신의 평범한 직장생활에서, 또 사업에서 성공할 수 있는 기회가 된다. 대학교수로 슈퍼리치 반열에 오른 고객 한 분은 내게 이런 말을 했다.

"팀장님, 아침에 10분 일찍 일어나 그날 해야 할 중요한 일을 수첩에 기록하지 않으면 하루가 엉망이 되는 경우가 많습니다. 그래서 아무리 바쁜 날에도, 출장을 가는 날에도 반드시 아침 10분은 그날 할 일 목록을 적는 데 사용합니다."

그 고객 덕분에 나도 아침에 일어나면 하루에 할 일을 적는 습관이 더욱 강화되었다. 단 1분을 늦어 마을버스를 놓치는 것도 안타까운 일인데 하물며 단 한 번뿐인 소중한 인생에서 두세 번 찾아오는 호기를 놓치는 것은 너무나 아까운 일이다. 지금 당장 올 수도 있고, 몇 개월 안에 올 수도 있는 좋은 기회를 놓치지 않기 위해서는 간절히 이루고자 하는 꿈을 마음에 뿌리는 일부터 시작해야 한다. 그리고 매 순간 꿈을 이루기 위해 노력하다 보면 맨손에서 100억대 자수성가한 슈퍼리치처럼 스스로 기회를 잡을 수 있는 능력을 갖추게 될 것이다.

그들이 처음부터 모든 기회를 한번에 잡은 것은 아니다. 뼈아픈 실패도 했고, 통탄할 기회도 여러 번 놓쳤다. 중요한 것은 거기서 얻은 교훈을 마음깊이 새겼다는 점이다. 그들은 시행착오를 거치는 동안 더욱 분발해나갔고, 자신의 사업에서 자신이 하고 싶은 분야에서 점점 더 좋은 기회를 발휘하기 시작했다.

조명 인테리어 소품업체로 성공한 박승열 사장도 대학중퇴 무일푼에서 시작했지만, 인테리어에 예술을 접목한 사업 아이템의 성공 가능성을 보았을 때 기회를 놓치지 않았다. 학비 200만 원으로 보따리 행상을 시작한 조태규 사장도 500원 장갑에서 사업 성공의 기회를 보았다.

기회란 성공한 슈퍼리치에서 보듯 그들 스스로가 만들어간 것일 수도 있다. 에트로 이충희 사장이 면세점에 근무하며 거래업체 사장을 마치 아버님 모시듯 인간적으로 대하지 않았다면 평범한 샐러리맨이었던 그에게 동남아 판권을 쥐고 있던 일본인 회장이 회사 만드는 방법까지 알려주며 기회를 주었을까? 기회란 우연히 오는 경우도 있겠지만, 이충희 사장의 경우에서 보듯 스스로 만들어간 경우도 있다. 중요한 것은 예민한 감각으로 기회를 놓치지 않는 것, 한번 실패하더라도 다음 기회를 끈기있게 기다릴 줄 아는 우직함일 것이다.

앞에서 만나보았던 자수성가형 슈퍼리치들은 모두 처음은 우리와 같았다. 하지만 계속 자신의 꿈을 좇았고 그 과정에서 조금씩 기회를 보는 안목이 생겼다. 다만 문제는 시간이 영원하지 않다는 것.

지금 20대는 어영부영 하다 보면 30대를 맞을 것이고, 40대 가장은 직장생활 현실에 파묻히다 보면 꿈마저 잃어버리기 쉽다. 지금부터라도 사소한 것부터 기회를 놓치지 않는 습관이 필요하다. 그것은 어찌 보면 오늘 하루 출근길 단 1분 일찍 나와 출근길 마을버스를 제시간에 타는 것부터 시작될 것이다.

자기 자신을 믿을 때 성공의 길이 열린다 ❾

처음 이 책을 쓰기 시작할 때 많이 두렵고 망설여졌다. 맨손에서 시작해 보란 듯이 100억 원대 이상의 자산을 일군 슈퍼리치의 성공 사례가 독자들에게 과연 얼마나 어필할 수 있을까 하는 의문이 들었기 때문이다.

그러나 용기를 내기로 결심했다. 혼자 알고 있기에는 너무나 아까운, 그야말로 맨손으로 시작해 오늘날의 위치에 이른, 때론 나보다 더 나약했던 슈퍼리치들의 성공 스토리를 들려주고 싶었다.

한국의 슈퍼리치들의 이야기는 자신의 꿈, 무엇보다 자기 자신을 믿고 모진 풍파를 헤쳐나간 사람들의 이야기다. 이들도 처음에는 우리와 다르지 않았다. 힘든 일을 겪으며 포기하기도 했고, 또 자신감을 잃고 방황하기도 했던 사람들이다. 그러나 이들이 더 이상 그런 삶을 살지 않기로 결심한 순간, 자신을 믿고 모진 세상과 싸워보기로 결심한 순간, 그들은 더 이상 과거의 나약한 인간이 아닌 위대한 도전자로 변해 있었다. 여러분도 이런 슈퍼리치가 될 수 있다. 그것을 가르는 기준은 오직 단 한 가지 자신을 얼마나 믿느냐다.

맨몸으로 서울로 올라와 카센터 정비공에서 100억대 슈퍼리치가 된 임태호 사장, 보따리 행상으로 시작해 거대한 부를 이룬 35세 조태규 사장, 남대문 장돌뱅이들 사이에서 신화 같은 존재가 된 류진만 사장, 아름다운 기부를 실천하는 에트로 이충희 사장, 83세의 고령에도 후배들을 위해 장학사업을 하고 있는 배승철 사장의 얘기는 그들이 자신을 믿고, 자신의 꿈을 향해 힘차게 전진했을 때 세상이 어떻게 화답했는지 생생하게 보여준다.

신기하게도 글을 쓰면서 나 자신부터 변하는 것을 경험했다. 반신반의했던 평범했던 슈퍼리치의 드라마 같은 성공사례를 돌아보면서 나 자신도 그들을 닮고 싶다는 갈망이 생겼다.

우리가 이 세상에 온 데는 무언가 목적이 있을 것이다. 그것을 빨리 깨닫고 무대 한편의 조연이 아닌 꿈을 당당히 펼쳐가는 주연의 삶을 살려면 무엇보다 자신을 믿어야 한다.

지금은 나의 처지가 현실에 숨이 막혀 거의 질식할 지경이더라도 결코 희망의 끈을 놓지 말아야 한다. 20대에 미혼모가 되어 정부에서 주는 보조금으로 겨우 딸아이를 키웠던 조앤 롤랑은 마음속 꿈을 실현하기 위해 《해리 포터》 시리즈를 썼다. 그녀는 하버드대 졸업식에서 '실패가 주는 교훈'이란 감동적인 축사를 했고, 지금은 영국 여왕보다 더 부자가 됐다.

사생아로 태어나 가난한 농부의 아들로 입양된 스티브 잡스는 어떠한가? 젊은 시절 끼니를 해결하기 위해 수 마일을 걸어가야 했던 스티브 잡스. 그는 애플을 초일류 기업으로 키웠고 모든 젊은이의 우상이자 세기의 아이콘이 되었다.

작은 슈퍼마켓으로 시작한 샘 월튼은 세계적인 기업 월마트를 창업했다.

그들은 어찌 보면 우리보다 더 힘든 상황에서 시작했지만 스스로를 믿고 꿈을 실현하기 위해 노력했기에 오늘에 이를 수 있었다.

자신을 하찮은 존재로 내버려두어서는 안 된다. 당신은 자신이 생각하는 것보다 더 뛰어나고 탁월한, 어떤 일도 해낼 수 있는 위대한 존재이기 때문이다.

가족의 행복을 최우선으로 생각하라 10

성공한 슈퍼리치가 가장 크게 후회하는 것이 바로 이 점일 것이다. 일과 시간에 쫓겨 가족을 돌보지 못하는 경우가 많기 때문이다. 1,000억대 자산을 일궜지만 자녀에게 소송을 당하는 안타까운 경우도 있다. 꿈을 이루고 엄청난 슈퍼리치가 됐어도 이런 일을 당한다면 행복할 수 없을 것이다.

자신만 알고 남을 배려할 줄 모르는 슈퍼리치도 많다. 오히려 행복하게 사는 평범한 일반인보다 못한 경우도 종종 보게 된다. 반면에 가족과 함께 알콩달콩 행복하게 사는 슈퍼리치도 많다. IMF 실직을 계기로 연 매출 150억 원대의 가족기업을 일군 박철기 사장 부부, 카센터 정비공으로 성공한 임태호 사장, 에트로 이충희 사장 등은 모두 힘들 때나 어려울 때나 가족들을 결코 소홀히 하지 않았다.

우리가 성공하고자 하는 이유는 나와 가족의 행복을 위해서다. 주객이 전도되어서는 안 된다. 성공의 목적도 행복한 가족이고 힘들고 어려워서 거의 포기할 지경일 때 가장 힘이 되어주는 것도 가족이다.

가족과 함께 하지 못한 슈퍼리치들의 고백을 들어보면, 사업에만 집중하니 사회적으로는 성공할 수 있었지만 그 사이 아이들은 훌쩍 자라버려, 관계가 소원해질 대로 소원해졌다고 한다.

진정으로 성공한 슈퍼리치란 일에서도 가정에서도 성공한 슈퍼리치를 말한다. 원칙으로 돌아가 철저하게 일과 가족에 대한 시간 배분 전략을 따를 때 직장에서도 가정에서도 행복한 슈퍼리치가 될 수 있다.

잉꼬부부로 소문난 가족 기업을 하는 박철기 사장의 경우, 낮에는 최선을 다해 일하지만 저녁 6시가 되면 모든 일을 멈추고 아내와 영화를 보거나 일찍 퇴근해서 가족과 함께 시간을 보낸다.

가족을 최우선시하는 슈퍼리치들은 자녀와 매일 단 5분이라도 대화의 시간을 갖고 출장중에도 짬을 내어 통화하기 위해 노력한다. 나도 은행업무를 하면서 근 10년 동안 근무 시간중에는 아내와 단 1분도 통화하지 않았다. 슈퍼리치의 자산관리를 하며 가장 크게 반성하며 즉시 실천에 옮긴 것이 바로 '하루에 단 1분'이라도 가족과 통화하는 것이다. 아직도 습관이 되지는 않았지만, 수첩에 목표로 적어놓고 행동으로 옮기기 위해 노력하고 있다.

혼자 가는 길은 외롭다. 하물며 자신의 남편이나 아내가 외면하는 길을, 공감하지 못하는 목표를 추구한다면 설혹 슈퍼리치가 되었다고 해도 진정으로 성공했다고 할 수 없다.

"돈이 아무리 많으면 뭐해? 가족이 철천지원수가 됐는데. 인생 헛살았어……."

어느 1,000억 원대 슈퍼리치의 고백을 잊지 말자. 돈보다 가족이 먼저다.

Super SR rich

3장

슈퍼리치의
아주 특별한
자산관리법

슈퍼리치의 자산관리 비법과 투자습관

슈퍼리치의 자산관리는 무엇이 다른가

슈퍼리치와 일반인의 자산관리시스템과 마인드에는 큰 차이가 있다. 그 특징을 하나씩 살펴보면 다음과 같다.

다양한 수입처 창출

슈퍼리치들이 갖고 있는 자산관리시스템의 가장 큰 장점은 다양한 수입처를 확보하고 있다는 점이다. 그들은 샐러리맨처럼 오직 직장에서만 소득이 발생하는 것이 아니라, 부동산에서 고정적인 임대소득을 얻기도 하고, 보유하고 있는 주식에서 배당금을 받기도 한다.

금융기관에 1억~10억 이상의 자금을 맡겨놓고 이자소득을 올리기도 한다. 10억을 이자율이 4퍼센트인 정기예금에 예치하면 1년에 웬만한 샐러리맨 연봉과 같은 이자소득을 올릴 수 있다. 이처럼 샐러리맨 대비 다양한 수입처를 갖고 있기 때문에 슈퍼리치의 자산관리시스템은 기반이 탄탄한 것이다.

일반인이 슈퍼리치가 되기 위해 제일 먼저 할 일은 수입처를 다양화하는 것이다. 지금 당장은 월급에 의존할 수밖에 없지만, 제2의 월급을 받을 수 있는 수입처를 찾기 위해 노력해야 한다. 종잣돈을 만들어 부동산에 투자하는 것도 좋은 방법이다(종잣돈과 관련된 사항은 다음 장에서 자세히 살펴볼 것이다).

먼저 현재 하고 있는 일의 전문가가 되고, 시간 안배를 잘해서 수입처를 추가로 만들기 위해 노력해야 하는데 앞서 가족기업으로 성공한 슈퍼리치의 경우처럼 온 가족이 힘을 합쳐 수입처를 만드는 것도 좋은 방법이다. 이미 다 아는 얘기지만 슈퍼리치와 일반인은 백지 한 장 차이다. 튼튼한 자산관리시스템을 갖추려면 튼튼한 추가 수입원을 찾아야 한다.

수입 〉 지출

1,000억대 슈퍼리치나 샐러리맨이나 수입과 지출 관리에 따라 자산관리시스템의 성패가 좌우된다. 제아무리 많이 버는 슈퍼리치도 버는 돈보다 쓰는 돈이 많으면 슈퍼리치의 대열에 계속 남아 있을 수 없다. 그런데 슈퍼리치보다 수입이 적은 샐러리맨이야 말해 뭣

하겠는가. 매월 200만 원을 버는데 250만 원을 쓴다면 매월 50만 원(1년이면 600만 원)의 마이너스 인생을 살고 있는 것이다. 이를 극복하는 제일 좋은 방법은 당연히 수입을 300만 원으로 늘리는 것이다. 그러나 수입을 당장 늘리는 것은 불가능하다. 계속 샐러리맨으로 근무한다면 급여 인상은 내가 어떻게 해볼 수 없는 일이다. 이런 이유로 고통스럽더라도 당장은 지출을 줄이는 수박에 없다.

본인의 지출을 꼼꼼히 분석하다 보면 분명 줄일 수 있는 항목이 있다. 예를 들어 겨울에 난방비가 많이 나온다면 온 가족이 내복을 입거나, 난방기 전원을 2~3도 낮춰 경비를 줄일 수 있다. 그렇게까지 해야 하냐고 반문하는 사람도 있겠지만 내가 만난 슈퍼리치 중에는 1,000억대 자산가임에도 불구하고 추운 겨울을 온열기 하나로 버티는 사람도 있었다. 낭비를 줄이기 위한 철저한 지출 통제 습관이 몸에 배 있는 것이다.

자산관리 전문가 네트워크 구축

슈퍼리치들은 대부분 금융, 부동산, 세무, 법률 등 자산관리 전문가 네트워크를 갖고 있다. 이들이 하루아침에 이런 네트워크를 구축할 수 있었던 것은 아니다. 자산의 증가에 따라 자연스럽게 전문가의 도움을 받게 된 경우가 대부분이지만 튼튼한 자산관리 전문가 네트워크가 더욱 절실한 것은 일반인들이다. 이들은 잘못된 의사결정으로 어렵게 모은 종잣돈을 한 번에 날리거나, 사기를 당하는 경우도 있다. 믿을 수 있는 전문가를 구별해내는 안목을 길러야 하고 그렇게 하기 위해서는 발품을 팔고 본인의 지식을 업그레이드하기 위해 노력해야 한다.

다양한 수입처를 만들고, 어렵게 모은 자산을 잘 관리할 수 있는 전문가 네트워크를 구축한다면 험난한 길도 두렵지 않을 것이다.

자신의 분야에서 최고인가

이는 매우 중요한 문제다. 슈퍼리치나 일반인이나 모두 자신의 일, 직업을 갖고 있다. 슈퍼리치를 관찰해보면 회사를 창업했든, 전문 CEO든 간에 자신의 속한 분야에서 10년 이상 노력해 최고가 된 경우가 대부분이다.

샐러리맨들이 가장 먼저 해야 할 일이 바로 자신의 직장에서 최고가 되는 것이다. 지금까지 월급을 받기 위해 일했다면 이제부터는 목숨을 걸고 일해야 한다. 자신의 사업인 것처럼 최선을 다하라는 것이다. 이런 노력은 승진, 연봉 인상, 인센티브 혜택으로 돌아오기 때문에 튼튼한 자산관리시스템을 갖추기 위한 첫번째 항목과 두번째 항목(수입〉지출)에 크게 기여한다.

지금부터라도 분명한 목적의식 하에 일하는 습관을 들이자. 당신이 하고 있는 일은 결코 하찮지 않으며, 한눈팔지 않고 공부하고 연구하면 그 분야의 최고가 될 수 있다.

프로야구 선수처럼 내가 하고 있는 일에서 최고의 전문가가 되기 위해 노력하면서 연봉 3억, 5억, 10억의 꿈을 꿈꿔라. 성공하고 싶다면, 슈퍼리치가 되고 싶다면 자신의 일을 사랑하고 최고가 되어라.

부자 마인드

갑자기 로또 복권에 당첨된 사람들 중에 잘 됐다는 사람 얘기를 들어본 적이 있는가? 갑자기 일확천금이 생겼을 때 자산을 관리할 수 있는 능력도 없고 부자의 습성이나 마인드가 형성되어 있지 않기 때문에 오히려 당첨되기 전보다 더 안 좋은 상황을 맞게 되는 것이다.

일반 고객의 경우 제일 안타까울 때가 펀드와 특정금전신탁의 리스크를 동일하게 생각하여 제대로 상품을 활용하지 않는 것이다. 담보 및 신용등급이 우량한 특정금전신탁 상품은 적절하게만 활용

슈퍼리치와 일반인의 차이점

항목	슈퍼리치	일반인	슈퍼리치 따라하기
1 다양한 수입처 창출	다양	단일	수입처 다변화 (부동산, 사업 등)
2 수입〉지출	수입이 많음	지출이 많음	수입을 늘리고 지출은 줄임
3 자산관리 전문가 네트워크 구축	전문가 포진	단독 의사결정	전문가 네트워크를 구축하기 위해 노력
4 자신의 분야에서 최고인가	최고	평범	최고가 되기 위한 노력과 실천
5 부자 마인드	많음	적음	성공하겠다는 열망

한다면 정기예금 대비 장점이 많은 상품이다. 정기예금과 비교했을 때 이율이 몇 퍼센트라도 높은 상품은 리스크가 있는 상품인데 그 리스크가 스스로 감당할 수 있는 정도인지 잘 따져보고 슈퍼리치 고객처럼 합리적인 기준으로 상품을 선별하도록 하자. 부자 마인드는 이처럼 상품 선정에서도 평상시 꾸준하게 노력할 때만 길러지게 된다.

따라해야 할 슈퍼리치의 생활습관

메모하는 습관

슈퍼리치의 행동을 관찰하다 보면 여러 가지 좋은 습관을 보게 된다. 얄미운 생각이 들 때도 있지만 긍정적인 관점에서 좋은 것만 배운다면 우리도 슈퍼리치가 될 수 있다.

첫번째가 꼼꼼한 메모 습관과 한 번 더 확인하는 습관이다. 슈퍼리치는 사소한 것도 철저히 메모한다. 메모를 하지 않는 경우는 머릿속에 담아둬야 하는데 여러 모로 바쁜 현실을 감안하면 메모를 하고, 두뇌를 쉬게 해주는 것이 더 바람직한 방법이다. 꼼꼼히 메모하면 공과금의 납기를 넘겨서 연체료를 물거나, 약속을 잊는 일을 사전에 방지할 수 있고, 순간적으로 떠오른 생각을 더욱 확장 및 발전시킬 수 있다.

다만 메모를 너무 완벽하게 하려고 하면 실패할 확률이 높다. 자유롭게 적어라. 양복 주머니에 항상 작은 메모지를 휴대해 언제든 기록할 수 있도록 하라.

꼼꼼하게 확인하는 습관

슈퍼리치는 상품에 가입하고 귀찮을 정도로 확인하고 또 확인하는데 이는 좋은 습관이 분명하다.

당신은 금융상품을 정확하게 이해하고 가입하는가? 그냥 창구직원에게 알아서 해달라고 하는 스타일인가? 만약 후자라면 지금부터는 슈퍼리치를 따라 해보자.

꼼꼼하게 재차 확인하는 습관은 실수를 줄여준다. 잘못된 의사결정을 할 확률을 낮춰준다. 모르겠으면 물어라. 의심이 가면 재차 물어라. 작은 습관이 당신의 귀중한 시간을 절약해주고, 시행착오를 줄여준다.

부에 대한 집중력

슈퍼리치의 부에 대한 집중력은 한마디로 놀라울 정도다. 부자들은 사소한 것도 그냥 지나치지 않는다. 사람은 누구나 자신이 관심을 갖고 있는 곳에 집중하기 마련이다. 당신이 명품 가방을 구입했다고 하자. 명품 가방을 구입하는 순간부터 그 물건이 더 자주 눈에 띌 것이다.

이와 마찬가지로 당신이 부자가 되고픈 열망을 품는 순간 돈을 벌 수 있는 기회가 눈에 더 잘 띌 것이다. 이제부터라도 부자 마인드를 가져보자. 그러면 돈을 벌 수 있는 곳, 돈을 잘 굴릴 수 있는 곳, 돈을 더 불릴 수 있는 곳에 집중할 수 있다. 아울러 이런 습관은 불필요한 낭비를 줄여줄 것이다. 20대에 보따리 장사를 시작한 조태규 사장은 어릴 때부터 어떤 물건을 보든 '이것을 얼마 정도에 팔아야 얼마를 남길 수 있을까?' 하는 식으로 원가분석을 하는 습관을 들였다고 한다.

관심이 있어도 집중하지 않으면 성공하기 어렵다. 아무것도 하지 않고 아까운 시간만 보내서는 절대 슈퍼리치가 될 수 없다. 세상의 모든 것을 부의 관점에서 바라보고 놀라운 집중력을 발휘할 때만이 슈퍼리치가 될 수 있다.

지출에 대한 통제와 축소

평상시 자신의 모습을 점검해보자. 아무도 없는 방의 전등을 악착같이 끄는 스타일인가? 불필요한 지출을 줄이기 위해 노력하는가? 슈퍼리치는 하나같이 단돈 1원이라도 낭비하지 않기 위해 노력한다. 부자와 당신이 식사를 하러 가면 누가 밥값을 낼 것이라고 생각하는가? 부자들은 쉽게 지갑을 열지 않는다. 어떤 지출을 하든 몇 번을 고민하며, 내 지갑에서 나가는 돈을 최대한 줄이려고 노력한다.

따라해야 할 슈퍼리치의 자산관리 습관

슈퍼리치들은 돈에 대한 엄청난 집중력을 갖고 있다. 그를 바탕으로 자산을 철저하게 관리한다.

자산관리의 기본이 되는 요소로는 가입한 상품에 대한 이해, 철저한 만기관리, 만기 후 투자상품에 대한 고민이 있다. 항목별로 자세하게 살펴보자.

통장관리 습관

통장을 잘 구분하고 한데 모아서 관리한다. 통장이 10개 이상이 되면 상당히 관리하기 어렵지만 자산 계좌별 리포트를 활용해서 일목요연하게 구분해 관리할 필요가 있다. 일반 고객도 자신만의 리포트를 요청하거나 메모를 활용해서 통장을 한군데로 모아서 관리하는 것이 효과적이다. 통장 앞면에 가입금액, 만기일, 수익률, 특징 등을 간략하게 기록해놓고 관리하는 방법도 슈퍼리치가 사용하는 방법이니 참고하자.

만기관리 습관

슈퍼리치는 단 하루라도 만기를 놓치는 일이 없다. 꼼꼼하게 만기를 관리한다. 재미있는 얘기가 있는데 부자고객 집에 갔더니 아침부터 저녁까지 하루 종일 돈에 대한 얘기만 하더라는 것이다. 실제로도 부자고객은 돈에 대한 집중력이 대단하다. 그러므로 그들이 만기를 기억하지 못한다는 것은 있을 수 없는 일이다. 지금부터는 수첩에 상품에 가입한 날짜와 만기일을 기록해두자. 바쁘게 생활하다 보면 정기예금 만기나 적금 만기를 놓칠 수도 있지만 지금부터라도 꼼꼼하게 체크해서 손해 보는 일이 없도록 만들자. 미리 만기일을 점검하고 다음으로 가입할 상품을 생각해보아야 차질없이 투자를 계속해나갈 수 있다.

상품 발굴 습관

슈퍼리치들은 습관적으로 정기예금보다 수익률이 더 높은 상품을 찾아 발품을 판다. 특정금전신탁 상품으로 판매하는 CP나 ABCP에 투자하면 정기예금 대비 1퍼센트~2퍼센트 정도 높은 이율을 받을 수 있다. 이때 신용평가 등급이나 보증 여부를 잘 따져보고 가입을 결정해야 한다. 최근 저금리세가 지속되면서 3개월~6개월짜리 단기 특정금전신탁에 대한 관심이 높아졌다. 신용등급이 우량한 단기 특정금전신탁 상품은 판매 한도가 금방 소진되므로 창구 직원에게 미리 전화를 하거나 방문해서 적극적으로 상품을 찾아봐야 한다.

전문가 활용 습관

슈퍼리치의 투자 성공률이 높은 이유는 바로 그들 주위에 각종 전문가들이 포진하고 있기 때문이다. 그들은 의사결정을 할 때 절대

즉흥적으로 하지 않는다. 골프를 치면서, 식사를 하면서 치밀하게 정보를 수집하고 확신이 섰을 때 비로소 움직인다.

  내게 조언해줄 수 있는 전문가가 주변에 몇 명이나 되는지 돌아보자. 물론 돈 많은 자산가들 주변에 전문가가 많은 것은 당연한 일이고 일반고객의 경우 전문가의 서비스를 기대하기 어려운 것이 현실이다. 약간의 비용이 들이더라도 세무 상담을 받거나 상품을 선택함에 있어 한 금융기관만 이용하는 것이 아니라 최소 2군데 이상의 담당자에게 상담을 받도록 하자. 힘들겠지만 슈퍼리치의 전문가 활용 습관을 조금씩 내 것으로 만들다 보면 슈퍼리치의 꿈에 좀더 다가갈 수 있다. 점점 더 투자상품이 복잡해지므로 전문가의 도움을 받는 것은 꼭 필요한 일이다.

금융전문가 활용하기

금융권에서는 VIP 고객에 대한 차별화된 서비스 제공을 위해 PB센터를 만들고, 일반 은행 지점에는 VIP 전용창구가 있다. 그리고 보통 상담룸을 따로 만들어놓고 자산관리를 하는 팀장이 있다.

  이들은 은행원이지만 내부공모 절차를 통해 엄격한 기준(시험 및 면접, 자산관리 자격증 보유 등)을 통과해 선발된 직원들이다. 그만큼 자산관리에 전문가이며 어드바이저리 조직을 통허 세무, 부동산, 법률 등 탄탄한 네트워크가 뒷받침되고 있다.

　자신의 돈이 많건 적건 이런 전문가를 적극 활용하는 것은 큰 도움이 된다. 나 역시 최고의 PB팀장이라 자부하지만, 전화상담 고객이나 상담을 위해 찾아오는 고객 한 분 한 분은 매우 소중한 분들이라 생각하며 최선을 다해 상담을 해드린다. PB팀장을 찾아올 정도로 자산관리에 열의가 있는 고객은 지금은 일반고객일지라도 슈퍼리치가 될 가능성이 높은 고객이며, 금융자산의 규모를 떠나 적극적으로 돕고자 하는 것은 금융전문가 대부분의 마음일 것이다.

　슈퍼리치 핵심 키워드에서도 강조했지만 일반고객과 슈퍼리치를 가르는 기준은 실행력이다. 종잣돈을 마련하겠다는 결심을 하고 적금통장을 만드는 일, 적극적으로 지점의 VIP 팀장을 찾아가 상담을 받아보는 등의 노력이 하나 둘 쌓이다 보면 좋은 결과로 이어지게 된다. 혼자 판단해 손해를 보거나 포트폴리오에 균형을 잃은 고객을 볼 때면 안타까울 때가 많았다.

　잊지 말아야 할 점은 자산관리를 잘 하는 길은 혼자 판단해 손해를 보지 말고 VIP 팀장, PB 팀장 등 전문가를 최대한 활용하라는 것이다. 이를 통해 자신만의 전문가 활용법을 100퍼센트 끌어올리는 노력이 필요함을 명심하도록 하자.

슈퍼리치 되기(1)
_종잣돈 만들기

나만의 첫 종잣돈 만들기 프로젝트

일단 단돈 100만 원이라도 목돈을 만든다는 생각은 우리의 가슴을 벅차게 만든다. 주어진 환경에 맞게 종잣돈 마련 계획을 세워보자. 먼저 자신이 만들려는 종잣돈에 뚜렷한 목적을 부여해야 한다. 예를 들어 내 집 마련을 위한 것이라면 우선 은행에 가서 주택청약종합통장을 개설하고 자신의 급여 계좌에서 매월 일정액이 자동이체 되도록 만든다. 사소해 보일지 모르지만 뚜렷한 목적을 갖고 통장을 만들면 목표에 훨씬 더 쉽게 다가갈 수 있다.

 다소 감당하기 어렵다 해도 내 집 마련을 위한 통장, 1년에 1,000만 원의 종잣돈을 마련하기 위한 적금, 5년 안에 1억 원을 만들기 위한 적립식 펀드 통장 등 자신의 상황에 맞는 목표를 선택해 종잣돈 마련 계획을 세워보자. 사소한 차이가 나중에는 큰 차이를 가져올 것이다.

저절로 종잣돈 만드는 시스템 구축하기

슈퍼리치가 성공할 수 있었던 키포인트는 종잣돈을 잘 활용했기 때문이다. 이렇게 소중한 종잣돈을 모으기 위해서는 먼저 해야 할 일이 있다. 그것은 첫째 자신의 수입 대비 지출을 정확하게 파악하는 것이다. 이를 공식으로 표현하면

종잣돈 = 수입 - 지출

이 된다. 그러면 종잣돈을 모으기 위해서는 당연히 [수입〉지출]이 되어야 한다. 그런데 [수입〉지출]이 되려면 두 가지 중 한 가지 이상이 반드시 충족되어야 한다.

수입 〉 지출

이를 위해서 첫째, 수입처를 다양화하는 방법과 월급을 올려 받

는 방법이 있다. 둘째는 현재의 수입이 변경 불가능할 경우 쓸 수 있는 방법으로 수입 대비 지출을 줄이는 것이다. 어떤 방법을 택하든 이와 반대가 된다면 결코 종잣돈을 마련할 수 없다. 다시 한 번 정리하면 반드시 다음과 같이 되어야 한다.

수입 – 지출 〉 1원

종잣돈을 모으는 것은 어렵지 않다. 쉽게 생각하라. 좋은 습관을 들이면 훨씬 쉬워진다. 지금 당장 할 수 있는 일은 수입과 지출을 정확하게 파악하는 것이다.

다음의 '나의 수입 지출현황'을 작성해보자.

나의 수입 지출현황(작성 사례)

수입항목	금액	지출항목	금액
월급	3,000,000	생활비	2,500,000
상여금	1,500,000	통신비	500,000
강의료	500,000	용돈	500,000
수입 합계	5,000,000	지출 합계	3,500,000
수입합계 – 지출합계	1,500,000		

이미 수입과 지출을 정확하게 파악하고 있고, 지갑에 얼마가 들어 있는지 매 순간 정확히 알고 있다면 당신은 재테크에 성공할 가능성이 매우 높다.

수입과 지출이 정확하게 파악되었다면 위의 공식처럼 수입>지출이 되게 만들어야 한다. 그리고 주요 수입원과 지출 내역을 정리해보자. 당신은 돈을 어디에 어떻게 쓰고 있는가?

또한 다음의 표를 활용해서 수입을 늘리는 방법과 지출을 줄이는 방법을 고민해보자. 처음에는 조금 힘들 수도 있지만 일단 시작해보자.

수입을 늘리는 방법 및 지출을 줄이는 방법

수입을 늘리는 방법	지출을 줄이는 방법
1. 직장에서 몸값(월급) 높이기: 승진, 인센티브 2. 투잡 만들기 3. 추가적인 수입처 만들기 4. 자기계발 5. 자산 불리기(투자수익률 올리기)	1. 용돈사용액 제한: 자동이체, 체크카드 사용 2. 고정지출 줄이기: 통신료, 교통비 등 3. 변동지출 줄이기: 영화 관람, 커피 구입 등
수입 창출 합계:	지출 감소 합계:

수입을 늘리기 위한 단기 계획과 장기 계획을 마련해 실행하는 것도 필요하다. 또한 지출을 줄이는 것보다 더욱 중요한 것은 수입을 늘리는 것이다.

지출을 줄이기 위해 용돈을 줄이는 경우를 생각해보자. 제일 좋은 방법은 월급 계좌와 용돈 계좌를 분리하는 것이다. 월급일이 21일이라면 22일에 용돈통장에 30만 원을 자동이체시킨다. 월급날에 저축과 투자상품에 대한 자동이체가 모두 빠져나간 뒤 남은 돈을 지출 계좌에 입금하기 위해서다. 이런 식으로 시차와 계좌를 구분하면 돈의 흐름과 우선순위가 뚜렷해진다. 저축과 투자에 우선순위를 두고 지출은 맨 마지막에 하라.

자, 준비됐는가? 한 달 용돈을 30만 원으로 정하고 체크카드만 사용하면서 한 달을 버텨보자. 지갑에 있는 현금은 모두 빼버리고 체크카드 한 장만 넣고 다니자. 중요한 것은 신용카드를 가위로 잘라버리거나 빼놓고 다니는 것이다. 체크카드의 한도가 부족할 경우 언제 또다시 신용카드에 손이 갈지 모르므로 아예 벼랑 끝 배수진을 쳐야 하는 것이다.

한 달을 버티면 서서히 신기한 일이 벌어질 것이다. 평상시 50만 원씩 나가던 지출이 30만 원으로 통제가 되기 시작한다. 불필요한 지출이 줄어들고 기분에 휩쓸려 과도한 지출을 하던 태도가 지출 전 한 번 더 생각하는 쪽으로 바뀔 것이다. 스스로 돈을 통제할 자신이 없으면 아내든 남편이든 관리를 잘하는 사람에게 경제권을 넘겨라.

만약 당신이 지출의 통제보다 수입 창출에 재능이 있다면 당신은 오직 수입 창출에 집중하라. 결혼한 부부의 경우 남편과 아내의 재능에 따라 돈 관리가 달라져야 한다. 맞벌이를 한다고 언제까지 통장을 따로 관리할 것인가? 그래서는 평생 돈 모으기 힘들다.

지출 통제에 성공했고, 매월 한 가지라도 불필요한 지출을 줄였다면 당신은 매월 지출이 줄어든 만큼 종잣돈을 더 불리게 된다. 당초 1년 동안 1,000만 원을 모으려던 계획은 10개월 내에 달성

될 것이다. 이때 중요한 것은 반드시 기록을 해야 한다는 것이다. 그 어떤 목표도 머릿속의 막연한 생각만 가지고는 달성할 수 없다. 아래의 '나만의 종잣돈 만들기 프로젝트'를 참고해 종잣돈 별로 명확한 목표와 의미를 부여하고 그를 다음의 표와 같이 종이에 정리해야 한다. 종이에 적으면 반은 성공한 것이다. 그리고 적은 것을 잘 보이는 곳에 붙여놓는다. 매일 그것을 보면서 종잣돈을 마련하겠다는 마음을 다잡으면 사소한 것도 실천하게 된다.

나만의 종잣돈 만들기 프로젝트(작성 사례)

기간	1년	3년	5년	10년
종잣돈의 목적	첫 종잣돈 마련	투자 자금	내집 마련/노후 자금	내 집 마련/창업 자금
종잣돈 금액	1,000만 원	5천 만원	1억 원	2억 원
실천 방안	1. 매월 70만 원 저축 2. 지출 줄이기	1. 매월 130만 원 저축 2. 추가 수입 창출 3. 지출 줄이기	1. 매월 140만 원 저축 2. 추가 수입 창출 3. 지출 줄이기 4. 금융, 부동산 자산 늘리기	1. 매월 150만 원 저축 2. 추가 수입 창출 3. 지출 줄이기 4. 금융, 부동산 자산 늘리기

이제 당신은 단순하지만 중요한 원리를 알게 됐다. 이제 그를 자신만의 방식으로 실천해보자. 마음을 독하게 먹고 반드시 성공하겠다는 결의를 다져라. 굳은 결심을 하고 지금 당장 실천한다면 반은 성공한 것이다.

슈퍼리치 되기 (2)
_종잣돈 불리기

종잣돈 불리기 좋은 상품

정기적금

은행에 가서 정기적금 통장을 만드는 것은 종잣돈을 만드는 가장 기본적인 방법이다. 1,000만 원이 목표라면 매월 83만 원씩 불입하는 것이다. 형편에 맞게 종잣돈 마련 계획을 세우되 걸음마 단계에서 이용할 수 있는 상품이다. 장점은 초보자가 활용하기 쉬운 방법이라는 것이지만, 이율이 생각보다 높지 않고, 중간에 급전이 필요한 경우 손쉽게 해약할 수 있다는 단점도 있다. 그러므로 더욱 확실하게 종잣돈을 만들고 싶다면, 중간에 해약하면 큰 손해를 보는 3년 납 10년 만기 저축보험상품을 이용하는 것도 좋은 방법이다.

정기예금

정기적금을 활용해 100만 원 혹은 1,000만 원의 종잣돈을 만들었을 경우 그를 좀더 큰 종잣돈을 만들기 위해 이용하는 상품이다. 역시 종잣돈 마련을 위해 가장 많이 이용하는 상품이기도 하다.

한 가지 비결은 1년 만기 상품을 선택하기보다 3개월에서 6개월 단위의 만기형 상품을 선택하는 것이다. 예를 들어 1년 안에 목돈을 쓸 일이 있다면 3개월 단위 1년 만기형 상품을 선택하면 3개월 단위로 만기가 되어 자동 연장되기 때문에 1년 만기 상품의 경우처럼 중간에 해약할 경우 손해 보는 일을 막을 수 있다. 상품 가입 시 본인의 세금 우대 한도 및 나이에 따라 생계형 한도를 파악해 가입하면 이자소득 절세 혜택을 볼 수 있다.

특정금전신탁

제일 안타까운 경우는 종잣돈을 마련한다는 결심을 하고 1년 정기적금에 가입한 후 3개월도 못 버티고 중도 해약하는 것이고, 두번째로 안타까운 경우는 정기예금만 고집하는 것이다.

특정금전신탁 상품은 회사채CP나 유동화기업어음ABCP을 특정금전신탁에 담은 상품이다. 정기예금 대비 1~2퍼센트 이상 높은 금리와 만기도 1개월부터 12개월 이상으로 다양하다. CP와 ABCP의 신용등급에 따라 금리가 결정되며, 저위험 여부의 판단은 신용보강이나 부동산 등 담보제공 여부에 따라 판단해볼 수 있다.

정기예금과 달리 원금이 보장되지는 않지만 펀드처럼 수익률이 변동하는 상품이 아니고, 기초자산인 CP와 ABCP의 만기 상환 여부에 따라 신규시 약정한 금리가 지급되는 상품이다.

금융 상품은 위험도에 따라 가격이 매겨지고, 제시 금리가 결정되기 때문에 정기예금의 이율이 1년 기준 4퍼센트이고, ABCP 특정금전신탁 상품이 4.5퍼센트라면 0.5퍼센트의 리스크를 따져 가입하면 된다.

펀드와 특정금전신탁의 리스크를 동일하게 생각하여 제대로 상품을 활용하지 않는 것은 안타까운 일이다. 담보 및 신용등급이 우량한 특정금전신탁 상품은 적절하게만 활용한다면 정기예금 대비 장점이 많은 상품이다. 정기예금과 비교했을 때 이율이 몇 퍼센트라도 높은 상품은 리스크가 있는 상품인데 그 리스크가 스스로 감당할 수 있는 정도인지 잘 따져보고 합리적인 기준으로 상품을 선별하도록 하자.

저축보험

'보험' 하면 수수료 비용 때문에 거부감을 갖고 있는 고객이 많다. 나 역시 보험은 비용 면에서 비싼 상품임을 잘 알고 있지만 저축보험과 변액보험을 많이 추천하는 이유는 그의 장, 단 점을 자신의 상황에 맞게 활용하면 재테크에 큰 도움이 되기 때문이다.

은행에는 방카슈랑스 상품이 있는데 그것은 손해보험과 생명보험으로 나뉜다. 사고가 났을 때 보장을 받을 수 있는 상품이 손해보험이고 생명보험은 대부분 저축성 상품이다.

  종잣돈을 마련하는 데는 저축보험과 변액보험상품이 많이 이용된다. 먼저 저축보험상품의 경우 3년 납 10년 만기 상품을 예로 들면 매월 100만 원씩 3년을 불입하면 원금 3,600만 원을 납입하게 되고 10년 만기 환급률은 약 145퍼센트 안팎으로 대략 5,000만 원의 종잣돈을 만들 수 있다. 10년이라는 장기간 동안 투자해야 하는 것이 부담되는 반면에 중간에 해약하면 손해이기 때문에 상대적으로 오랫동안 유지하게 된다는 장점이 있다. 급전이 필요한 경우에는 해약환급금 범위 내에서 중도 인출 제도를 활용하면 보험해약에 따른 불이익을 피할 수 있어 도움이 된다.

  변액보험은 저축보험과 펀드투자가 합쳐진 상품이다. 채권에 50퍼센트, 펀드에 50퍼센트 투자한다. 비용 면에서는 적립식 펀드보다 초기 비용이 높지만 6~7년부터는 상대적으로 비용이 절감되며 해외투자펀드의 비과세 혜택까지 볼 수 있다. 보험은 10년 이상 거래 시 금융소득종합과세가 비과세된다. 은행창구에서 적금을 만기 해약했을 때 이자가 100만 원이면 15.4퍼센트(일반과세)를 제하고 수중에 84만 6,000원을 지급받는데, 보험의 경우에는 만기 때 발생한 이자를 전액 받아간다.

  종잣돈 마련에서 가장 중요한 것이 1년 안에 1,000만 원, 5년 안에 1억 원 마련 등 명확하게 기간과 규모를 정하는 일이다. 그 다음으로 중요한 것이 종잣돈 마련 통장을 만기 전에 해약하지 않는 일인데, 저축보험 등 다양한 상품에 대해 조금만 관심을 기울이면 종잣돈 마련 시스템을 갖출 수 있다. 무엇보다 발품을 팔고, 지점의 VIP 창구에서 당당하게 상담을 받자. 인터넷이나 경제신문을 꼼꼼히 참고해 꾸준히 경제 지식을 높이는 것도 도움이 된다.

여기까지 설명한 내용을 정리하면 다음과 같다.

종잣돈 불리기 좋은 상품

용도	상품	기간	특징	세제 혜택 여부
종잣돈 만들기	정기적금	6개월~3년	- 단기 목돈 마련에 적합 - 비교적 저이율	세금 우대, 생계형 가입 가능
	저축보험	3년~10년	- 장기적 목돈 마련에 적합 - 중도 해지 시 원금 손해	10년 만기 시 비과세 혜택
종잣돈 불리기	정기예금	1개월~3년	- 확정 금리 - 중도 해지 가능	세금 우대, 생계형 가입 가능
	특정금전신탁	1개월 이상	- 정기예금 대비 고이율 - 중도 해지 불가	세금 우대, 생계형 가입 불가

종잣돈 사용법

자산 증식을 위한 투자 자금

1장에서 이미 슈퍼리치의 자산관리 비법이 일반인의 비법과 어떻게 다른지 알아차린 독자도 있을 것이다. 슈퍼리치들은 금융자산만을 활용하지 않는다. 그들은 부동산 투자, 사업체 운영, 주식 배당수익 등 다양한 수입처를 확보하기 위해 자산을 골고루 투자한다.

슈퍼리치의 초기 자산 형성 패턴은 대개 자신의 회사 창업, 물류창고 확보를 위한 부동산 투자, 투자한 부동산의 가격 상승으로 인해 자연스럽게 보유자산이 늘어나는 것이다.

일반인이 종잣돈 마련에 집중해서 5,000만 원, 1억 원의 목돈을 마련하면, 제일 먼저 부동산 투자처인 내 집을 마련한다. 내 집은 슈퍼리치로 가는 길에서 매우 중요한 의미를 갖는다. 일단 억대의 종잣돈을 부동산이란 이름으로 만들어놓았기 때문에 향후 나만의 사업을 할 경우 요긴하게 사용할 수 있다. 지금은 부동산 경기가 한풀 꺾였고, 인구 감소에 따라 부동산 가격이 당분간 하락 안정화할 것이란 전망이 우세하지만 내 집이 있는 것과 전세를 사는 것에는 여러 가지 차이가 있다.

우리가 유의해야 할 점은 정기적금, 정기예금 등 금융상품을 이용해서 첫 종잣돈 마련에 성공한 후에는 내 집 마련, 토지나 상가 매입 등 부동산 투자에 눈을 돌려야 한다는 것이다. 부동산 투자를 할 경우 단기간에 안목이 길러지는 것이 아니므로 지금부터 꾸준히 괜찮은 매물을 찾아보고, 공인중개업소에도 찾아가 상담을 하고 현장에도 다녀와야 한다.

몇백 만 원의 종잣돈을 독하게 마련했고, 시간이 지남에 따라 그것이 몇천 만 원으로 불어나면 자연스럽게 부동산 투자를 통해 자산을 불려나갈 준비를 해야 한다. 부동산 외에도 펀드, 주식 등 다른 투자처에도 관심을 갖고 항상 촉각을 곤두세워야 한다.

인생 제2막 준비

슈퍼리치가 되는 지름길을 물으면 그들은 한결같이 '창업'이라 답한다. 샐러리맨에서 300억대 슈퍼리치로 변신한 이 사장은 항상 "창업을 꿈꿔라."라고 조언한다. 이렇게 말하는 이유는 샐러리맨은 월급이 한정되어 있고 정년을 스스로 정할 수 없기 때문이다.

물론 잘 다니는 직장을 당장 때려치우라는 얘긴 아니다. 지금 있는 곳에서 먼저 제대로 자리를 잡고, 이와 동시에 먼 미래의 플랜을 위해 종잣돈을 마련하고 창업을 준비하는 노력이 필요하다.

5년 뒤 무엇을 할 것인지, 10년 뒤에는 어떤 아이템으로 창업을 준비할 것인지 등 구체적인 기간과 준비사항을 명확히 하고 시작하는 것이 좋다. 다만 강조할 것은 지금 하고 있는 일을 열심히 하면서 미래를 동시에 준비하라는 것이다. 연탄 도매로 성공한 배승철 사장이나 에트로의 이 사장은 창업을 준비하기 가장 좋은 때가 바로 '직장에 다닐 때'라고 강조한다.

다음은 40세 공과장이 꿈꾸는 미래의 로드맵을 가상으로 잡아본 것이다. 샐러리맨 시기에는 직장에서 최고(전문경영인CEO)가 되기 위해 최선을 다해야 하며, 제2의 창업 준비 자금으로 종잣돈을 마련해야 한다.

40세 공 과장의 꿈의 로드맵

현재 (40세)	→	나이 (45세)	→	나이 (50세)	→	나이 (55세)

[목표: 현재]
1. 차장으로 승진
2. 직장에서
   성공하기
3. 독서와
   자기계발
		[목표: 5년 후]
		1. 지점장 승진
		2. 5년 뒤
		   창업 준비
		3. 종잣돈
		   5억 마련
				[목표 : 10년 후]
				1. 본부장 승진
				2. 창업 준비 완료
				3. 종잣돈
				   10억 마련
						[목표: 15년 후]
						1. 사장 취임
						2. 창업
						3. 자산
						   50억 목표

　다음은 직장에서 최고가 되기 위한 3단계 프로젝트이다. 앞에서 언급했듯 창업을 하든 무엇을 하든 먼저 자신의 자리에서 최고가 되기 위한 노력은 필수적이다.

　먼저 샐러리맨으로서 어떤 마음가짐을 가져야 하는지 여섯 가지 사항을 확인해보고, 직장에서 최고가 되기 위해 필요한 3단계를 유념하도록 하자.

- 현재의 직장은 내 인생을 끝까지 책임질 수 있는가?
- 내일 해고당한다면 내게는 어떤 대안이 준비되어 있는가?
- 나는 직장에서 명확한 목표를 갖고 일하는가?
- 나만의 꿈의 로드맵을 가지고 있는가?
- 나는 직장에서 무엇이 되고 싶은가?
- 원하는 바(승진, 인정)를 얻기 위해 지금 당장 무엇을 개선하고 실천해야 하는가?

	직장에서 최고가 되기 위한 3단계 프로젝트
1단계	**[목표 설정]** 1. 직장 내 명확한 로드맵 수립(단계별 성취 목표-차장, 부장, 부사장, CEO 등의 목표) 2. 나만의 경쟁력 차별화 전략 수립(자격증, 전문가가 되기 위한 학습, 네트워크 구축) 3. 목표별 구체적 달성 방안 수립과 문서화(꿈노트 활용)
2단계	**[상황 분석]** 1. 직장 내 자신의 직무 분석, 강점과 단점 파악 2. 강점, 단점 파악에 따른 개선 방안 마련(꿈노트 활용) 3. 구체적인 행동 착수[예]현재의 직무가 맞지 않다면 스스로에게 맞는 직무 선택, 이동 등]
3단계	**[개선 방법]** 1. 자신의 강점 분야에 집중(단점은 수정 보완), 직장생활과 직장생활 이후의 인생 목표 점검 2. 자신만의 차별화 전략 실행(1년~5년 단위 세부 실천 방안 마련과 실행 점검, 꿈노트 활용) 3. 믿음직한 멘토(CEO, 직장상사, 동료, 부하직원 등)의 조언 적극 활용
	[업데이트-실행] - 전체적인 인생 목표와의 조화 1. 차장, 부장, 부사장, CEO 달성 기간별 점검 2. 100세까지로 가정한 인생 로드맵 수립 (단계별: 1)직장생활, 2)제2의 창업, 3)행복한 은퇴 노후생활) 3. 전체적인 인생 로드맵과 지속적인 균형점 찾기

직장에서 최고가 되기 위한 마음가짐과 3단계 프로젝트에 알아보았다면 이제 다음으로 창업 후의 길에 대해 알아둘 필요가 있다. 역시 특별한 마음가짐과 프로세스가 필요하다. 먼저 창업 전에 어떤 마음가짐을 가져야 하는지 다음 몇 가지를 확인해보자. 그런 후 창업 프로세스 8단계와 각 단계별 성공전략을 알아보도록 한다.

그리고 퇴직 후 창업으로 인생 제2막을 준비할 때는 엉클빈스 김 사장의 창업성공 FLOW와 같은 명확한 로드맵이 필요하다. 목표 설정부터 창업 성공에 이르기까지 8단계 FLOW를 살펴보도록 하자.

	창업 프로세스 8단계 성공전략
1단계	**[목표 설정]** 1. 최종 1가지 창업 아이템 선정 2. 모든 자료 수집(시행착오 최소화) 3. 몰입(죽을 각오의 창업 준비/집중)
2단계	**[기획서 작성]** 1. 창업 시기, 본인 분석(자금력, 재능 파악, 기획서는 구체적이고 세밀하게 종이에 작성) 2. 고객의 수, 고객 특성, 고객의 동선 파악 3. 실패했을 때의 대안 마련
3단계	**[자금 확보]** 1. 매장을 여는 데 필요한 예산 산출(자금이 부족하다면 본인의 기술력으로 커버 등 대안 마련) 2. 싼 가격에 매장 연다고 성공하는 것은 아님(완전히 죽은 상권은 제조업이 아닌 이상 어려움) 3. 매장 열기, 인테리어 비용 등 세밀하게 산출 후 자금 조달 계획을 세워 자금 확보
4단계	**[시장조사]** 1. 매장을 열 지역 최소 반경 200미터 안팎 정밀분석(경쟁업계 현황과 가격, 아이템 분석) 2. 동종업종 현황 분석, 소비 형태, 연령층 분포, 기존고객 & 유동고객 파악 3. 유동인구 당 매출 및 마진 예상 분석[예)유동인구 1,000명당 마진 3퍼센트 예상 등] 4. 자산 50억 목표
5단계	**[매장 오픈]** 1. 매장 문을 여는 시기와 절차 2. 매장 오픈, 인테리어, 원자재, 집기 구입 및 배치 3. 단기 판촉 전략 방안
6단계	**[아이템 수정 보완]** 1. 창업 초기와 실제 매장 운용 후 시행착오 점검 2. 고객의 트렌드와 욕구에 맞는 제품인가? 3. 고객의 니즈 적극 반영한 아이템 수정 보완
7단계	**[목표 수정 보안]** 1. 경쟁업체 동향 파악 및 강점분석 후 벤치마킹 2. 마케팅 기초자료 수정 보완. 3. 회전비율, 단가계산, 월 매출 산출, 마진율 원가 분석.
8단계	**[성공-사업 확장 및 고객 트렌드, 신제품 업데이트]** 1. 1차 창업 목표 달성-성공 2. 고객 트렌드 변화 감지-제 2의 창업 준비, 차별화된 기술개발 3. 초심 잃지 않기

- 긍정적이고 즐거운 마음가짐
- 맨발로 뛴다는 각오(비용 절감과 성공 확률을 높여준다)
- 위기 정면 돌파 능력
- 최고의 전문가가 된다는 각오와 몰입
- 최소 1~2년간의 꾸준한 창업 준비
- 즉흥적인 의사결정 배제, 철저히 데이터를 바탕으로 한 의사결정

김 사장의 창업성공 FLOW 따라잡기(요약)

창업 프로세스 8단계			
1단계 목표 설정	2단계 기획서 작성	3단계 자금 확보	4단계 시장조사
5단계 매장 열기	6단계 아이템 보완	7단계 목표 수정 보완	8단계 창업 성공

자기계발비

기업이 돈을 벌기 위해 꾸준하게 투자하는 분야가 있다. 바로 '연구개발'이다. 트렌드를 읽지 못하거나 기술력이 뒤처지면 어떤 기업도 경쟁에서 살아남을 수 없다. 평생직장이란 개념이 사라진 지금 직장인에게 있어 기업의 '연구개발비'에 해당하는 것이 '자기계발비'다. 당신은 매월 어느 정도의 돈을 스스로의 브랜드 가치를 높이기 위해 투자하고 있는가?

어느 정도의 종잣돈을 마련하는 데 성공하면, 더 나은 미래를 위해 자신의 가치를 높이는 데 종잣돈의 일부를 투자해야 한다. 5년 안에 1억 원을 만드는 데 성공했다면, 다음 단계로 그 10분의 1에 해당하는 1,000만 원을 5년간 스스로를 업그레이드하기 위한 자금으로 투자하자. 10년 뒤 자기계발에 투자한 비용 대비 수익은 10배가 족히 넘을 것이다.

종잣돈 10배 키우기

투자형 상품의 활용

앞에서 맨 처음 종잣돈을 모으는 데 가장 좋은 상품은 적금, 예금이라고 말했다. 처음 종잣돈을 모으는 단계에서는 수익을 몇 퍼센트 더 내는 것보다, 당장 매월 조금씩이라도 원금을 까먹지 않을 수 있는, 자신의 형편에 맞는 방법을 사용하는 것이 더 바람직하다. 단, 예금과 적금 등은 쉽게 해약할 수 있으므로 저축보험 등을 이용하여 반 강제적인 종잣돈 마련 시스템 구축해야 한다.

종잣돈 마련의 두번째 단계에서 활용할 수 있는 수단으로는 적립식펀드와 주식투자를 들 수 있다. 펀드와 주식에 자산의 5분의 1 이상을 투자해야 하는 이유는 바로 수익률 때문이다. '수익률 = 리스크의 크기'와 비슷한 개념이다.

적립식펀드는 정기적금처럼 원금이 보장되는 상품은 아니지만 소위 펀드매니저라는 전문가가 내 돈을 주식에 간접투자해주는 상품이다. 2007년 서브프라임으로 인해 촉발된 전세계적인 경기침체 탓에 수익률이 예전만큼 좋지는 않지만, 5년 이상의 장기 투자 수익률은 대부분 정기적금 대비 2배 이상의 수익을 올렸다. 종잣돈 마련을 위한 첫 단계로 1년 정기적금을 통해 첫 종잣돈 마련에 성공했다면, 다음 단계로 첫 종잣돈의 5분의 1 이상(개인의 투자 성향에 따라 투자 비중 상향)은 적립식 펀드와 주식에 투자한다. 단 종잣돈의 2분의 1이 넘는 금액을 투자해서는 절대로 안 된다.

슈퍼리치 조태규 사장은 이와 관련해 다음과 같이 말한다.

"자신의 종잣돈이 100이라면 사업자금으로 100을 다 투자해서는 안 됩니다. 성공확률은 반반이기에 50만 투자하는 겁니다. 50을 투자해서 10을 벌고, 다시 60을 투자해서 15를 버는 식으로 투자하고, 50은 항상 남겨놓아야 합니다. 시간은 조금 많이 걸리겠지만 처음에 100을 다 투자해 100을 전부 잃으면(확률 50퍼센트) 다시 종잣돈을 마련하기까지 시간이 너무 많이 걸립니다."

이는 정곡을 찌르는 말이다. 가장 중요한 것은 종잣돈을 잃지 않고 안전하게 굴려가는 것이기 때문이다.

목표 수익률 관리

목표 수익률 관리가 중요한 이유는 그것이 탐욕을 차단하는 역할을 하기 때문이다. 2007년 말 서브프라임 모기지 사태 발생 직전, 소위 '차이나 펀드 광풍'은 수익률 100퍼센트 도전 등 어처구니없는 '묻지마 투자'를 양산했다. 심지어 투자 경험이 비교적 많은 슈퍼리치도 여기에 휩쓸려 종잣돈의 많은 부분을 잃기도 했다. 그 이후 사람들의 투자 형태는 많이 달라져 철저하게 수익률을 관리하고 펀드 등 투자형 상품에 대한 투자 비중을 조절하게 됐다. 보통 적립식 펀드 등 투자형 상품에 대한 목표 수익률을 정기적금 대비 2배 정도로 정하면 무리가 없다. 예를 들어 1년 정기적금의 금리가 4퍼센트라면 적립식 펀드에 투자할 때 8~10퍼센트 정도의 목표수익률을 설정하고 종잣돈을 관리하라는 것이다. 주가는 항상 오르는 것이 아니라 등락을 반복한다. 적립식펀드에 투자해 1년 만에 목표했던 8퍼센트의 수익을 달성했다면 환매하고 시장 상황과 트렌드를 점검한 뒤 신중하게 재투자에 나서야 한다.

슈퍼리치는 돈 관리에 철두철미한 사람들이다. 100억대 슈퍼리치도 이렇게 하는데 샐러리맨인 우리가 피 같은 돈을 투자하면서 어떻게 되겠지 하고 그냥 놔둬서는 안 된다. 통장 겉표지에 상품 가입 일자, 가입 금액, 코스피지수, 목표수익률, 이 네 가지만 적어놓아도 투자 결과가 달라질 것이다. 이는 실제로 슈퍼리치가 통장을 관리하는 방법이기도 하다.

종잣돈의 규모는 어떻게 설정해야 할까? 많은 전문가들이 내 집 마련 자금, 은퇴자금 마련 등 목적별로 자산을 쪼개어 관리하는 방법을 권장하지만 종잣돈을 너무 쪼개 관리하는 것보다 오히려 눈덩이를 불리듯이 일정 단위의 목돈으로 관리해야 한다. 예를 들어 상황에 맞게 1년 안에 1,000만 원 모으기, 3년 안에 5,000만 원 모으기 등 종잣돈 금액을 명확하게 정하고 정기적금, 정기예금 등 가장 기초적인 상품을 활용해서 첫 종잣돈 마련에 성공하는 것이 중요하다.

또한 구체적인 기간을 정해서 종잣돈을 굴리되 반드시 통장에 목표 금액을 표시한 다음 6월 말, 12월 말 등 투자한 금액을 1년에 최소 두 번 이상은 파악하는 습관을 들여야 한다. PB센터의 슈퍼리치는 별도의 자산리포트를 통해 거의 매일, 최소 한 달에 한 번은 자신이 투자한 돈이 어떤 상황에 있는지 한눈에 파악할 수 있는 반면, 일반 고객은 도대체 지금 자신의 자산이 어느 정인지도 파악하기가 쉽지 않은 것이 현실이다. 따라서 중요한 것은 자신의 수첩이나 가계부에 수입, 지출을 적어 현금 흐름을 파악하고 투자한 자산의 규모와 목표 수익률을 수시로 점검하는 습관을 들이는 일이다.

목표수익률과 종잣돈 점검표(최소 1년에 2회 이상 점검)		(점검일자: 월 일)	
1년 종잣돈 마련 목표	1,000만 원	목표 수익률	(8)퍼센트
자산 (예금, 적금, 펀드, 입출금 통장 잔액 등)		부채 (내 집 마련 대출, 마이너스통장, 카드 대금 등)	
자산합계		부채합계	

슈퍼리치 되기 (3)
_종잣돈 지키기

종잣돈을 지키는 방법

포트폴리오 관리

포트폴리오 관리는 종잣돈을 지키기 위해 반드시 해야 하는 일이다. 지금은 시장이 침체기에 있어 종잣돈의 펀드와 주식에 대한 투자 비중이 많이 줄었지만, 시장이 다시 상승한다면 종잣돈에서 훨씬 더 많은 비율이 투자자산으로 쏠릴 수 있다.

종잣돈을 안전하게 지키기 위해서는 안전자산 대 투자자산의 비중을 철저하게 관리해야 한다. 예를 들어 안전자산 대 투자자산의 비중을 6 대 4 또는 7 대 3으로 자신의 성향에 따라 확실하게 관리해야 한다. 6 대 4로 관리하던 종잣돈 포트폴리오가 주가 상승으로 인해 5 대 5가 되었다면 투자자산 비중을 줄여서 다시 6 대 4로 만들어야 한다. 이를 위해서는 수시로 종잣돈의 규모와 가입상품을 점검할 필요가 있다. 포트폴리오 점검 일자를 수첩이나 달력에 적어놓고 관리한다면 투자 성공 확률을 높일 수 있다.

안전자산과 투자자산

안전자산 대 투자자산의 비중을 조절하는 이유는 종잣돈의 쏠림 현상을 방지하고, 종잣돈을 안전하게 지키기 위함이다. 정기예금 등 확정금리 상품으로 금융자산을 운용한다면 굳이 이렇게 할 필요가 없겠지만, 저금리 시대가 도래함에 따라 정기예금 이상의 투자 수익률을 올리기 위해서는 펀드 등 투자자산에 일정 비율 투자할 필요가 있다. 투자 수익률을 올리는 동시에 전체적인 자산의 안정성도 유지해야 하기 때문에 자신의 경제적인 상황, 나이, 목표 수익률에 따라 안전자산 대 투자자산의 비율을 정해야 한다. 안전에 치중하다 보면 수익률이, 수익률에 치중하다 보면 리스크가 증가하므로 자신만의 원칙과 기준이 필요하다

종잣돈을 지키면서 키우는 시스템

수입과 지출 통장의 분리

샐러리맨은 월급통장을 사용하는 경우가 많다. 회사에서 정해진 월

급 계좌에 입금을 해주면 거기서 카드대금이 빠져나가고 설정한 자동이체가 이뤄진다. 이러다 보니 수입과 지출이 복잡하게 얽혀서 구분이 잘 안 되고 며칠 지나지 않아 통장잔고는 바닥이 나고 만다. 최악의 경우 마이너스 통장까지 설정되어 있다 보니, 지출을 통제할 수가 없다.

지금부터 월급계좌는 월급계좌로만 사용하자. 그 다음 월급계좌에서 제일 먼저 종잣돈 마련 저축계좌로 자동이체를 신청하고, 생활비, 용돈 등은 급여일 다음날 자동이체가 되게 1일~2일 정도 시차를 두고 관리한다. 그 첫번째 이유는 '없으면 안 쓴다'는 슈퍼리치의 습관을 따르는 것이 '슈퍼리치로 가는 지름길'이기 때문이다. 두번째로는 선 저축, 후 지출 원칙을 지키기 위해서다. 힘들고 쉽지 않겠지만 이 두 가지 원칙만 잘 지켜도 종잣돈 마련에 성공할 확률이 높아진다.

지금 당장 실천하자. 행동하지 않으면 아무것도 변하지 않는다.

장단기 상품 활용법

앞서 소개한 방법들을 사용해 첫 종잣돈 1,000만 원을 마련했다고 하자. 이렇게 어렵게 마련한 종잣돈을 어떻게 굴려야 할까? 슈퍼리치의 비법을 살짝 엿보면, 상품의 가입 기간을 6개월, 1년 또는 3개월 단위 만기로 분리하는 것을 알 수 있다.

그 이유는 금리란 것은 계속 변하기 때문에 지금은 6개월 금리가 좋을 수도 있지만, 3개월 뒤에는 1년 금리가 더 좋을 수도 있다. 사소해 보이지만 단 0.1퍼센트라도 금리를 더 받기 위해 생계형저축, 세금우대 상품, 우대이율을 적용받으려 꼼꼼하게 따지는 슈퍼리치 모습을 당신이 본다면 아마 혀를 내두를 것이다.

향후 저금리 기조가 이어질 확률이 높다고 판단된다면 1년 이상 장기상품을 활용한다. 예를 들어 1,000만 원의 종잣돈이 있다면 500만 원은 6개월 정기예금, 500만 원은 1년 만기 특정금전신탁 상품을 활용해 종잣돈을 굴리는 것이다. 이렇게 예금 만기기간, 상품 종류의 분리를 통해 금리변동을 따라갈 수 있는 장점도 있고, 조금 더 만기이자를 받는 기쁨도 있기에 더 큰 종잣돈을 마련하고자 하는 동기를 부여받을 수 있다. 당장 일확천금을 노릴 방법도 없거니와 설령 그런 방법에 혹해서 쏠림투자를 했다가는 어렵게 모은 종잣돈을 잃을 수 있다. 종잣돈을 굴려 수익을 거두는 가장 확실한 방법은 열심히 공부하고, 발품을 팔며, 단 1퍼센트라도 꼼꼼히 챙기는 좋은 습관을 길러야 한다.

슈퍼리치가 주목하는 최신 금융상품 트렌드

여기서는 슈퍼리치들이 주로 활용하는 금융상품을 잠깐 알아보는 정도로만 소개한다. 꾸준한 노력과 좋은 자산관리 습관으로 5천 만 원, 1억 원 종잣돈 마련에 성공했을 때 따라해보길 권한다.

사모펀드에 투자하기

펀드는 크게 공모펀드와 사모펀드로 나눌 수 있다. 사모펀드란 49인 이하의 투자자들의 돈으로 특정 섹터에 100억 안팎을 투자하는 펀드를 말한다. 경기침체기를 맞이해 최근 2~3년 동안 PB 고객들이 많이 활용한 상품 중 하나다. 운용 성과가 언제나 공모펀드보다

양호하다고 할 수는 없지만, 상대적으로 소수 투자자들이 특정 섹터에 민첩하게 투자한다는 콘셉트가 인기를 끌었다. 실제로 삼성생명 비상장주식 편입 사모펀드와 전기차용 2차전지에 투자하는 사모펀드는 1년 안팎의 단기간에 고수익을 실현하기도 했다.

나 역시 두 가지 펀드를 모두 모집해 고객에게 좋은 수익률을 올려준 경험이 있다. 실제로 사모펀드를 모집해 자산관리의 한 방편으로 활용해보니, 사모펀드는 매우 세심한 주의와 관리 노력이 필요한 상품이란 것을 알 수 있었다.

앞으로도 변동성이 큰 시장에서 민첩한 대응과 다양한 콘셉트투자의 장점을 갖고 있는 사모펀드는 계속 인기를 끌겠지만 다른 한편으로 트렌드를 제때 따라가지 못하면 공모펀드 대비 성과가 부진할 수 있기에 장, 단점을 잘 활용하고, 투자 비중 상한선을 정해서 일정 한도 내에서만 활용할 것을 조언한다.

(※ 매일경제신문 2010년 7월 22일자 참조)

내게 맞는 사모펀드 활용법

사모펀드는 트렌드를 선도하는 상품일 경우 투자성과가 좋았다. 경쟁력 있는 콘셉트를 발굴, 타이밍을 살려 설정하는 것이 중요하다. 시장을 선도하는 것은 쉽지 않은 일이다. 시장에서 처음으로 삼성생명 비상장주식을 사모펀드에 편입할 때만 해도 많은 고민을 했다. 상장이 안 되면 수익률은 고사하고 삼성생명 주식을 오랫동안 보유해야 할 수도 있었다. 당시 삼성생명 비상주 편입 사모펀드가 설정 7개월 만에 약 100퍼센트의 수익을 올린 이유는 투자자들이 자신의 금융자산 중 장기로 묶여도 지장이 없을 정도의 자금으로 가능성에 무게를 두고 과감히 투자했기 때문이다.

당시 나는 여러 날을 고민하며 슈퍼리치 고객을 설득하고, 펀드매니저와 수차례 미팅을 했다. 트렌드를 앞서가기 위해서는 철저한 시장조사와 데이터에 근거한 가능성 탐색이 선행되어야 하지만 결국 투자에는 사업과 마찬가지로 어느 정도의 배짱과 결단력이 요구된다. 사모펀드가 성공하기 위해서는 좋은 콘셉트를 갖고 있어야 하고 PB, 투자자, 펀드매니저의 삼박자가 잘 맞아야 한다.

보험상품 활용하기

10년 이상 장기상품인 방카슈랑스 상품을 이용하는 가장 큰 이유는 비과세 혜택 때문이다. 정기예금에 가입하면 만기 시에 이자소득세 15.4퍼센트를 제하지만, 보험상품은 만기 시 비과세 혜택을 받는다. 금융자산이 많은 고객은 적지 않은 돈이 이자소득세로 나가고, 금융소득이 4,000만 원을 초과하면 금융소득 종합과세에 합산되어 의료비 할증 등 불리한 점이 많기 때문에 보험상품을 활용하는 것이다.

세제 혜택을 주는 금융상품

상품	요건	내용	소득공제
연금저축	만 18세 이상 거주자 불입 기간 10년 이상	연금 수령 시 연금소득세 중도 해지 시 기타소득세	가능 (연 400만 원 한도)
장기저축성 보험	개인, 계약기간 10년 이상	보험 차익 비과세	불가
장기주택마련 저축	만 18세 이상 거주자 무주택 또는 기준시가 3억 원 이하 국민주택 규모 주택 1채 또는 기준시가 5,000만 원 이하 주택 1채 소유 세대주 계약기간 7년 이상	이자소득 비과세	가능 (납입액의 40퍼센트 한도, 300만 원까지)
청약저축 주택청약종합저축	무주택자인 근로소득자	소득공제 가능 이자 소득 세제 혜택 없음	가능 (납입액의 40퍼센트)
국내주식형펀드	거주자인 개인	국내 상장 주식 매매 차익 비과세 (채권 이자, 주식 배당 소득 등 다른 발생 소득은 과세)	가능 (2009년까지 신청 후 3년까지 한시적)

　일반고객의 입장에서도 연말정산 소득공제 혜택, 종잣돈 마련 수단, 향후 금융자산 증가 시 비과세 혜택 등의 매력을 갖고 있으므로 자신의 자산에서 일정 부분을 보험상품에 투자하는 포트폴리오를 구성해야 한다. 금융상품을 분석해보면 모두 장, 단점을 갖고 있다. 책도 읽어보고, 신문도 보고, 은행직원을 만나 상담도 받고 하다 보면 이러한 특징들을 잘 파악할 수 있다.
　심지어 슈퍼리치 고객 중에도 소위 잘못된 선입관을 갖고 있어 상품 선택에 있어 고집을 부리는 경우가 있는데 이는 균형잡힌 투자에는 전혀 도움이 되지 않는다. 열린 자세를 갖고 자산을 운용할 때 훨씬 더 도움이 된다.

앞으로 비과세 혜택은 점차 축소되거나 더 오래 가입해야 비과세 혜택을 받을 수 있도록 조건이 바뀔 수도 있다. 2004년 이전 상품이 7년 비과세 요건, 지금은 10년 비과세 요건, 앞으로는 몇 년이 될지 알 수 없지만 기간이 늘어날 것임은 틀림없어 보인다. 제도가 바뀌기 전에 자신에 맞는 비과세 상품을 적절히 활용하는 것이 좋다.

자산 배분하기

금융자산, 부동산 투자 등에 어떻게 자산을 배분해야 할까? 이 문제는 수익률과 밀접한 관계가 있다. 2008년 서브프라임 모기지 사태 후 슈퍼리치들은 큰 교훈을 얻었다. 당시 브릭스펀드와 차이나펀드에 대한 투자 비중이 지나치게 높았던 고객들이 엄청난 손실을 보는 아픔을 겪었다. 금융자산이 10억인데 8억을 펀드에 투자해 반토막이 났다면 자산의 40퍼센트가 날아간 것이다.

자산배분 전략이 중요한 이유는 균형 잡힌 투자를 통해 자산을 안전하게 지키기 위함이다. 슈퍼리치 고객은 부동산, 금융자산 등 전체 자산 규모가 100억 원 안팎으로 자산을 지키는 데 더 비중을 두어야 한다. 안전자산 대 투자자산의 비율을 정할 때 안전자산 쪽에 무게 중심을 둬야 한다. 금융자산 중 안전자산 대 투자자산의 비중도 역시 안전자산에 무게 중심을 둬야 한다.

일반고객이나 연령이 젊은 고객은 투자자산 쪽에 무게 중심을 둬야 한다. 목표수익률은 1년 만기 정기예금 금리의 2배 수준으로 정하고 자산을 불리는 데 집중해야 한다.

부동산 대 금융자산의 투자 비중

지금 부동산 비중이 70~80퍼센트가 넘는 사람은 당연히 금융자산 비중을 높여야 한다. 우리나라의 경우 전체 자산 중 부동산이 차지하는 비중이 선진국과 비교해 매우 높은 편이다. 최근 부동산의 투자 수익률이 하락하고 있고, 금융자산 역시 경기 침체에 따라 정기예금 이상의 투자 수익률을 올리기가 쉽지 않다. 과거의 주요 자산 증식 수단이 부동산이었다면 앞으로는 금융자산 중 투자자산 쪽으로 무게 중심이 이동할 것이다. 저금리와 증시 침체에 따라 단기 유동자금이 풍부한 상황이 앞으로 주가 상승에 긍정적인 작용을 할 수 있으므로 시장을 잘 관찰하면서 상승 시에 투자할 수 있는 여력을 확보해놓아야 한다.

부동산을 많이 갖고 있는 한 슈퍼리치 고객의 다음과 같은 말을 기억하라.

"세금 내고 나면 남는 것이 별로 없어 부동산은 재미가 없어요. 앞으로는 금융투자가 더 전망이 좋을 것 같아요."

부동산 투자와 관리

부동산 경매 투자로 100억대 슈퍼리치 반열에 오른 박경미 사모님의 사례에서 보듯 부동산 투자는 자산을 불려나가는 데 있어 여전히 중요한 수단이다.

부동산은 시장의 분위기를 알고 투자 방법을 익히는 데 시간이 많이 걸리는 분야이므로 꾸준한 관심과 발품을 파는 것이 중요하다. 슈퍼리치 고객의 경우 꾸준하게 현장에 다녀오고, 조금이라도 궁금한 점이 있으면 부동산 전문가와 상담한다. 기존에 보유하고 있는 부동산도 리모델링이나 매각을 통해 수익형 부동산으로 변신시키는 등 부동산도 적극적인 관리가 필요하다.

또한 부동산 관리는 생각처럼 쉽지 않으므로 전문가의 도움을 200퍼센트 활용해야 한다. 한 명이 아닌 여러 명에게 받아야 한다. 일반 고객도 1차 목표로 내 집 마련에 성공하면, 다음 단계로 작은 상가나 토지에 관심을 갖고 적극적으로 노력을 기울여야 한다. 대법원 경매 사이트를 방문해 경매물건을 살펴보면서 가상 입찰에 참가해보는 것도 안목을 높이는 한 가지 방법이다.

위험관리하기

자산 지키기

자산을 지킨다는 것은 리스크를 관리한다는 뜻이다. 자산이 1,000억 원대인 한 슈퍼리치는 83살의 나이에도 불구하고 아직까지 직접 통장을 관리하고, 꼼꼼하게 메모를 하며 만기일을 체크하고, 철저하게 수익률을 점검한다. 심지어 주가가 떨어지는 날이면 어김없이 전화가 온다. 자산을 이렇게 철저하게 관리하니 손해를 볼 확률이 자동적으로 줄어들 수밖에 없다.

부동산의 경우는 공실을 최소화하고, 노후화한 건물은 리모델링을 하는 등 부동산의 가치를 유지하기 위해 노력해야 한다. 30년째 부동산 임대업을 하고 있는 김 사장은 "부동산도 계속 포트폴리오 조정을 해줘야 합니다. 매년 보유 부동산을 평가해서 가치가 떨어진 20퍼센트 부동산은 매각하고 다시 매입합니다. 그래야 손해를 최소화할 수 있어요"라며 적극적으로 관리하는 것의 중요성을 강조한다.

부의 이전

자신이 어렵게 이룬 부를 2세, 3세에게 물려주고 싶은 것은 당연한 일이다. 하지만 그러한 부를 혼자만 열심히 해서 이룬 것도, 사회적인 시스템이나 도움 없이 이룬 것도 아니기에 어느 정도의 자산은 먼저 사회를 위해 사용해야 하겠다.

 그런 다음 자식에게 부를 이전할 경우 전략이 필요하다. 금융자산 외에 여러 가지 것들을 물려주기 위해서 준비가 필요한 것이다. 의외로 많은 슈퍼리치들이 자신의 부를 어떤 식으로 사회에 기부할지, 그리고 2, 3세에게 어떻게 이전할지와 관련한 노력을 거의 하지 않는 것이 현실이다. 부를 이전하는 데는 자산을 불리기 위해 들인 것만큼이나 많은 노력이 필요하다. 최근 금융권에서 가업 승계 세미나나 컨설팅을 하는 것도 이런 이유에서다.

 우선 자녀에게 철저한 경제 교육을 시켜야 한다. 세뱃돈을 받았다면 함께 은행에 가서 적립식 투자통장을 만들어서 경제관념을 심어주자. 평소에 빈 방의 불을 끄는 습관을 들이도록 하자. 부모가 아무런 교육도 하지 않고 자녀가 돈을 마구 쓰도록 만드는 것은 자녀를 망치는 일이다. 금융자산뿐 아니라 회사까지 물려주고 싶다면, 지금부터 철저하게 밑바닥부터 경험하도록 만들어야 한다. 가족기업을 일군 박 사장의 경우 맏아들은 트럭 배달을 하고, 딸은 경리와 마케팅을 담당하고 있다. 시간을 투자해서 경험을 쌓고 회사의 사정을 잘 파악하도록 한 뒤 회사를 물려주는 것이 좋다. 이렇게 하는 데는 많은 시간이 필요하므로 지금부터 철저하게 준비해나가야 한다.

10년 후 유망상품

10년 후에는 인구 구조, 정치 및 경제 환경, 부동산 상황 등과 같은 조건들이 급속히 변화해 자산관리 패러다임 역시 바뀌게 될 것이다. 트렌드를 앞서 가기 위해서는 스스로의 경제 지식을 업그레이드하기 위해 꾸준히 노력해야 한다. 10년 후 유망상품을 선정하기에 앞서 미래 환경은 더욱 변동성이 심화될 것이다. 자산을 안전하게 관리하며 불려나가기 위해서는 인플레이션 대비 상품으로서 실물에 투자하는 부동산, 수익형 상가, 토지 등을 전체 자산 중 50퍼센트 정도 비중으로 유지해야 한다. 부동산이 장기 하락세에 들어섰다고 하지만 땅과 수익형 부동산에 대한 투자 수요가 여전한 것도 사실이다. 이것이 실물자산의 비중을 50퍼센트로 유지해야 하는 이유다. 나머지 50퍼센트는 정기예금 등 확정금리형 상품 외에 적립식펀드, 에너지, 하이일드채권, 주식 등 투자형 상품에 투자해야 한다. 이머징 유망국가에 대한 해외투자펀드, 에너지 강국에 대한 투자도 생각해볼 만하고, 원자재 강국에 대한 투자도 적극 고려해야 한다.

향후 자원부국에 대한 투자는 경기회복과 자원량 한정이라는 요소 때문에 매력적인 투자처가 될 것이다. 정기예금 등 확정금리 선호 고객도 우리나라에 비해 상대적으로 국공채 금리가 좋은 이머징 국가나 미국 등 하이일드채권에 투자한다면 향후 2~3년 정도 좋은 투자처가 될 수 있다.

한마디로 10년 후에는 기본적으로는 부동산에 대한 투자 비중을 50퍼센트로 하고(인플레이션 헷지 기능), 변동성 심화와 경기회복에 따라 원자재, 이머징 국공채, 자원부국, 경기회복 속도가 빠를 것으로 예상되는 나라의 주식 등에 투자하는 식으로 포트폴리오를 구성하는 것이 바람직할 것으로 보인다. 중요한 것은 항상 트렌드를 면밀히 관찰하고 신중하면서도 신속하게 투자하는 것이다.

슈퍼리치가 되는 방법

슈퍼리치들을 오늘날과 같은 자리에 있게 한 방법들을 유형별로 정리하면 다음과 같다. 여기서 자신에게 알맞은 방법을 택해 실천에 옮긴다면 당신도 슈퍼리치의 반열에 오를 수 있을 것이다.

1. **샐러리맨 슈퍼리치 되기**
   - 직장에서 최고가 되기
   - 자신만의 차별화된 전략 구사
2. **창업**
   - 샐러리맨 재직 중 틈틈이 창업 준비
   - 관심 분야 공부, 간접 경험, 창업 준비, 네트워크 갖추기
3. **다양한 수입처 창출**
   - 종잣돈을 활용한 수익형 부동산 및 임대 사업
   - 인세, 특허, 수익형 상가 운용(배우자, 자녀 협조)
4. **부동산으로 부자 되기**
   - 땅 투자
   - 경매를 이용해 상가 구입하기
5. **한 분야에서 최선을 다해 성공하기**
   - 연예인, 운동선수
   - 자신만의 재능 개발
6. **상속 자산의 활용**
   - 부모 상속, 증여자산 활용
   - 형제 간 상속재산에 대한 적절한 배분과 사전 동의 및 협조
7. **금융자산을 활용해 부자 되기**
   - 사모펀드, 자문형 랩으로 불리기
   - 금, 유망한 원자재 투자

4장

슈퍼리치로 성장하는 어느 만년 과장의 이야기

여기서는 만년 과장 신세인 공 과장이 훌륭한 슈퍼리치 멘토를 만나
꿈에 한 걸음 다가선다는 가상의 이야기를 소개하기로 하겠다.
이는 내 이야기가 될 수도 있고, 내 주변의 이야기가 될 수도 있다.
현실에 발목을 잡혀 하루하루를 아무런 희망도, 즐거움 없이 보내는 우리 모두에게
새로운 길을 안내하는 이야기인 것이다.
자, 그럼 이제부터 그 이야기 속으로 들어가보자.

과장 10년차인 공 과장은
한때 실력을 인정받는 유능한 회사원이었지만 벌써 5년째 승진 심사에서 고배를 마셨다.
재산이라고는 1억 5,000만 원짜리 전셋집인 24평 아파트가 전부다.
돈이 생기면 쓰지 않고 못 배기는 공 과장과는 달리
아내 안금숙은 저축부터 하고 나머지로 생활하는 알뜰한 가정주부다.
연초 또 승진심사에서 밀려난 공 과장은 홧김에 한강에 갔다가 우연히 김기철 사장을 만난다.
김 사장은 공 과장의 멘토가 되어 공 과장에게 꿈 노트와 멘토 수첩을 선물하는데
거기에는 김 사장이 슈퍼리치가 되기까지
갖가지 고생과 시행착오를 되풀이하며 얻은 노하우가 모두 담겨 있다.
공 과장은 김 사장 부부의 성공스토리에 자극을 받아 회사에서 더욱 열심히 일하고
부지런히 모은 종잣돈으로 작은 상가를 경매로 낙찰받는 등
슈퍼리치가 되는 길로 들어서게 된다.

#1 쓰라린 패배

멘토 Says "승진은 내가 어떻게 할 수 없는 일이지. 그게 샐러리맨의 운명이라네! 직장생활은 인생 3막 중 1막일뿐이네. 지금부터 2막을 준비하게. 더 늦기 전에!"

벌써 오후 5시. 승진 발표 예정 시간이 1시간이나 지났다. 공문이 뜨기를 기다리는 공 과장의 속이 타들어간다.

"공문 떴어요!"

사무실 직원들은 일제히 자신의 모니터로 눈을 돌렸다. 공 과장도 떨리는 마음으로 자신의 이름을 찾아보았다.

'이번에는 꼭 되겠지. 승진하면 주말에 놀이공원에 가기로 아이들과 약속했는데…….'

아침 출근길에 '아빠 파이팅'을 외치던 아내와 두 딸의 얼굴이 모니터에 오버랩되었다.

'최문석? 이 친구는 나보다 3년이나 후배인데 벌써 승진을?'

하지만 남 신경 쓸 때가 아니다. 공 과장은 단숨에 공문을 읽어 내려갔다. 그런데 자신의 이름을 찾을 수 없었다. 이번에도 밀려난 것이다.

이름이 없는 것을 확인한 뒤 어떻게 사무실을 나왔는지 기억이 나지 않는다. 화려한 불빛이 비치는 한강. 다리 위로 수많은 차들이서 있는 걸 보니 한창 퇴근 시간인가 보다.

 승진 명단에 이름이 올라 있었더라면 지금쯤 동료들의 축하를 받으며 술 한 잔 하고 있을 텐데……. 아내와 두 딸에게도 기쁜 소식을 전하고 말이다.

 시간이 얼마나 지났을까? 공 과장은 소주병을 움켜쥔 채 찬 바람을 맞으며 벤치에 앉아 있었다. 빈속에 소주를 두 병이나 마셔서인지 속이 쓰리고 머리가 아팠다. 하지만 정신은 말짱했다.

 '최문석', 그 이름을 보지 않았다면 기분이 이렇게까지 나쁘지는 않았을 것이다. 3년 후배에게까지 승진에서 밀렸다는 생각에 공 과장의 마음은 더욱 씁쓸했다. 공 과장도 한때는 인정받는 회사원이었다. 대리 시절 탁월한 실적으로 사장님에게 표창도 받고 5년 전만 해도 승진 걱정 따위는 하지 않았다. 그러나 공 과장은 어느덧 40대 중반의 나이가 되었고, 스스로가 한없이 초라하게 느껴졌다.

 늦은 가을비가 추적추적 내리기 시작했다.
 "이봐요, 젊은이! 이러다가 큰일 나겠네. 어서 일어나요."
 깜빡 잠이 들었었나 보다.
 인자한 표정의 노부부가 걱정스러운 눈으로 바라보고 있었다. 머리가 깨질 듯이 아팠다.
 "젊은이, 얼른 정신 차리고 집에 가요."
 걱정하고 있을 아내와 아이들의 얼굴이 떠올랐다. 시계를 보니 밤 10시 30분. 양복 주머니에 손을 넣어 지갑을 찾았으나 보이지 않왔다. 순간 공 과장은 당황했다.

"저기, 잠깐만요. 할아버지!"

공 과장은 숨을 헐떡이며 멀어져가는 노부부에게로 뛰어갔다.

"죄송한데요, 지갑을 잃어버린 것 같습니다. 차비 좀 빌려주세요. 이건 제 명함인데요, 내일 꼭 갚겠습니다."

노신사는 물끄러미 공 과장을 바라보더니, 지갑에서 돈을 꺼내주었다.

"정말 고맙습니다."

노신사는 공 과장의 명함을 보더니 입을 열었다.

"미래무역 공진표 과장이라……. 옛날 생각 나는군."

노신사는 이렇게 말하며 다시 공 과장을 쳐다봤다.

"늦었으니 어서 들어가게. 언제 시간되면 우리 가게에 한번 놀러 오게나."

노신사는 명함을 건네주며 말했다.

멘토 Says "부부는 평생 함께 가는 동반자라네! 힘이 들수록 더욱 아끼고 위해주게. 험난한 세상에 남편이나 아내, 가족만큼 든든한 응원군은 없다네!"

"하루 종일 TV만 끼고 살 거예요?"

아내가 짜증스럽게 말했다.

"주말인데 청소기 한번 밀어주지 않고……."

승진 발표가 난 지 벌써 일주일이 지났지만 공 과장은 모든 일에 완전히 의욕을 잃었다. 어제가 결혼 15주년 되는 날이었지만 집안 분위기가 말이 아니다.

"배고픈데 라면이나 하나 끓여줘."

"당신이 끓여 먹어요. 내가 밥하고 빨래하는 기계도 아니고."

순간 공 과장의 감정이 폭발했다.

"당신이 집에서 하는 일이 뭐야? 다른 집 여자들은 식당 접시라도 닦아서 살림에 보태는데 당신은 집에 있으면서 남편 점심도 안 챙겨주겠다는 거야?"

"뭐예요? 지금 나보고 식당 접시 닦는 일을 하라는 거예요?"

막내딸이 훌쩍훌쩍 울기 시작했다.

"아빠, 싸우지 마. 무서워."

"너희들은 방에 들어가 있어."

아내가 작정한 듯 아이들을 방으로 들여보냈다.

"그래, 말이 나왔으니 하는 말인데 당신이 벌어오는 월급으로는 애들 학원비 대기도 힘들어요. 그런데 당신은 허구한 날 술이나 퍼마시고 대체 어쩌려고 그래요?"

아내는 소파에 주저앉아 눈물을 쏟아내기 시작했다.

"결혼 15주년에 다이아몬드 반지는 고사하고 이게 뭐야, 흑흑……."

사실 공 과장은 아내에게 늘 미안했다. 욱해서 큰소리를 치긴 했지만 공 과장은 아내만큼 알뜰한 여자는 보지 못했다. 단 돈 100원을 아끼려고 가까운 슈퍼를 두고 먼 곳에 있는 시장까지 걸어가는 그런 여자다. 공 과장은 머릿속이 복잡해 집에서 나왔다.

'아, 난 이제 어떻게 해야 하나?'

#3 돌파구를 찾다

멘토 Says "성공하려면 일단 꿈과 목표를 분명히 하게. 목적 없이 사는 것은 깜깜한 밤에 등대 없이 항해하는 것과 같다네. 자신의 인생을 그렇게 만들지 말게."

"왔는가? 안 그래도 한 번 들를 텐데 하고 생각하고 있었네."

한강에서 만났던 할아버지는 이렇게 말하며 공 과장을 맞이했다.

"어째 표정이 말이 아니군. 부부싸움이라도 했나?"

공 과장은 멋쩍어서 모기만한 목소리로 대답했다.

"네."

"커피 한 잔 하게나. 마음이 좀 가라앉을 걸세."

따뜻한 커피 한 모금이 목을 타고 내려갔다. 커피 전문점을 운영하시는 할아버지는 그 일대에서 김 사장이라 불렸는데 김 사장의 말대로 진한 커피 향이 마음을 진정시켜주는 것 같았다.

김 사장의 가게는 집에서 그리 멀지 않은 곳에 있었다. 몇 개월 전 버스를 타고 퇴근하는 길에 새로 짓고 있는 예쁜 5층짜리 상가를 보았는데 그것이 바로 김 사장의 건물이었다. 허름한 1층짜리 옷가게가 있었던 자리다.

"지난번에는 차비를 빌려주셔서 너무 감사했습니다."

점심도 못 먹고 집을 나선 터라 허기가 밀려왔는데 마침 김 사장이 음식을 가지고 나왔다.

"이것 좀 들게, 내가 개발한 신 메뉴라네."

김 사장이 웃으며 말했다.

"음, 정말 맛있는데요? 어떻게 이런 메뉴를 개발하셨어요? 이런 걸 여쭤봐도 될지 모르겠지만 어떻게 이런 멋진 건물 주인이 되셨고요?"

공 과장은 한강에서 김 사장이 자네 같은 때가 있었다고 말한 것을 떠올렸다.

"급하기도 하군. 천천히 들고 얘기하세."

손님이 꽤 있었지만 아르바이트생이 두 명 있어서 김 사장은 커피 한 잔을 갖고 와서 공 과장 앞에 앉았다.

"언제부터 이 가게를 하신 거예요?"

공 과장이 커피를 한 모금 마시며 물었다.

"나도 왕년에는 자네처럼 샐러리맨이었지. 삼공물산에 20년간 근무했다네."

공 과장은 깜짝 놀랐다. 삼공물산이라면 우리나라 직장인들이 가장 선망하는 최고의 직장이 아닌가?

"신입사원 때부터 40대 중반이 될 때까지 날마다 새벽 2~3시에 퇴근할 정도로 열심히 일했지."

김 사장이 옛일을 회상하듯 지그시 눈을 감았다.

"어느 날은 아침에 눈을 떴는데 얼굴의 느낌이 이상해서 화장실로 달려가 거울을 보니 턱이 돌아가지 않았겠나.'

"세상에! 얼마나 열심히 일했기에 턱이 다 돌아갔어요?"

공 과장이 눈을 동그랗게 뜨며 물었다.

"그때는 직장이 전부였지. 열심히 일하고 성과를 내면 상무, 전무로 진급할 거라는 희망에 부풀어서 말이야. 그게 착각이었다는 것은 부장 달고 50대 중반이 되어서야 알게 되었지."

김 사장의 인상이 조금 굳어졌다.

"설마 했지. 남들이 명예퇴직 대상이 되어 회사를 떠날 때 마음은 좋지 않았지만 그게 내일이 될 거라고는 생각하지 못했거든. 그런데 턱이 돌아가고 한 달 정도 지났을 때 인사부에서 전화가 왔네. 젊은 부장을 스카우트했다며 물러나라는 거야. 그 놈의 나이 때문이었지. 상무 진급 심사에서 2번 떨어지니까 바로 명예퇴직 대상이 된 걸세."

그때가 생각나는 듯 김 사장은 냉수를 한 모금 들이켰다.

"한강에서 공 과장 자네를 보니 10년 전 내 모습이 생각나더군. 나도 자네처럼 그날 한강에 갔었지. 별별 생각을 다했어. 몹쓸 생각까지 했지."

공 과장은 자기도 모르게 의자를 바싹 끌어당겨 앉았다.

"할아버지, 아니 이제 김 사장님이라고 부를게요. 그런데 지금은 이렇게 5층 상가의 주인이 되셨잖아요. 어떻게 그럴 수 있었던 거죠?"

공 과장은 자신과 비슷한 처지에 있던 김 사장이 어떻게 이렇듯 보란 듯이 성공할 수 있었는지 궁금했다.

김 사장이 갑자기 손목시계를 들여다보았다.

"벌써 시간이 이렇게 되었나? 원두커피를 가지러 갈 시간이네. 다음에 또 얘기하세나."

김 사장이 황급히 일어섰다.

#4 2년마다 찾아오는 고비

멘토 Says "종잣돈의 위력은 실로 대단하다네. 사업을 하든 투자를 하든 일단은 종잣돈을 마련하는 일부터 시작해야 하지. 종잣돈을 만드는 가장 좋은 방법은 내 집을 마련하는 것이지."

퇴근 후 늦은 저녁식사를 하는 공 과장에게 아내가 걱정스런 표정으로 말을 꺼냈다.

"여보, 집주인이 글쎄 전세금을 3,000만 원이나 올려달래요. 안 올려줄 거면 다른 집 알아보라면서……."

"뭐야? 3,000만 원이나?"

공 과장은 기가 막혀 자신도 모르게 들고 있던 숟가락을 식탁에 내려놓고는 아내를 쳐다봤다.

"응. 그래서 내가 오늘 부동산에 가서 알아봤는데 1억 5,000만 원 갖고는 이 동네에서 이 집만 한 전셋집은 찾기 힘들 것 같아."

부부는 한동안 말이 없었다.

2년 만에 한 번씩 돌아오는 전세 계약. 이번에도 지난번처럼 집주인을 찾아가 사정하는 수밖에 없을 것 같았다.

"다녀왔습니다."

현관문이 열리며 큰딸이 들어왔다.

중학교 2학년과 초등학교 5학년, 사춘기에 접어든 두 딸이 요새 안 그래도 방이 좁다고 불평인데 더 좁은 집으로 이사해야 할지도 모른다고 생각하니 가슴이 답답했다.

"여보, 전에 사온 맥주 어디 있어?"

답답한 마음에 공 과장은 밥도 다 안 먹고 술을 찾았다.

"도대체 어떻게 해야 제대로 된 집 한 채를 마련할 수 있을까?"

공 과장이 아내의 술잔을 채워주며 물었다.

"그러게 말이야. 아무리 아끼고 절약해도 월급은 빤하고……."

아내도 더 이상 말을 잇지 못했다.

#5 거듭되는 불운

멘토 Says "직장생활에도 로드맵이 필요하다네. 일만 열심히 한다고 승진하는 것은 아니지! 그렇다고 직장생활을 대충하라는 말은 아니네. 다만 직장생활에만 올인하지는 말라는 뜻이네! 내가 회사의 주인이란 생각으로 열심히 일하되 항상 인생 1막인 직장에서 나와도 내 사업을 하는 2막이 기다리고 있다는 것을 명심하게. 그를 위해서는 지금부터 차근차근 준비를 해야 하지."

"공 과장님, 부장님이 부르세요."

'아침 일찍 무슨 일이지?' 공 과장은 마음이 불안해졌다.

"부장님, 부르셨습니까?"

"자리에 앉게. 오늘부터 새로 전입한 정영남 차장에게 마케팅 팀장을 맡기기로 했네. 자네는 팀원으로서 앞으로 정영남 차장을 잘 도와주게나."

공 과장은 순간 호흡이 빨라졌다.

"아니, 부장님. 정영남 차장은 저보다 2살이나 어린데…….."

"자네 아직도 정신을 못 차렸군. 직장에서 중요한 건 직급이야. 꼭 내 입으로 자네가 무능하다는 얘기를 해야겠나?"

3년 전만 해도 마케팅 판촉에서 엄청난 실적을 올린 공 과장이다. 부장실을 나오니 팀원들이 슬슬 눈치를 보며 일하는 척을 한다.

"에라, 모르겠다. 될 대로 되라지."

3년 후배에게 승진에서 밀리고 이젠 2년 어린 차장에게 팀장자리까지 뺏기다니 공 과장은 한없이 작아지는 느낌이었다. 공 과장은 사무실을 나왔다. 어느덧 차가운 바람이 옷깃을 파고들었다.

멘토 수첩과 꿈 노트 #6

멘토 Says "가장 빨리 성공하는 방법은 이미 성공한 사람을 벤치마킹하는 거라네. 모방은 창조의 어머니지. 성공한 사람의 좋은 습관과 장점을 배우려 노력하게."

퇴근하니 책상 위에 소포가 놓여 있었다.

"어서 풀어봐요. 김기철 사장님이 보낸 거예요."

아내가 호기심 어린 눈빛으로 재촉했다.

> 공 과장,
>
> 먼저 이렇게 말도 없이 멀리 가게 되어 미안하네. 자네에게 많은 얘기를 해주고 싶었지만 이제 나도 나이가 예순다섯이고

바빠서 그동안 미뤄왔던 아내와의 해외여행 약속을 이번엔 지키려 하네. 이번 여행은 시간이 꽤 오래 걸릴 것 같아. 딸아이가 살고 있는 프랑스에 가서 1년 정도 있을 예정이고, 유럽 크루즈 여행도 할 예정이라네. 새로운 커피 메뉴를 개발하기 위해서 커피 원산지도 구석구석 돌아볼 거고 말이야. 적어도 2년은 걸리겠군.

소포에 작은 수첩 두 개를 넣었네. 거기에는 내가 명퇴를 당하고 100억대 자산을 일구기까지 겪은 시행착오와 노하우가 다 적혀 있다네. 내가 자네에게 해주고 싶은 얘기들이 다 담겨 있는 것이지. 일종의 멘토 수첩이라고 할까?

그리고 다른 수첩은 '나의 꿈 노트'라는 거네. 멘토 수첩을 보고 조금씩 꿈을 향해 걸어가다 보면 어느덧 자네의 꿈 노트도 완성될 걸세. 난 지금도 이 꿈 노트를 쓰고 있고 이번 해외여행도 그 꿈 노트에 적힌 목표 중 하나라네.

반드시 약속해야 할 것은 한 가지를 충분히 실천에 옮긴 후에 다음 단계로 넘어가야 한다는 걸세. 자네 앞에서 다짐을 받고 싶기도 하지만 난 자네 부부가 약속을 지킬 거라고 믿네.

참, 자네가 전셋값 때문에 걱정하는 것이 안쓰러워 대한은행 박정진 지점장에게 부탁해놓았으니 찾아가보게. 공짜로 대출해주는 것이 아니니 내가 귀국하면 꼭 갚아야 하네. 이자는 정기예금의 1.5배로 계산할 테니 명심하고.

김기철 사장의 다정한 목소리가 공 과장의 귀에 들리는 듯했다.

#7 꿈 노트를 펼치다

멘토 Says "꿈 노트는 가족 모두가 적어야 하네. 수첩을 하나 마련해 적되 처음부터 완벽하게 쓰려고 할 필요는 없네. 종이에 꿈을 적으면 반은 이루어진 것이나 다름없지. 성공한 사람들은 누구나 갖고 있는 꿈 노트를 적고 잘 활용한다면 자네도 머지않아 꿈을 이루게 될걸세."

공 과장은 '김기철의 꿈 노트'라고 적힌 수첩을 펼쳤다. 첫 장에는 다음과 같이 적혀 있었다.

꿈 노트 작성법

먼저 수첩을 하나 장만하게나.

회사에서 주는 것도 괜찮고 주머니에 쏙 들어가는 것이면 더 좋지.

그리고 생각나는 대로 10가지 목표를 적어보게.

우리 부부는 명퇴를 당하고 우여곡절을 많이 겪었다네. 퇴직금 2억 원으로 무엇을 할까 고민도 많이 했지.

자네가 지금 적은 10가지 목표가 소중한 꿈의 첫걸음이 되는 걸세. 꿈 목표는 1년, 3년, 5년, 10년으로 구분해서 적게. 지금 당장 이뤄야 할 단기적인 목표와 장기적인 목표를 나누라는 얘기네.

목표는 머릿속으로 생각만 하지 말고 반드시 종이에 적어야 하네. 종이에 적는 순간 목표를 달성할 가능성이 커지기 때문이지.

시작하기가 힘들면 10년 전 내가 작성한 이 꿈 노트를 보고 참고하게.

그러고 보니 빛바랜 김 사장의 수첩에는 1번부터 10번까지 번호가 매겨져 있고 상가 구입, 커피 전문점 사장 되기, 50억대 상가 구입 등등이라고 적혀 있었다.

다음 장을 읽고 싶었으나 멘토의 가르침대로 한 가지씩 실행하고 다음 장을 보기로 했다. 다음날 공 과장 부부는 김 사장이 말한 대한은행 박 지점장을 찾아갔다.

"어서 오게, 김 사장님은 우리 대한은행의 최고 VIP 고객이지. 자네가 어떻게 김 사장님의 마음에 들었는지 몰라도 자네에게 3,000만 원을 대출해주라고 하셨네. 보증은 김 사장님이 섰으니 나로서는 어쩔 도리가 없군. 단 김 사장이 한 가지 조건이 있다고 하더군."

공 과장 부부는 궁금한 표정으로 서로를 마주 보았다.

"자네가 2년 안에 3,000만 원을 갚을 수 있도록 도와주라더군. 지금부터 나를 자네 부부의 금융 주치의로 생각하고 내가 내리는 처방을 잘 따를 수 있겠나?"

박 지점장이 눈빛을 반짝이며 공 과장 부부에게 물었다.

"네."

공 과장 부부는 얼떨결에 이렇게 대답했다.

집주인에게 3,000만 원을 송금한 공 과장 부부는 가슴을 쓸어내렸다. 2년이라는 시간을 번 셈이다.

애들도 이사 가면 친구도 새로 사귀어야 하고 걱정이 많았는지 이사를 가지 않아도 된다는 말에 환호성을 질렀다.

"와, 우리 아빠 최고! 근데 아빠, 돈은 어디서 구한 거야?"

공 과장은 슬며시 미소를 띠며 조심스럽게 말했다.

"아빠가 든든한 멘토 할아버지를 만나서……. 그런데 2년 안에 꼭 갚아야 해. 오늘부터 너희도 아빠, 엄마를 많이 도와줘야 한다. 알았지? 참 김 사장님이 우리 가족의 꿈 노트도 꼭 쓰라고 하셨어. 오늘 각자 자신만의 수첩에 10가지 꿈 목록을 적어보자."

오랜만에 온 가족이 책상에 둘러앉았다. 공 과장은 생전 처음 해보는 거라 어떤 것을 목표로 잡아야 할지 알 수 없었다. 아내도 마찬가지였다. 하지만 곧 수첩에 각자 목표를 적기 시작했다.

 # #8 꿈의 로드맵을 그리다

멘토 Says "꿈 노트는 수시로 눈으로 확인하고 계속 업그레이드시켜야 한다네. 꿈이란 하나의 씨앗이고, 싹을 틔우기 위해서는 물을 주고 가꿔야 하듯이 꿈 노트도 항상 잘 관리하고 계속 키워나가야 하지."

차장 승진, 대출 3,000만 원을 갚을 종잣돈 모으기, 월 100만 원씩 절약하기, 일주일에 책 한 권 읽기, 내 집 마련하기, 필름이 끊길 정도로 폭음하지 않기……. 목표를 10개나 적는 것은 그리 쉬운 일이 아니었다.

아내는 나름대로 생활비 매월 20만 원 절약하기, 공인중개사 시험에 합격하기, 애들과 함께 공부하기……. 아내도 머리를 긁적이며 10개를 채우기 위해 애썼다.

맏딸 혜진이는 반에서 10등 안에 들기, 동생과 싸우지 않기, 영어 90점 맞기……. 막내딸 나연이는 엄마, 아빠 싸우지 않게 하기, 방 청소하기, 언니와 싸우지 않기…….

1시간 정도 지났을까? 초인종이 울렸다.

"치킨 배달 왔습니다."

오랜만에 온 가족이 함께 꿈 노트를 작성하고 맛있게 치킨을 먹었다.

"내일부터는 외식도 자제해야지. 한 달에 한 번, 어때?"
아내가 웃으며 말했다.
"당신은 술 좀 적게 마시고, 알았죠? 약속하는 거예요?"
오랜만에 밝게 웃는 아내를 보니 몹시 행복했다.
"넵! 그러겠습니다, 사모님. 누구 분부시라고, 하하"
공 과장 가족은 왠지 좋은 일이 생길 것 같은 예감이 들었다.
그날 밤 공 과장 가족은 일찍 잠자리에 들었다. 꿈 노트에 목표만 적었을 뿐인데도 공 과장은 벌써 20억대 상가 주인이 된 듯한 기분에 행복하게 잠에 빠져들었다.

#9 레디 그리고 액션!

멘토 Says "꿈 노트를 사용해 분명한 꿈의 로드맵을 그렸다면 이제부터는 행동에 옮겨야 하네. 처음부터 너무 많은 일을 하려 애쓰지는 말게나. 한 번에 한 가지씩만 실행에 옮기고 좋은 습관을 들이는 것으로 충분하네!!"

"선배님, 족발에 소주 한 잔 하고 가요."
오랜만에 후배 박 과장이 퇴근하는 공 과장을 붙잡는다.
"그럴까?"

공 과장은 박 과장과 족발 한 접시를 앞에 놓고 소주를 마셨다.

"선배님, 요즘 많이 달라지신 것 같아요. 승진에서 탈락하고 우울한 모습이었는데 요새는 표정도 밝아지고, 무슨 좋은 일 있으세요?"

"응, 그냥 긍정적으로 살기로 했어. 어차피 승진은 우리가 어떻게 할 수 있는 게 아니잖아."

공 과장은 꿈 노트에 적은 자신의 마음을 들켜버린 것 같아 얼굴이 달아올랐다. 공 과장은 꿈 노트에 10가지 목표를 적으며, 다시는 내가 어떻게 해볼 수 없는 승진에 올인하지 않기로 다짐했다. 김 사장은 공 과장에게 이렇게 충고했었다.

"직장에서 직급이란 건 옷과 같아서 언제라도 벗으면 누구나 똑같아지지. 더 이상 그것 때문에 시간을 낭비하지 말게."

공 과장은 멘토 김 사장의 '슈퍼리치 프로젝트'를 열심히 따르고 있는 스스로가 대견하게 느껴졌다. 아직은 아니지만 꼭 보란 듯이 성공해서 아끼는 후배 박 과장에게도 꿈 노트 사용법을 알려주리라 다짐했다.

평소 같으면 맥주 한 잔 더 하자고 했을 공 과장인데 오늘은 지금의 이 기분, 이 행복을 술로 깨고 싶지 않다는 생각이 들었다. 박 과장과 헤어져 집에 들어오니 아내가 가계부를 펼쳐놓고 열심히 계산기를 두드리고 있었다.

"여보, 당신 월급이 300만 원인데, 한 달에 50만 원도 저축하지 못한다는 게 이상하지 않아요?"

아내가 근심 어린 표정으로 물었다.

공 과장은 웃으며 아내 앞에 멘토 수첩을 펼쳤다.

 #10 종잣돈을 모으다

멘토 Says "수입이 얼마든 간에 지출을 줄이기 위해 노력해야 한다네. 제아무리 부자라도 수입보다 지출이 많으면 망하는 것은 시간문제지. 지금부터 꼼꼼하게 수입과 지출을 잘 관리하게."

"지출보다 수입이 많게 하는 법이라?"

노란색 형광펜으로 칠해놓은 공식이 눈에 들어왔다.

수입 – 지출 〉 1원

공 과장, 내가 부자가 되고 또 부자 친구들을 사귀면서 느낀 것이 뭔지 아나. 부자는 좀처럼 지갑을 열지 않는다는 것이라네. 한마디로 돈을 쓸 때 매우 신중하다는 것이지. 부자와 식사를 하면 아마 자네가 밥값을 내야 할걸. 하하하.

공 과장은 직장 동료와의 잦은 술자리로 인해 적지 않은 돈이 나가는 것이 생각나서 부끄러워졌다. 솔직히 자신이 한 달에 얼마를 쓰는지도 모르고 되는 대로 쓰는 스타일이라 항상 아내에게 바가지를 긁혔다.

> 지금부터 우리 부부가 사용했던 방법을 따라해보게나.
> 우선 월급이 들어오는 통장 말고 용돈 통장을 하나 더 만들게. 월급통장에서 자네와 아내가 매월 쓸 용돈을 자동이체시켜 그 액수만 사용하게.
> 나는 현금을 주로 사용했네. 현금은 쓰기가 아까워서 지출할 때 한 번 더 고민하게 되더군. 요즘은 체크카드란 것이 있으니 그걸 사용해도 좋고.
> 한 달 용돈이 30만 원이라면 이체된 30만 원 범위 내에서만 체크카드를 사용하는 것이지. 이렇게 하다 보면 자연스럽게 씀 씀이가 줄어든다네.

공 과장 부부는 다음날 박 지점장을 찾아가 김 사장님의 제안대로 월급 다음날 일정한 금액이 자동이체되도록 하고 체크카드를 만들었다.

"정말 이렇게 한 달을 버틸 수 있을까?"

공 과장이 미심쩍은 표정으로 말했다.

"난 지금부터 지갑에 5만 원짜리 2장만 넣고 다닐 거야. 그러면 큰돈을 깨는 게 아까워서라도 더 절약하게 될 것 같아서."

아내가 웃으며 말했다.

#11 추가 수입을 창출하다

멘토 Says "월급 외에 한 가지라도 추가 수입을 올렸다면 자신감이 붙을 걸세. 슈퍼리치도 월급 외에 수입을 다변화한 것 말고는 일반인과 큰 차이가 없네. 아내와 함께 노력하면 더 많은 수입을 올릴 수 있을 걸세."

"축하합니다!"

사무실이 갑자기 왁자지껄해졌다.

꽃다발을 받아든 공 과장은 얼굴이 달아오르는 것을 느꼈다.

"자, 여러분. 우리 부서에서 판매 실적 1위를 차지한 공 과장을 다 함께 축하해줍시다. 이것은 부상입니다."

몇 개월 전만 해도 무서웠던 부장님이 이제는 다정하게 느껴졌다.

공 과장은 퇴근을 서둘렀다. 부상으로 받은 봉투를 양복 주머니에 넣은 공 과장은 오늘 따라 퇴근길이 길게 느껴졌다.

"자기야, 나 2분기 판매왕이 됐어. 이거 받아. 회사가 준 인센티브야. 자기랑 함께 열어보려고 퇴근시간을 얼마나 기다렸다고……."

공 과장이 큰소리로 말했다.

"어머, 자기 정말 멋진데? 어디 보자. 어머, 300만 원이야!!"

공 과장도 생각했던 것보다 너무 큰 금액이라 벌어진 입을 다물지 못했다.

"매 분기에 열심히 노력하면 추가 수입을 800만 원 이상 충분히 올릴 수 있겠는걸?"

멘토 김 사장님의 말을 떠올리며 공 과장은 그 어느 때보다도 당당하게 어깨를 폈다.

> 지출이 줄어들었다면 다음으로 새로운 수입을 창출하기 위해 노력해야 하네. 월급은 소득의 한 부분일 뿐이지. 다시 말해 수입을 다변화해야 한다는 것이네. 간단한 예로 직장에서 월급 외에 인센티브를 받는 것도 수입 다변화의 한 방법이라 할 수 있다네.

#12 아내의 변신

멘토 Says "부부가 서로 돕고 각자 잘할 수 있는 일에 집중하면 시너지 효과가 발생한다네. 서로의 입장을 배려하고 최대한 돕도록 하게. 부부란 어느 한쪽의 성공이 나의 성공이고 우리 가족의 성공이기 때문이지. 집에서 살림만 하는 아내가 잠재능력을 키울 수 있도록 도와주게나."

휴대폰 벨소리가 울렸다. 아내다. 꿈 노트를 작성한 후로 아내도 많이 변했다. 오전에는 아파트 단지에서 아기를 돌보는 아르바이트를 시작했고 그 동안 책장 높은 곳에 꽂아뒀던 두꺼운 책들을 꺼내 공인중개사 시험을 준비하기 시작했다. 평일에 인터넷 동영상 강의를 듣고 주말에 아이들과 함께 도서관에 가는 아내의 모습을 보며 참 열심이라고 생각했다. 그렇게 공부한 지가 벌써 1년이 다 되어 합격 발표일이 되었다.

"자기야. 나 합격했어!"

아내의 들뜬 목소리가 들려왔다.

"와, 당신 정말 대단한데! 역시 공부는 나보다 한 수 위야. 그동안 고생 많았어. 축하해!"

공 과장은 자신이 시험에 합격한 듯 짜릿함을 느꼈다.

그날 저녁, 아내와 공 과장은 모처럼 와인 한 병을 다 마셨다. 멘토 김 사장님의 슈퍼리치 따라잡기 프로젝트를 한 가지씩 실천하면서 조금씩 변화가 일어나는 것을 느꼈는데 오늘 아니가 시험에 합격하면서 꿈 노트의 위력을 더욱 실감하게 되었다. 목표가 있는 것과 없는 것, 꿈 목표를 수첩에 적고 실천하는 것과 하지 않는 것은 엄청나게 차이가 있었다. 아내가 자신의 꿈 노트를 보여주며 말했다.

"처음 꿈 노트를 적을 때는 참 막막했어요."

아내의 꿈 노트에는 10개의 꿈 목표가 적혀 있었다. 그중에는 10억 원대 상가를 장만한다는 것도 있었다. 공 과장도 지난 1년 동안 지출을 줄이는 습관을 들였고 3분기 연속 우수 판매사원으로 선정되어 인센티브만 벌써 1,000만 원을 받았다. 또한 공로를 인정받아 마침내 차장으로 승진할 수 있었다.

#13 부동산 경매에 도전하다

멘토 Says "어떤 일이든 일단 도전하고 실천에 옮기게. 슈퍼리치는 다양한 방법으로 부자가 된 사람들이네. 부동산과 회사 창업 등 여러 가지 수익 창출 포트폴리오를 갖고 있지. 지금부터 자네도 포트폴리오를 다양화할 수 있는 방법을 찾아보게."

공 차장은 마음이 급해졌다. 오늘은 아내가 다섯 번째 경매에 도전하는 날이다. 집에서 멀지 않은 곳에 있는 상가가 경매로 나왔다. 2번 유찰되어 1억에 시작된 경매가는 6,400만 원이 되어 있었다.

김 사장님의 멘토 수첩을 보고 공 차장 부부는 김 사장님이 명퇴후 어떻게 10년 만에 지금처럼 성공했는지 알게 되었다.

처음에 김 사장은 퇴직금으로 음식점을 열었다. 초기에는 고전했지만 음식 솜씨가 좋은 아내 덕분에 제법 종잣돈을 마련할 수 있었다. 상가를 하나 구입할 수 있을 정도의 종잣돈이 모이자 김 사장은 아내와 함께 헐값에 나온 상가를 경매로 낙찰받았다. 그렇게 2000년부터 경매를 통해 조금씩 자산을 불려나가던 중 2008년 미국 서브프라임 사태가 발생하자 김 사장 부부에게 드디어 기회가 찾아왔다.

8억 정도 되는 종잣돈을 모은 김 사장에게 건물을 올릴 수 있는 상가 터가 경매로 나온 것이다. 김 사장은 대출을 받아 12억에 토지를 구입하고 지금의 5층짜리 상가 건물을 지었다. 목이 좋아 2~3층은 세를 놓았고 1층은 김 사장이 직접 커피 전문점을 열었다. 그리고 창업 2년 만에 가맹점이 10개가 될 정도로 성장시킨 것이다.

월 매출만 2,000만 원이고 김 사장이 직접 원두를 로스팅하고 에피타이저를 개발해 원가를 낮춰 마진이 50퍼센트에 육박했다. 김 사장의 부인은 공인중개사 사무실을 내 경매를 통해 쏠쏠한 투자 수익을 올렸다. 김 사장 내외는 이런 방법으로 10년 만에 50억대 부자가 된 것이다.

김 사장은 자신이 종잣돈을 마련한 방법과 아내와 함께 경매에 성공한 과정을 자세히 설명해놓았다. 공 차장 부부는 김 사장님의 방법을 그대로 따라 해보기로 결정했다. 아내가 공인중개소를 개업하려면 상가를 얻어야 하는데, 기왕이면 김 사장님처럼 경매를 통해 얻고 싶었다.

허겁지겁 라면을 끓여먹고 부부는 법원 경매계로 향했다. 마음은 불안했지만 김 사장님도 작은 상가를 경매로 낙찰받은 것을 시작으로 지금의 50억 상가를 마련하지 않았던가? 법원에는 4~5명의 다른 사람이 입찰을 받기 위해 기다리고 있었다.

'과연 이번에는 낙찰을 받을 수 있을까?'

공 차장 부부는 낙찰을 받으면 상가 건물로 이사할 생각이었다. 2층에 작은 방이 있어서 지금의 전세금을 빼서 상가 2층으로 이사하고 1층에는 아내의 공인중개소를 차릴 작정이다. 위치도 괜찮은 곳이라 이번에는 꼭 당첨되기를 바라면서 입찰가로 7,200만 원을 적어넣었다.

"안금숙 씨, 당첨되었습니다."

공 차장 부부는 너무 기뻐 얼싸안고 어쩔 줄 몰라 했다. 입찰에 참가한 다른 사람들도 공 차장 부부의 첫 경매 성공을 축하해주었다.

#14
좋은 자산관리 습관을 키우다

멘토 Says "추가 수입을 창출하고 종잣돈을 모았다면 이제부터는 금융자산을 안전하게 지키면서 불려나가야 하네. 부자들이 주변에 여러 전문가들을 두고 자산을 불려나가는 것을 보게나."

"어서 오세요. 표정이 밝은 걸 보니 좋은 일이 있나 보군요."

박 지점장이 반갑게 부부를 맞이했다.

"네, 그동안 모은 월세 2,000만 원을 어떻게 굴릴까 해서요."

"아, 그렇군요. 최근에 코스피가 상승하면서 채권 50퍼센트, 펀드

50퍼센트의 비율로 운용하는 변액연금보험이 인기를 끌고 있습니다. 샐러리맨은 연 400만 원까지 소득공제 혜택을 볼 수 있는 연금저축을 활용하고 적립식 펀드 투자 개념으로 변액연금보험 적립식 상품을 활용하면 목돈을 마련하면서도 시장 상황에 따라 투자 수익률까지 올릴 수 있을 겁니다. 그리고 두 분께 좋은 소식을 한 가지 알려드릴게요."

박 지점장이 미소를 지으며 리포트를 내밀었다.

"1년 전에 사모펀드에 투자한 5,000만 원이 얼마 전 20퍼센트의 수익률을 달성해 조기 청산됐습니다."

계산서를 보니 투자한 돈이 6,000만 원으로 늘어나 있었다. 아내는 눈이 휘둥그레졌다. 정기예금 금리가 4퍼센트니 족히 5배나 되는 수익률이다.

"항상 이런 수익률이 나는 것은 아닙니다. 김 사장님은 정기예금의 2배 정도 되는 수익만 내주면 된다고 입버릇처럼 말했어요. 저도 그렇게 생각하고요."

공 차장은 2년 전 자기 모습을 떠올렸다. 그때는 종잣돈은 고사하고 매월 마이너스 통장이 바닥을 찍고 카드 현금서비스를 받아 빚을 돌려 막기 바쁘지 않았던가. 그는 과거를 생각하며 이렇게 말했다.

"제가 자산관리를 하며 가장 중요하다고 느낀 것은 수입보다 지출이 적게 만들어야 한다는 거예요. 처음에 우리 가정의 경제는 마이너스 통장, 현금서비스가 악순환하는 구조였어요. 매월 술 마시는 횟수를 줄이고 체크카드를 사용해 지출을 고정하면서 변화가 시작됐습니다. 무엇보다 고리의 대출을 갚은 것이 종잣돈 마련의 시작이었지요."

공 차장 부부는 웃으며 서로의 얼굴을 바라보았다.

1,000만 원이면 연봉의 4분의 1에 해당하는 금액이었다. 공 차장 부부는 주말에 참여할 경매에서 입찰받으려고 하는 건물에서 세입자를 내보낼 돈이 1,000만 원 정도 부족하다는 것을 떠올렸다. 침묵을 깨며 박 지점장이 입을 열었다.

"사실 부자고객, 소위 슈퍼리치에게도 특별한 자산관리 비법이라는 것은 없어요. 다만 좋은 자산관리 습관이 있을 뿐이지요. 지금 두 분도 좋은 습관을 들이고 있지만 이 점검표를 보고 계속 보완해나가세요."

이렇게 말하며 박 지점장이 종이 한 장을 내밀었다.

슈퍼리치의 자산관리 습관

1. 철저한 만기 체크
2. 목표수익률 설정
3. 전문가의 조언을 구하되 판단은 스스로 하기
4. 욕심 부리지 않기

#15 마지막 교훈

멘토 Says "월급 외에 인센티브, 상가 임대료 등 추가 수입을 창출했다면 슈퍼리치로 가는 작은 시스템을 구축했다고 할 수 있네. 지금부터 해야 할 일은 자산을 철저히 관리하고 조금씩 불려나가는 것이네."

공 차장은 멘토 수첩에서 '종잣돈 불리기에 성공했을 때 읽을 것!'이라고 쓰인 마지막 페이지를 펼쳐놓고 벌써 몇 분째 수첩만 만지작거렸다.

'과연 내가 마지막 장을 읽을 자격을 갖춘 걸까?'

아내도 공 차장을 가만히 바라보기만 할 뿐 아무 말이 없었다. 공 차장은 결심한 듯 마지막 페이지를 넘겼다.

공 차장, 이렇게 불러도 되나? 자네가 직장에서 조금 더 노력했다면 지금쯤 차장이 되어 있을 거라고 생각하네. 그렇지 않은가?

차장으로 승진하면서 월급도 늘었을 테고 직장에서 추가 수입을 올리는 방법도 찾았겠지? 거기까지 갔으면 일단 반은 성공한 거라네. 참 내가 50억대 슈퍼리치로 성공한 방법을 따랐다면 지금쯤 상가 건물 한 채는 장만했겠군.

아내는 깜짝 놀라는 표정이었다. 어떻게 이렇게 족집게처럼 맞출 수가 있지? 공 차장도 놀라움에 입이 벌어졌다.

> 하지만 방심은 금물이네. 지금부터가 더 중요하다네. 이제 자네 부부는 슈퍼리치로 가는 첫걸음을 뗐을 뿐이니까. 상가 관리도 잘해야 하고 그러면서 추가 수입처가 제 역할을 더 잘할 수 있도록 만들어야 하네.
> 다시 말해 자네 부부가 직접 경영하거나 임대한 상가들을 잘 관리하라는 것일세. 그렇지만 너무 서둘러서는 안 되네. 모든 일에는 시간이 필요하니까. 큰 방향을 잡았으니 이제부터는 확실하게 키워나가야 하네.
> 박 지점장은 유능한 사람이니 그를 통해 세무사나 변호사 네트워크도 차츰 구축해나가게나.
> 이런, 자네 부부가 크게 성공하는 상상을 하며 글을 쓰다 보니 어느덧 비행기 시간이 다 되었군. 아직 해줄 말이 많지만 그건 내가 귀국할 때까지 기다리게나.

아쉽게도 멘토 수첩은 이렇게 끝이 났다. 공 차장 부부는 한참을 생각에 잠겨 있다 입을 뗐다.

"이제부터는 우리 스스로 해나가야 해."

차장으로 승진하면서 연봉이 500만 원 올랐고 인센티브를 합치면 2년 전 소득에 비해 1.5배 더 많은 수입을 올리고 있었다. 5,000만 원을 받고 임대해준 매장에서는 꼬박꼬박 50만 원의 월세가 들어왔다. 아내는 그간 모은 1억 원의 종잣돈으로 요즘 원룸 경매에 재미를 붙였다.

공 차장 부부는 멘토 수첩이 끝나 불안했지만 한편으로는 자신들이 2년 전과 많이 달라졌음을 느낄 수 있었다.

"자기야, 김 사장님 말대로 우리 잘할 수 있을까?"

아내가 조심스럽게 물었다.

"지금까지 잘해왔잖아. 이제부터는 자기와 나한테 달린 거지. 우리 한 번 열심히 해보자."

#16 재회

멘토 Says "노력해서 안 되는 일이란 없네. 인내심을 갖고 끝까지 노력하게. 세상은 살아볼 만한 곳이지 않은가? 항상 자네의 성공을 기원하겠네!"

주말에 공 차장은 아내의 가게에서 일을 돕고 있었다. 문득 김 사장님이 보고 싶어졌지만 이제 그의 가르침대로 충실히 하루하루 살고 있다고 생각하니 마음이 흐뭇했다. 무엇보다 공 차장은 부부가 한마음이 되어 같은 길을 걷는다는 것이 행복했다.

가게 문이 열리고 누군가가 들어왔다. 이게 웬일인가? 바로 김 사장님 내외였다.

"사장님, 너무 반가워요. 언제 귀국하신 거예요? 연락 좀 주시고 오시지 않고요."

공 차장은 몹시 기뻤다.

"난 자네가 성공할 줄 알았어. 이제 제법 사장님 같아 보이는데? 박 지점장한테 간간이 자네 소식을 들었네. 그때마다 내가 얼마나 뿌듯했는지 모르네."

김 사장의 말에 부부는 행복한 미소를 지어 보였다.

"네. 사장님의 가르침이 없었다면 우리 가족은 큰 위기에 빠졌을 거예요. 남을 원망하며 아무런 노력도 하지 않고 하루하루 생활했겠죠. 하지만 사장님 덕에 이렇게 우리 명의로 된 반듯한 상가까지 갖게 되었어요. 저희 부부는 지금 몹시 행복하답니다. 애들도 공부 열심히 하고 있고요. 모두 김 사장님 덕분이에요."

아내가 웃으면서 말했다.

"그래, 노력해서 안 되는 일이란 없지. 2년 전과는 달리 희망에 차 있는 것 같아서 보기 좋군."

김 사장님 내외는 인자한 미소를 지으며 다음을 기약하며 자리에서 일어났다.

공 차장 부부도 오늘은 모처럼 일찍 가게 문을 닫았다.

#17
행복한 슈퍼리치

멘토 Says "슈퍼리치가 다 행복한 것은 아니라네. 나는 꿈에 그리던 100억대 슈퍼리치가 되었지만 가족과 많은 시간을 보내지 못한 게 못내 아쉽다네. 공 차장, 자네는 부디 가족과 성공, 이 두 가지 모두에 최선을 다하길 바라네."

공 차장 부부는 오랜만에 와인 한 병을 놓고 식탁에 마주 앉았다. 회사 일에, 가게 일에, 정신 없이 바빠 이렇게 식탁에 마주 앉은 것이 얼마만인지 모른다. 오늘따라 지나간 시간들이 주마등처럼 스쳐 지나갔다. 2년 전 승진에서 탈락해 좌절해 있을 때 우연히 김 사장님을 만났고 그를 계기로 슈퍼리치를 향한 꿈의 로드맵을 그릴 수 있었다.

지출을 통제하는 습관을 통해 점차 저축액을 늘려나갔고 아내도 아르바이트를 하고, 공인중개사 시험을 통과하는 등 두 부부는 누구보다 열심히 노력했다. 아이들과 머리를 맞대고 꿈 노트를 점검하면서 가족의 협력을 이끌어냈고 작은 실천을 통해 지금은 5억 원대의 적지 않은 재산을 모았다.

무엇보다 5년 뒤의 꿈의 로드맵을 생각하니 심장이 콩닥콩닥 뛰었다. 공 차장 부부는 5년 뒤에 20억 상가를 장만하는 것이 꿈이다. 그리고 공 차장은 직장에서 상무로 승진한다는, 또 다른 꿈이 있었다. 여러 가지 일들을 겪으면서 일만 열심히 한 것이 아니라 리더십을 발휘하는 방법을 배웠고 어떤 경우에도 포기하지 않는 용기와 열정을 갖게 되었다.

경매에 5번이나 떨어진 아픈 기억도 있지만 부부가 함께 목표를 향해 가다 보니 서로 대화하는 시간이 많아져 부부싸움도 거의 하지 않게 됐다.

"오늘따라 당신이 정말 예뻐 보여."

공 차장은 살며시 아내의 손을 잡았다.

김 사장님은 가장 중요한 것은 가족이라며 이렇게 말했다.

"돈을 벌고 성공하려는 이유는 가족이 행복해지기 위해서라네. 이 사실을 절대 잊지 말게."

그 말을 되새기며 공 차장은 자신은 그냥 슈퍼리치가 아니라 행복한 슈퍼리치가 되겠다고 다짐하고 또 다짐했다.

에필로그

이제 다시 시작이다

    언제부터인가 나는 마음속에 단 한 명의 독자라도 감동을 줄 수 있는 좋은 책을 내보고 싶다는 꿈을 갖게 되었다. 아마 10년 전쯤인 것 같다. 좌우명을 '꿈은 이루어진다'로 정하고 수첩에 꿈 목록을 적기 시작했던 때였다. 평범한 은행원이던 나는 '최고의 마케팅 전문가'의 꿈을 향해 카드 2만 4,000좌 신규, 방카슈랑스(보험) 2,000계좌 유치 등 어찌 보면 밥 먹는 시간조차 아끼며 그 꿈을 향해 앞만 보고 달려왔다. 10년은 카드 마케팅에서, 또다른 10년은 방카슈랑스 마케팅에서 최고가 되고 보니 허탈감이 밀려왔다. 그때가 2005년 무렵이다.

    인생의 전환이 필요했던 그때 나는 스스로에게 물었다.

"이것이 과연 내가 원하는 인생인가?"

그 누구보다 열심히 살아왔지만 그게 전부는 아닌 것 같았다. 최고의 마케팅 전문가의 꿈을 이루기 위해 빠져 있는 것, 그것은 최고의 자산관리 전문가가 되는 것이었고, 그렇게 해서 압구정 PB가 된 지 6년 만인 2012년 2월, 나는 서울경제신문사 주관 제1회 대한민국 베스트 뱅커-PB대상을 수상했다. 은행원으로서 24년간의 꿈 '최고의 마케팅 전문가'의 꿈을 이룬 순간이었다.

그러나 그럼에도 채워지지 않는 무엇이 있었다. 그것은 솔직하게 표현하면 "정말 네가 원하는 꿈을 향해 가고 있느냐?"는 물음에 자신 있게 "Yes."라고 대답하지 못하는 답답함이었다. 책을 쓰기가 녹녹한 현실이 아니었지만, 나는 첫 책을 준비하면서 나의 꿈을, 내가 진정으로 하고 싶은 일을 명확하게 깨닫게 되었다. 그것은 한 번뿐인 인생을 지금부터라도 결코 어영부영 살지 않겠다는 결심과 인생 2막에는 내가 진정 하고 싶은 일을 찾아 사장의 꿈을 이뤄보겠다는 것이다.

책을 쓰는 동안 몇 가지 의미 있는 일이 있었다. 종업원 20명에게 집을 사준 연탄집 사장님 이야기와 여자친구가 선물해준 500원짜리 장갑을 계기로 100억대 자산가가 된 35세 슈퍼리치에 대한 칼럼 등, 이 책에 실린 몇 가지 사례가 인터넷에서 100만 클릭을 넘어선 것이다. 슈퍼리치에 대한 관심이 엄청나게 뜨거움을 실감했다. 독자가 단순히 5억 원, 10억 원을 모으는 통장 재테크보다 더 큰 꿈을 꾸고 있음을 절실히 느끼게 된 순간이었다.

한 달 전 취업을 준비하는 대학졸업생 모임에서 무료 강의를 한 적이 있다. 20대 초반 젊은 그들의 취업을 향한 애타는 마음과 열정을 느꼈다. 불과 몇 주 전에는 50대 중반에 전문 CEO로 퇴직한 지인의 창업설명회에 갔었는데, "내가 나중에 ○○○을 했으면 좋았을 걸." 하는 '걸, 걸, 걸' 후회를 인생의 마지막에 하지 않기 위해 창업을 결심했다는 떨리던 목소리가 아직도 귓전에 생생하다.

내가 쓴 슈퍼리치 칼럼을 복사해 나를 찾아왔던 38세 청년 또한 잊을 수 없다. 그 청년은 굴지의 유명 회사를 그만두고 창업을 준비하고 있다고 했다. 비록 지금은 어려움을 겪고 있지만, 그것을 뛰어넘는 뚜렷한 비전과 꿈을 느낄 수 있었다.

책을 쓰는 동안 실제로 이런 일을 겪다 보니 이 책에서 전하려는 메시지를 보다 정확하게 전달해야 한다는 막중한 책임감이 느껴졌다. 한편으로는 PB로서의 본분을 다하면서 동시에 성공을 꿈꾸는 독자들에게 정확하고 진솔하게 슈퍼리치의 삶을 전달해야 한다는 사명감마저 들었다.

이 책은 나와 같은 40대 평범한 샐러리맨과 취업을 꿈꾸는 20대, 아직도 자신의 꿈을 찾아 고군분투하는 30대까지, 성공을 꿈꾸는 모든 이들의 열망과 물음에 대해 부족하지만 그 해답을 제시하려 노력했다. 하지만 집필을 완료하고 마무리를 해야 하는 지금 여전히 아쉬움이 남는다.

PB가 되어 성공한 슈퍼리치의 자산관리를 직접 하면서 내린 결론이 있다. "우리와 같이 평범했던 그들이 그랬던 것처럼 우리 역시 자신을 믿고 세상에 도전장을 낸다면, 또한 그들만의 성공 노하우를 따른다면 누구나 슈퍼리치의 꿈을 이룰 수 있다."는 확신과 자신감이다. 결코 기 죽거나 의기소침할 필요가 없다는 것이 나의 결론이다.

처음 이 책을 쓸 때는 커피 두 잔 값 이상의 값어치를 할 수 있게 하겠다는 게 목표였다. 그런데 책을 쓰는 동안 나 자신이 변화하는 것을 느꼈다. 지금은 "어떤 회사도 더 이상 종업원을 끝까지 책임질 수 없다."는 솔직한 고백과 함께 "지금부터 준비해야 늦지 않는다."는 어느 슈퍼리치의 충심 어린 조언을 나를 포함해 태평하게 세월을 보내는 많은 사람들에게 조금이라도 빨리 알려야 한다는 조급한 마음마저 든다.

글을 마쳐야 하는 지금, 과연 이 책이 당초 목표한 대로 어필할 수 있을까 하는 두려움도 있지만 판단은 겸허하게 독자의 몫으로 남겨두려 한다. 수백 명, 수천 억의 자산관리를 하는 PB지만 책 속에서는 그중 맨손에서 자수성가한 슈퍼리치의 실제 사례만을 엄선해서 실으려고 했다. 단 한 사람의 독자라도 그들의 진심 어린 충고에 귀기울였으면 하는 바람이다.

책을 쓰는 과정에서 자수성가한 슈퍼리치들의 도움을 많이 받았다. 그들은 바쁜 와중에도 불구하고 번거로운 인터뷰 요청에 기꺼이 응해주었다. 자신의 얘기를 풀어놓는 것이 쉽지 않았을 텐데도 다른 이들이 같은 시행착오를 되풀이하지 않도록, 그래서 자신들보다 더 빨리 성공할 수 있도록 기꺼이 도움을 주었다. 나에게 종잣돈의 소중함을 일깨워준, 미장원에서 시작해 100억대 경매 박사가 된 사모님, 보따리 장사로 꿈을 이룬 35세 사장님, 어려운 종업원에게 집을 사준 연탄집 사장님, 샐러리맨의 전형적인 성공신화를 보여주었던 에트로 이충희 사장님과 부사장님 등 꿈과 열정, 땀과 눈물이 버무려진 성공 노하우를 공개해준 많은 분들에게 머리 숙여 감사를 드린다.

　슈퍼리치의 유용한 메시지를 독자에게 전하기 위해 최선을 다했지만 부족한 점은 분명 있을 것이다. 이것은 전적으로 필자의 책임이다. 짧은 지면과 여러 제약으로 모두 담아내지 못한 부분은 앞으로 강연회를 통해, 다음 책을 통해 차근차근 풀어낼 예정이다.

　한때는 부모님을, 그리고 노력에 비해 나를 인정해주지 않았다고 생각한 회사에 대해 섭섭해한 적이 있다. 돌이켜보니 죄송스런 마음이다. 나를 세상에 태어나게 한 것만으로도 부모님은 존경받아 마땅함을 오랜 시간이 지난 뒤에야 깨달았고, 회사 역시 과분할 만큼 나에게 많은 기회를 주었음을 알았다. 가장 큰 문제는 바로 나 자신이었다. 그 사실을 깨닫고 나서는 단 한 가지라도 긍정적인 생각을 먼저 하고, 작은 것이라도 실천하려고 노력한다. 누구나 마음속에 원대한 꿈의 씨앗을 뿌리고 포기하지 않는다면 시간의 문제일 뿐 그 꿈은 반드시 이루어질 것이라 믿는다. 세상에 결코 헛된 노력은 없으며 공짜로 되는 것 또한 없다. 힘들게 흘린 땀방울과 눈물 한 방울이 더해졌을 때 세상은 우리의 갈망에 어떤 식으로든 보답하게 됨을 18명의 생생한 슈퍼리치 사례를 통해 확인할 수 있었다.

부디 이 책이 단 한 번뿐인 인생의 진정한 주인공이 되고 싶은 모든 사람들에게 과거를 되돌아보고 그동안 마음속에 숨겨놓았던 소중한 꿈을 활활 타오르게 하는 불씨가 되었으면 하는 바람을 가져본다. 아무것도 해보지 않고 지레 포기하기보단 단 한 가지라도 좋으니 자신을 믿고 세상과 당당히 맞서 싸울 용기를 가지길 바란다. 평범한 그들이 해냈으므로 우리 또한 해낼 수 있고 더 잘 해낼 수 있을 것이다.

우리는 누구나 실망스런 현실 속에서도 단 한방의 인생역전을 꿈꾼다. 그저 그런 평범한 일상을 거부하고 소중한 가슴속 꿈을 끄집어내어 행동하기로 결심한 순간 누구나 영화 속 주인공보다 더 드라마틱한 인생역전의 주인공이 될 수 있다.

무척 바쁜 일정에도 불구하고 추천 서평을 써주신 미래에셋 박현주 회장님과 삼성생명 박근희 사장님, 포기하고픈 마음이 들었던 마지막 순간, 큰 격려와 용기를 주신 KB금융그룹 어윤대 회장님에게도 깊은 감사를 드린다.

아직도 전기가 들어오지 않는 강원도 두메산골에서 아들의 성공을 바라는 아버지, 어머니, 초등학교 교사로 평범한 샐러리맨의 롤

모델이 되어준 문수 형과 자영업을 시작한 세화 누나, 만학도로서 중학교 영어 선생님을 꿈꿨지만 불의의 교통사고로 안타깝게 생을 마감한 위숙 누나의 못다 이룬 꿈마저 이루고 싶다. 이제 막 꿈 노트를 적기 시작한, 대통령이 꿈인 듬직한 큰딸 지영과 큰 사업가가 되는 꿈을 가진 예쁜 지원이, 초고를 꼼꼼히 읽고 조언해주며 내가 힘들어할 때마다 용기를 북돋아준 사랑하는 아내 애자 씨 덕분에 첫 책을 세상에 내놓게 되었다.

작년 겨울이 유난히 춥고 시장 상황이 어려워서였을까? 올해는 그 어느 때보다 봄이 기다려진다. 다행히 장기불황에 빠졌던 시장에도 조금씩 봄기운이 드는 것 같다. 나의 첫 책 《한국의 슈퍼리치》가 꽃 피는 봄과 초록이 우거질 여름에 소중한 가족이 머리를 맞대고 경제문제를 짚어보고 서로 동기부여를 해주는 데 도움이 된다면, 사랑하는 사람과 함께 행복한 슈퍼리치로 나아가는 데 조금이라도 일조할 수 있다면 더 이상 바랄 것이 없겠다.

누구나 인생의 성공을 꿈꾼다. 문제는 인생은 단 한 번뿐이라는 것이다. 천만다행인 것은 하루 24시간은 1,000억대 슈퍼리치나 우리 모두에게 공평하게 주어졌다는 점이고, 영원한 패자도 영원한 승자도 없다는 사실이다.

자신의 소중한 꿈을 이루기로 결심하고 용기 있게 행동한 순간 세상은 나를 향해 움직이기 시작한다. 누구나 한 방, 통쾌한 인생 역전의 카운터펀치를 날릴 수 있다. 전반전은 부진했지만 기 죽을 필요 없다. 이제 막 땡하고 후반전이 시작되었다. 심호흡을 한 번 크게 하고, 지금부터 가슴 뛰는 삶을 향한 첫 걸음을 시작해보자.

> 우리 각각은 자기 자신의 미래를 건설한다.
> 우리는 자기 자신의 운명을 건설하는 건축가다.
> - 아피우스 클라우디우스